AGING AND PSYCHOLOGY

노화와 심리

| 유경 · 유경호 · 강연욱 · 이주일 · 김지현 공저 |

학지사

이 책은 2012년 정부(교육과학기술부)의 재원으로 한국연구재단의 지원을 받아 수행된 저서임(NRF-2012-S1A3A2-033609)

머리말

'잘 늙는다는 것' 또는 '잘 나이 든다는 것(aging well)'은 어떤 것일까? 수명의 증가로 인해 노년기가 연장되면서 인간은 누구나 원하든 혹은 원하지 않든 꽤 긴 시간의 노년기를 보내게 되었다. 노년기에 대한 초기 연구에서는 노년기에도 건강을 유지하면서 사회적 참여를 적극적으로 하는 노인의 모습을 이상적인 모습으로 제안하기도 했고, 또는 사회적인 의무와 짐을 내려놓고 자신만의 조용한 삶을 사는 노인의 모습이 진정한 노년기의 모습이라고 제안하기도 했다. 하지만 최근의 연구들을 살펴보면 자신의 삶의 행복을 유지하기 위해 각자에게 맞는 방식으로 매일을 열심히 살아가는 노인들의 모습을 '잘 나이 드는', 즉 '행복한 노년'의 모습이라 제안한다.

그렇다면 행복한 노년을 보내기 위해서는 어떤 것들이 필요한 것일까? 일단 정상 노화과정에서 크게 벗어나지 않는 신체 및 정신적 건강과 정서적으로 안정적이며 긍정적인 상태를 유지하는 것이다. 사회적 참여와 생산성을 유지하는 것도 활기찬 노년을 살아가는 데 긍정적인 도움을 줄 수 있을 것이다. 또한 두려움과 불안 없이 생의 마지막을 맞이하는 여유도 필요할 것이다. 이러한 특성들에 대한 이해를 돕기 위해서는 무엇보다도 정상 노화과정 및 그와 관련된 심리적 특성들 그리고 노년기에 나타날 수 있는 심리장애들에 대한 이해가 선행되어야 할 것이다. 이 책은 바로 이러한 이해를 돕기 위한 내용으로 구성되어 있다.

수년 전 저자들은 일반인과 전공 학부생들을 위해 정상 노화과정 및 심리적 특성에 대한 이해를 돕는 책을 집필하기로 뜻을 모았다. 그러나 저자가 여럿이다 보니 의견을 모으고 하나의 책으로 완성하기까지 참으로 오랜 시간이 걸렸다. 저자들은 각자 관심을 갖고 연구하고 있는 주제들을 중심으로 장을 나누었고, 그에 맞는 내용을 저술하는 과정에서 기본적으로 독자들이 알아야 할 노년기 심리적 특성에 대한 내용을 담는데 많은 부분을 할애하였으며, 직접 연구한 내용들을 최대한 반영하고자 노력하였다. 물론 부족함이 많은 상태이지만 이러한 문제는 앞으로 지속적인 연구를 통해 보완하고자 한다.

이 책에 포함된 저자들의 연구는 한림대학교 고령사회연구소에서 진행해 온 '노인의 삶의 질'에 관한 지난 15년간의 연구 성과에 힘입은 바가 크다. 국내의 열악한 환경 속에서 연구소가 주축이 되어 노년기 종단 연구를 진행할 수 있도록 기반을 다지고, 다양한 양적 · 질적 연구의 발전을 위해 노력을 아끼지 않았던 한림대학교 고령사회연구소의 윤현숙 소장님 이하 모든 연구진의 공로가 아니었다면 이와 같은 결실을 맺지 못했을 것이라 생각한다. 마지막으로 이 책이 출판될 수 있도록 물심양면으로 도움을 주신 학지사의 김진환 사장님과 보다 멋진 외관으로 세상에 나올 수 있도록 꼼꼼하게 편집해 준 이호선 님에게 고마움을 전한다.

노년을 준비하는 자에게 노년기는 행복하고 즐거울 수 있지만 준비하지 않는 자에게는 피하고 싶은 우울한 기간이 될 수 있다. 행복하고 즐거운 노년기를 준비하고 노년기의 삶을 이해하려는 분들에게 이 책이 많은 도움이 되길 바란다.

2014년 6월

저자 대표 유 경

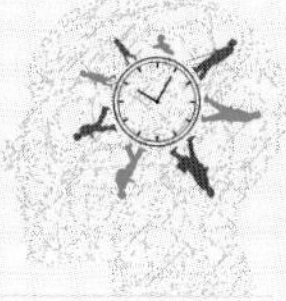

차 례

9장 … 노년기 심리장애 • 257

10장 … 노화와 죽음에 대한 태도 • 299

11장 … 웰빙과 웰다잉 • 321

1장 노화와 심리학

유경

1. 노인에 대한 심리학 연구의 필요성

우리나라 전체 인구 중 노인 인구의 비율은 지난 2011년 11%를 넘어섰다. 2017년에는 14%를 넘어 '고령 사회'에 진입하게 될 것이며, 2026년에는 '초고령 사회'에 도달할 것으로 전망하고 있다.[1)]

또한 2050년 전 세계 인구 중 노인 인구가 차지하는 비율은 평균 16.2%으로 예상되고 있는 반면, 한국은 38.2%로 전망되어 세계 어느 나라보다도 노인 인구에 대한 정책과 연구가 시급한 시점에 와 있다고 볼

1) UN의 정의에 의하면 고령화 사회(aging society)란 전체 인구 중 65세 이상의 노인 인구 비율이 7~14%인 사회를 말하고, 고령 사회(aged society)란 전체 인구 중 65세 이상의 노인 인구 비율이 14~20%인 사회를 일컫는다. 노인 인구가 전체 인구의 20% 이상이 되면 초고령 사회(super-aged society)라고 한다.

수 있다(통계청, 2012). 세계 어느 나라보다도 고령화가 가속화되는 데에는 의료 기술과 경제 발전으로 인한 삶의 질 향상을 그 원인으로 볼 수도 있으나, 우리나라의 경우에는 출산율 저하로 인해 고령화가 더욱 가속화되고 있다.

노인 인구의 증가는 인간의 수명이 연장되었다는 측면에서 고무적인 것으로 받아들이기도 하지만, 실질적으로는 예전에는 경험하지 못한 여러 가지 문제점을 유발시키기도 한다. 생산 인구의 감소 및 생산성 약화로 인한 경제 성장의 둔화와 사회보장 제도의 문제 등, 노인 인구의 증가는 우리 사회 전반에 부정적인 영향을 줄 수 있다. 예컨대, 통계청(2012)의 발표에 따르면 2012년 현재 생산 가능 인구 7.2명이 노인 1명을 부양하고 있지만, 2030년이 되면 생산 가능 인구 3명이 노인 1명을 부양하게 되는 문제가 생기게 된다.

이러한 상황에서 노인에게는 노년기의 삶의 질을 보장해 주고, 사회적으로 노인 부양 비용을 감소시키기 위해 노인의 발달적 특성 및 심리적 적응 등에 대한 정확한 정보를 제공하며, 노년기에는 그 시기에 적절한 신체적 · 정신적 건강을 유지하도록 도움을 줄 수 있는 방안을 마련해야 한다. 성공적인 노화는 늙지 않도록 노화를 방지하는 것이 아니라 '잘 늙는 것(aging well)'이 되어야 한다. 이와 같이 노년기에 잘 늙어 가는 데 있어서 심리학은 매우 중요한 역할을 하게 된다. 기존의 많은 노화 연구에서 강조한 것처럼 신체적 노화와 노화로 인한 질병을 막는 것도 중요하지만, 심리학이 노화에 따라 나타나는 신체적 변화에 잘 적응하면서 삶의 질을 유지할 수 있도록 돕는 방법들을 제안할 수 있기 때문이다.

인구 고령화 현상, 고령화로 인한 각종 심리적 문제(은퇴 및 적응의 문제, 노년기 사회적 관계, 노년기 여가의 역할 등)를 다루는 데 있어서 심리학은 매우 중요한 역할을 하고 있다. 미국의 경우에는 많은 대학이 심리학과 학부 과정에 노인심리학 또는 노년학(gerontology)을 개설하며, 미국 심리학회(American Psychological Association: APA)는 성인 발달과 노화에 대한 주제를 다루는 『*Psychology and Aging*』을 1986년 창간하는 등 심리학에서의 노인, 노화에 대한 학문적 관심이 증대되고 있다. 우리나라의 경우에는 심리학과 내에 노인심리학을 전문적으로 연구하고 인력을 양성하는 전공이 개설된 곳은 아직 없으나, 노인심리학의 중요성과 관심의 증대로 인해 가까운 미래에는 관련 전공이 개설되고 제도적으로 전문 인력을 양성할 수 있는 날이 올 것으로 기대하고 있다.

2. 노인의 정의와 나이

노년기의 시작은 언제로 보는 것이 타당한가에 대해 많은 논란이 있으나 전 세계적으로 통용되는 기준은 만 65세다. 대개 만 65세 이상이 되면 사회적으로 노년기에 진입한 것으로 보고 노인으로서 받아야 할 사회적 혜택과 법적 권리가 시작된다. 왜 65세인가? 65세를 기준으로 하게 된 근거는 의외로 간단하다. 1880년 독일 수상 비스마르크 시절에 법제화한 것으로, 65세가 넘게 되면 중차대한 국무나 중요한 판단을 맡겨서는 안 된다는 비상식적인 기준에서 시작된 것이다. 이와 같은 어이없는 기준이 영국과 미국의 노인복지 제도를 거쳐 일본, 한국 등 전 아시아 국가까지 퍼져서 제도화를 이루게 된 것이다. 대부분의 나라에서는 65세가 되면 각종 사회보장 연금 지급, 사회사업 기관 수용, 기타 노인을 위한 사회보장 제도(전철 무료 승차, 철도 및 항공 요금 할인, 국립공원 무료 입장 등)의 혜택을 받게 된다(권균, 2006).

하지만 65세란 법률적인 의미 외에는 특별한 의미를 갖지 못한다. 실제로 노인의 수명과 삶의 질을 결정하는 데는 건강, 체력, 기억력, 지능 등 다양한 특성이 관여하는데, 이러한 특성은 연령과 비례해서 변화되는 것이 아니다. 즉, 청년과 같은 체력을 지닌 70대가 있을 수 있고, 90대에도 20대 못지않은 기억력을 유지하는 것이 불가능한 일은 아니기 때문이다.

요즘은 '나이는 숫자에 불과하다'는 말이 통용되는 시대이기에 65세가 넘었다고 해서 반드시 노인이라고 보기 어려우며, 65세의 이상의 노인들도 신체적 · 심리적 건강에 따라 심리적 나이(psychological age) 또는 자각 나이(self-aware age)를 매우 어리게 생각하고 있을 수 있다. 심리적 나이는 변화하는 환경적 요구에 적응하는 개인의 심리적 특성으로 정의할 수 있는데, 변화하는 환경적 요구에 잘 적응하면 생물학적 연령은 65세가 넘었다고 하더라도 스스로 지각하는 연령은 훨씬 젊은 것으로 느낄 수 있는 것이다.

3. 노인에 대한 고정관념

사람들은 노인에 대해 많은 고정관념을 갖고 있다. 보통 긍정적인 것보다는 부정적인 고정관념이 더 많은 것이 사실이다. 하지만 이러한 고정관념은 의학과 삶의 질의 향상으로 인해 노인 인구의 신체적 · 심리적 건강 수준이 이전에 비해 높은 수준을 유지하게 되면서 점점 변화하고 있다.

- 노인은 신체적으로 취약하여 여러 가지 질병을 갖고 있을 것이라는 고정관념

많은 노인이 연령이 증가하면서 한두 가지의 만성 질환(예: 고혈압, 당뇨, 관절염 등)을 갖고 있는 경우가 있지만 그렇다고 해서 신체 기

능의 이상으로 생활이 불가능할 정도는 아니다. 만성 질환은 대개 환자들이 그 질환에 적응해서 살아갈 수 있게 되는 경향이 높고 약물이나 식이 요법, 물리치료 등을 통해 어느 정도 통제 가능하다. 예를 들어, 고혈압이나 당뇨병은 매우 심하지 않은 경우 약물이나 식이 요법, 운동으로 얼마든지 조절이 가능하다. 고혈압이나 당뇨 진단을 받은 직후에는 삶의 질이 저하될 수 있으나, 생활하면서 건강한 생활 습관이 몸에 배게 되면 정상인과 같은 생활이 가능해진다.

- 노인은 기억을 잘 하지 못하고 새로운 것을 배울 수 없다는 고정관념 일반적으로 우리는 노인이 사고 판단이 정확하지 못하고, 기억력이 감퇴되며, 새로운 것을 잘 배우지 못할 것이라 생각하는 경우가 많다. 실제로 노인이 되면 정보 처리 속도 및 단기 기억력이 저하되는 것이 사실이지만 그렇다고 해서 노인이 새로운 것을 배울 수 없을 정도로 지적으로 무능해지는 것은 아니다. 노인도 새로운 것을 배울 수 있다! 다만 젊은 사람보다 반복해야 하고 시간을 들여 노력해야 한다는 점이 다를 수 있다.
- 노인은 대부분 우울하다는 고정관념 흔히 노인들은 즐겁고 기분 좋은 상태에 있기보다는 우울하고 까다로우며 괴팍할 것이라고 생각하지만, 실제로 노인의 우울증 유병률은 청년에 비해 낮은 편이다. 노인은 젊은이보다 반드시 불행한 것은 아니며, 삶의 만족도도 크게 낮은 것은 아니다. 노인들도 자신의 노화로 인한 변화와 노년기 삶에 스스로 적응하며 잘 살아갈 수 있다는 것이 여러 연구를 통해 밝혀졌다.
- 노인은 가난하고 고독하고 소외당하고 있다는 고정관념 노인들이 가족으로부터 소외되어 외롭고 홀로 지내며 가난할 것이라는 고정관념을 갖고 있는 경우가 많다. 실제로 독거노인 중 가난하고 고독하며 소

외된 삶을 사는 경우도 있지만, 경제적 능력이 있고 독립적인 삶을 살고 싶어 혼자 사는 것을 선택한 경우도 있다. 노인이라고 해서 모두가 고독하고 가난한 것이 아니며, 노인의 개인적 상황(경제적 수준, 건강, 가족관계, 직업, 종교 등)에 따라 다양한 양상이 나타난다. 노인들도 젊은이들과 마찬가지로 사회적 관계를 유지하며 행복하게 잘 지낼 수 있고, 생산적 활동을 통해 수입을 창출할 수도 있다.

노인들은 젊은이들과 마찬가지로 인생의 목적이 있으며 다양한 활동을 즐기고 있다는 것이 많은 연구를 통해 입증되고 있다. 물론 교육 수준이 낮거나 건강이 악화되고 경제적으로 곤란을 겪고 있는 노인들도 있으나 대부분은 잘 적응하고 있다.

최근에는 노후를 준비하는 노인들이 증가하면서 노년기는 활동적이고 풍요로울 수 있다는 가능성이 높아지고 있다. 노년기에도 원기 왕성하게, 활동적으로 즐겁게 생활하는 노인들이 증가하고 있다. 그들은 교육, 문화, 예술 등 여러 분야에서 다양한 문화 활동을 즐기거나 다양한 영역에서 자신의 능력을 발휘하며, 봉사 활동을 하기도 한다. 인생 후반에 있는 노년 인구의 교육 및 경제적 수준이 증가하면서 그들이 정치, 자선 단체, 시민 운동의 중심으로 등장하고 있다.

또한 최근에는 노년기를 자식에게 의존하던 이전의 노인들과는 달리 부부 중심의 행복한 노후를 설계하고 실제로 그렇게 살아가는 노부부를 많이 볼 수 있다. 이러한 변화에 가장 필요한 것은 노년기에 나타나는 노화로 인한 변화를 피하고 막으려고만 하는 것보다는 노년기에 어떻게 하면 행복하고 즐겁게, 의미 있는 삶을 살아갈 수 있을지를 고민하는 것이 더 중요한 이슈가 될 수 있다. 이러한 문제에 대한 해답은 심리학적 연구를 통해 찾아낼 수 있을 것이다. 앞으로 다양한 분야에서 노화에 대한 심리학적 연구가 실시되어 행복하고 건강한 노년기를 보내도록 도울 수 있는 의미 있는 결과들을 많이 밝혀내야 할 것이다.

4. 노인 연구: 전 생애 접근법

대부분의 심리학자는 인간의 발달이 일생을 통해 지속된다는 것에 동의한다. 인간 발달은 생명의 시작부터 죽음까지 계속되는 것으로 본다. 발달(development)은 체계적이고 지속적으로 이루어지는 것이기 때문에 상승적 변화만을 의미하는 것은 아니며, 노화로 인해 나타나는 신체적 쇠퇴와 심리적 변화도 포함한다. 노년기 발달에 대한 연구를 지속적으로 실시한 Baltes(1987)는 전 생애 접근법의 특성을 다음과 같이 제시한다.

1) 다중방향성

전통적 접근법에서 발달적 변화는 태아, 영아, 유아, 아동, 청소년에게서 나타나는 것으로서 보다 성숙한 상태로 변화하는 것, 즉 구조의 성장, 기능의 향상, 환경에 대한 적응력의 향상을 의미했다. 한편, 성인이 되면 상승적 발달이 아닌 노화로 인한 쇠퇴가 나타나는 것으로 간주하고, 노화는 상실, 기능의 쇠퇴를 의미하는 것으로 한정했다. 전통적인 관점에서는 발달의 목표를 성숙으로 노화의 목표는 죽음으로 가정했다.

그러나 전 생애 접근법에 의하면 모든 연령에서 발달은 성장뿐만 아니라 감소도 포함한다. 물론 아동의 경우에는 대부분 성장하는 방향으로 발달이 진행되지만, 감소가 전혀 없는 것은 아니다. 성인기에는 신체 변화와 인지 변화의 측면에서 감소가 많이 나타나지만 모든 능력이 감소하는 것은 아니다. 예를 들어, 연령 증가에 따라 익숙하지 않고 낯선 문제를 해결하는 능력 등은 감소하지만 어휘력과 같은 능력은 증가할 수 있다. 따라서 이와 같은 다중방향성(multidirectionality)을 고려하지 않고 노년기의 발달 특성을 일률적인 쇠퇴로만 규정하는 것은 성인기의 발달과 적응을 올바르게 이해하지 못하는 것이라 할 수 있다. 인간 발달의 모든 단계에는 성장과 감소가 공존한다는 점을 간과해서는 안 된다.

또한 동일한 연령대에서도 개인차가 있다. 이러한 개인차는 노년기에 더욱 커지는데, 동일한 70대 남자라고 하더라도 20대처럼 춤을 출 수 있는 사람이 있는가 하면, 조금만 걸어도 다리가 아파 혼자서 걷지 못하는 사람도 있을 수 있다. 책을 많이 읽는 노인은 나이가 들수록 해박한 지식을 갖게 되지만, 책을 읽지 않고 머리를 쓰지 않는 노인은 기억력과 사고력이 빠른 속도로 저하될 수 있다.

2) 유연성

대부분의 심리학자는 어린 아동들이 성장 과정에서 빈곤, 질병, 영양실조 등의 결핍이 있다고 하더라도 그 이후에 환경이 개선되면 다시 정상 궤도에 오를 수 있다고 설명한다. 그러나 이와 같은 유연성(plasticity)은 연령이 증가할수록 저하되어, 노년기에는 유연성이 낮고 경직성이 증가한다고 한다.

하지만 최근 연구에서는 노년기에도 지속적으로 훈련과 연습을 하면 노화의 속도를 늦추고 심지어 개인의 능력을 향상시킬 수 있다고 보고한다. Baltes, Smith, Staudinger(1992)의 연구에서는 지적 능력을 일부 상실한 노인들도 특별한 훈련과 연습을 반복하면 이전의 능력을 어느 정도 회복할 수 있다는 것을 보여 준다. 즉, 적응 능력은 콘크리트 구조물처럼 굳어져 변화 불가능한 것이 아니다.

3) 역사적 · 사회적 맥락

발달 과정에서 인간은 환경의 영향을 받는다. 인간은 환경에 대해 반응할 뿐만 아니라 상호작용도 하고 변화시키기도 한다. 오늘날 인간의 발달은 과거와 다를 뿐만 아니라, 급변하는 환경과 상호작용하면서 새로운 양상으로 나타나기도 한다. 인간의 발달과 적응은 전쟁과 같은 역사적 사건이나 컴퓨터나 인터넷의 발명과 같은 과학기술의 획기적 발견, 여성해방 운동과 같은 사회 운동 등의 사회적 변화에 의해 지속적인 영향을 받는다.

우리나라의 경우, 개인의 삶에 지대한 영향을 준 사건으로 6 · 25 전쟁과 일제 시대의 경험을 들 수 있다. 전쟁으로 인한 생활고는 영양 부족을 초래하여 신체적 성장에 영향을 주었고, 가족의 죽음과 이산의 경험은 심리적 적응에 지대한 영향을 주었다. 물론 이러한 전쟁 경험은 개인에 따라 긍정적 또는 부정적 영향을 주게 되고, 그 영향력의 크기는 개인에 따라 상당히 다양한 결과를 가져오게 된다. 예를 들어, 전쟁으로 인해 고생스러운 청년기를 보낸 경험에 대해, 그것은 당시 우리나라 모든 사람이 겪은 것으로 보고 그 어려움을 이겨 내려고 노력하여 자수성가한 노인과 시대를 잘못 태어나 자신만 어렵게 살았다고 한탄을 하는 노인을 비교해 보면 알 수 있다.

우리 사회는 지난 세기 동안 가족 구조 및 남성과 여성의 역할 변화와 의학, 이동통신을 비롯한 기술의 발달 등, 사회 · 정치적으로 매우 빠른 변화를 겪었다. 그러한 변화에 적응해야 하는 어려움은 개인에 따라 그 정도가 매우 다를 것이다.

4) 다학제적 접근

인간의 발달은 세포의 생화학적 변화부터 사회적, 역사적 변화까지 다양한 영향을 받는다. 따라서 인간의 발달을 설명하는 데는 한 가지 학문만을 통해서는 한계가 있으므로 다양한 분야의 전문가들 간의 다학제적 접근(interdisciplinary approach)이 필요하다. 예를 들어, 노인의 사회적 관계의 변화를 살펴보기 위해서는 생물학적으로는 노화로 인한 신체적 변화를 살펴보고, 사회학적으로는 노인의 사회적 관계의 변화, 인류학적으로는 문화가 노년기 적응에 주는 영향을 살펴볼 수 있을 것이다. 그리고 심리학적으로는 노화로 인한 인지적 · 사회적 능력의 변화와 성격의 변화 그리고 성차 등을 통해 노인의 사회적 관계의 특성을 분석할 수 있을 것이다. 이와 같이 노인을 연구하기 위해서는 다양한 학문 간의 교류가 필요하다.

5. 노화에 대한 심리학 연구의 전망

인간 수명의 증가로 인해 노인 인구 비율이 급속도로 증가하면서 노인과 노화 과정에 대한 관심이 증가하고 있다. 심리학 분야에서도 노인 관련 연구가 증가하고 있고 노년기에 행복한 삶을 유지하는 데 영향을 주는 중요한 요인들을 밝히기 위한 노력도 지속적으로 이루어지고 있다.

평균 수명이 증가하고 노년기에 접어들어도 의학의 발달과 생활 수준의 향상으로 건강을 유지하며 노년기의 삶을 즐길 수 있는 노인들이 점차 증가하면서 예전의 노인들의 특성과 대비되는 특성을 가진 새로운 노인 집단이 주목을 받고 있다. 미국의 베이비 붐 세대(1946~1964년 출생)

가 21세기 초에 노년기에 접어들게 되면서 전체 인구에서 차지하는 노인의 비율이 급증하게 될 것으로 보고, 베이비 붐 세대의 노년기 적응을 돕기 위한 연구들이 미국에서 진행되고 있다. 우리나라의 경우에도 1955년에서 1963년 사이에 출생한 세대를 한국의 베이비 붐 세대로 정의하는데, 그들이 노년기에 접어들면 노인 인구 비율이 증가하고 그로 인해 개인적 · 사회적 적응과 관련된 여러 문제가 유발될 것이다. 이러한 문제에 대한 노인의 적응을 돕고, 노인과 함께하는 다른 사람들의 행복도 도울 수 있는 유용한 방법들을 제시하기 위해서는 관련 분야에서의 심리학 연구들이 지속적으로 이루어져야 할 것으로 보인다.

베이비 붐 세대는 지금까지 우리가 보아 온 노인들과는 다른 특성을 갖고 있다. 첫째, 의학의 발달로 평균 예상수명이 계속 증가하고 있어 그들이 보내야 하는 노년기는 더욱 길어지게 된다. 평균 수명의 증가는 단순히 '오래 산다'는 의미가 아니며, 수명의 증가로 인해 발생하는 대인관계 및 사회적 문제와도 밀접한 관련이 있다. 예를 들어, 평균 예상수명의 증가는 중년기와 노년기라는 새로운 단계를 출현시켰는데, 출산율이 줄어들면서 적은 수의 자녀가 출가하고 난 후 상당히 오랜 기간 동안 부부끼리만 생활하게 되어 이 시기에는 부부관계의 중요성이 더욱 커지게 된다. 둘째, 베이비 붐 세대는 이전 세대에 비해 교육의 기회가 많아 높은 학력을 갖추어서 노년기에도 새로운 것을 배우고 자신을 개발하려는 의지를 갖고 있다. 따라서 기존의 노년기의 특성으로 제안되어 온 노인의 수동적 특성과 신체적 퇴행에 대한 문제보다는 노인의 행복한 삶을 위해 필요한 요인들, 노년기에도 젊은 시절 못지않게 적극적으로 삶을 살아가는 방법 등을 제안할 수 있는 연구들이 필요하다. 셋째, 베이비 붐 세대는 각 사회에서 경제 활동을 주도하는 집단이므로 그들이 노년기에 이르면 경제적 능력이 낮아지는 것이 아니라, 오히려 젊은 시절에 준비한 경제적 능력을 발휘하면서 풍족한 노년기를 보내거나 노년기에도 경제 활동을 통해 수입을 창출할 수 있을 것으로 예상된다. 노인 인구와 노인 서비스 수요의 증가는 고령 친화 산업의 발달을 가져올 것이며, 이전의 노인들과 달리 베이비 붐 세대 노인들은 구매력이 있어 다양한 서비스 시장이 형성될 가능성이 높다. 따라서 노인에게 특화된 서비스의 질적 수준을 향상시키고, 다양한 관광, 레저, 문화 관련 산업이 개발되어야 할 것이다. 또한 그들은 자신의 경험, 지식을 살릴 수 있는 창업 및 경제 활동을 지속하면서 사회적으로 상당한 영향력을 발휘할 수 있을 것으로 보인다. 그리하여 그들이 노년기에도 자신이 원하는 활동을 하면서 사회적 관계, 가족 관계를 잘 이루어 나가도록 도움을 주는 심리적 서비스가 다양하게 지원되어야 할 것이며, 노인을 주요 서비스 계층으로 인식하고 노인을 위한 서비스를 제공할 수 있도록 노인에 대한 이해의 깊이와 폭을 넓혀야 할 것이다. 이 과정에서 심리학 연구는 노인에 대한 이해와 노인과의 조화로운 삶을 이루는 데 중요한 해답을 줄 수 있을 것으로 기대한다.

참고문헌

권균(2006). 노인심리학 입문. 춘천: 한림대학교 출판부.

통계청(2012). 노인인구통계.

Baltes, P. B. (1987). Theoretical propositions of lifespan development psychology: on the dynamics between growth and decline. *Developmental Psychology, 23*(5), 611-626.

Baltes, P. B., Smith, J., & Staudinger, U. M. (1992). Wisdom and successful aging. In T. B. Sonderegger (Ed.), *Nebraska symposium on motivation: 39*. Lincoln: University of Nebraska Press.

2장 노인 연구 방법

유경

1. 노인 연구 방법

1) 연구 대상자 선정

성인 발달과 노화에 관한 연구에서 표본의 특성은 연구 목적에 따라 달라진다. 만약 일반적인 노인들의 사회적 상호작용을 연구하기를 원한다면, 양로원에서 생활하는 노인들을 대상으로 하는 것은 한계가 있다. 양로원에서 생활하는 노인들은 노인 전체 집단을 대표하기에는 무리가 있기 때문이다. 하지만 양로원에서의 생활이 노인의 사회적 상호작용에 어떠한 영향을 미치는지 연구하려고 한다면 양로원이 이상적인 표집 장소가 될 수 있다.

표본의 특성은 우리가 노인의 특성을 '기술'하고자 하는지, '예언'하려고 하는지, 혹은 '설명'하려고 하는지에 따라 달라진다. 연구가 '기술'을 목적으로 한다면, 예를 들어 '노인들은 실제로 외로운가?'와 같이 노인의 특성을 기술하고자 한다면, 무선 표집된 노인들을 대상으로 한 연구를 실시해야 한다. 연구가 '설명'을 목적으로 한다면 연령 차이의 근원이 되는 원인을 규명해야 하므로 표본은 선택적이어야 하며, 특히 동년배 효과(cohort effect)가 배제되어야 한다. 동년배 효과는 교육, 건강 혹은 사회경제적 지위와 같은 변인에서 크게 나타나므로, 이런 변인들이 연구 대상자의 발달적 특성과 밀접하게 연결되어 있는 연구에서는 무선 표집 절차가 적절한 표집 방법이 되지 못한다. 연구가 '예언'을 목적으로 한다면 미래에 나타날 수 있는 변화의 징도를 추정한다는 의미를 지닌다. 이런 경우에는 먼저 미래에 예상되는 전집의 특성을 가정하고 그에 맞추어 선택적인 비무선적 표본을 설정해야 한다. 예를 들어, 2030년의 여성 노인들의 경제 상태에 대해 알고 싶다면 여성 노인들을 무선 표집해서는 안 된다. 현재 직업이 있는 여성의 수가 증가하고 있으며 또 앞으로도 증가할 것이므로, 2030년에 연금으로 생활하는 여성의 수는 크게 늘어날 것이다. 따라서 이 연구에서는 현재 직업을 가진 여성들을 선택적으로 표집해서 연구해야만 2030년의 여성 노인들의 경제 상태에 대한 예측이 가능해질 것이다(장휘숙, 2006).

평균적으로 20대는 65세 이상 노인들보다 더 많은 교육을 받고 더 나은 건강과 더 높은 사회경제적 지위를 갖는다. 만약 성인들의 기억 능력을 연구하길 원한다면, 학력이 기억에 영향을 줄 수 있으므로 20대의 대학생과 교육적 배경에서 비교 가능한, 고졸 이상의 학력을 가진 60대를 표집해야 순수한 연령 효과를 확인할 수 있을 것이다. 고졸 이상의 학력을 가진 60대는 실제 우리나라 노인 집단의 경우 찾아보기 어려운 대상이므로 그들이 노인 대다수의 특성을 보여 준다고 판단하기는 어렵지만,

대학생과의 인지 능력을 비교하려면 학력을 유사하게 맞추는 것이 연령 효과를 확인하는 데 타당한 연구 방법이라 할 수 있다.

2) 표집의 문제

우리는 특정 부류의 사람들(예: 65세 이상 노인)을 연구하고자 할 때 그 부류에 속한 사람을 모두 만나서 연구를 할 수는 없다. 대신 그들 중에 표본을 추출하여 연구를 실시하게 된다.

표본(sample)이란 연구 대상자 전체의 특성을 반영하는 모집단의 대표적인 일부분으로 볼 수 있다. 따라서 모집단의 특성을 가능한 한 잘 대표할 수 있는 표본을 추출하는 것이 연구자의 중요한 임무다. 표본을 대상으로 연구하지만 그로부터 나온 연구 결과는 모집단에 일반화할 수 있어야 하기 때문이다. 따라서 이와 같은 이유로 표집(sampling) 과정은 연구 방법론에서 매우 중요하다.

이상적인 연구는 연구하는 표본의 특성이 모집단의 특성과 동일해야 한다. 그래야 대표성이 보장되는 표본을 갖게 된다. 대표성이 보장되는 표집을 하려면 무선 표집이 가장 좋다. 하지만 현실적으로 무선 표집을 하는 것은 매우 어려운 일이다. 대신 우리가 표집하기에 보다 용이한 방법을 사용하기도 하는데, 추출된 표본이 대표성이 보장되지 않을 경우에는 표집상의 문제가 발생하게 되고 연구 결과도 신뢰하기 어렵게 된다.

표집상 문제가 있는 연구의 대표적인 예는 성인들의 성적 행동에 대한 A. Kinsey의 1938년 연구다. 이 연구의 문제는 연구 대상이 무선 표집되지 않고 자발적으로 연구에 참여한 사람들이라는 점이었다. 성적 행동에 관한 연구에 자발적으로 참여한 사람들의 특성은 대학생 모집단의 특성과 큰 차이가 있을 것이라고 보았기 때문이다(정옥분, 2008).

3) 자료 수집 방법

(1) 관찰법

관찰법(observation)은 자연 상황에서 연구 대상자의 행동을 직접적으로 보면서 기록하는 자료 수집 방법이다. 관찰법은 아동을 대상으로 한 연구에서는 흔히 사용되지만 성인을 대상으로 한 연구에서는 자주 사용되지는 않는 방법이다.

관찰이 효율적으로 이루어지려면 관찰의 대상과 목적, 방법, 기록 등이 체계적으로 이루어져야 한다. 관찰법에는 자연 관찰과 실험실 관찰이 있다. 자연 관찰은 실제 상황에서 이루어지며, 연구자는 환경이나 피험자의 활동을 조작할 필요가 없다. 하지만 자연 관찰로는 답을 얻기 어려울 때가 있다. 예를 들어, 알츠하이머병에 걸린 68세 할머니가 화장실에 낯선 사람이 있다면서 들어가기를 꺼렸다. 관찰해 보니 화장실 거울에 비친 자신을 낯선 사람으로 인식한 것이었다. 이러한 현상이 알츠하이머 중증인 경우 나타나는 '거울 현상' 인지를 확인하려면 자연 관찰로는 부족하고 실험실 관찰이 필요하다(정옥분, 2008).

실험실 관찰은 우리가 확인하고 싶은 구체적인 가설을 확인하기에 적합한 방법이지만, 인위적인 환경에서 피험자가 부자연스러운 행동을 하거나 자신이 관찰당하고 있다는 것을 인식하고 행동한다는 점, 일부 특성은 실험실 관찰로 확인하기 어렵다는 점이 한계로 남는다.

(2) 면접법과 질문지법

연구 대상자에게 직접 질문하는 가장 흔한 방법이다. 주로 직접 면접(interviews)을 사용하지만 전화 면접도 가능하다. 지금까지 수행된 수많은 종단 연구는 검사 절차에 면접을 포함하고 있으며, 성인 생활의 다양한 측면에 대한 자료들은 주로 구조화된 면접을 사용하게 된다.

노인 연구의 경우에는 노인이 문맹이거나 노안으로 인해 질문을 직접 읽고 답하기 어려운 경우가 많아 질문지(questionnaires)를 사용하는 연구를 실시할 경우에도 면접을 통해 질문을 읽어 주고 노인의 응답을 기록하는 식의 방법을 많이 사용한다. 이런 경우 설문을 실시하는 면접자는 제시된 문항을 그대로 읽고 그에 대한 응답을 그대로 기록해야 한다. 간혹 노인이 문장을 이해하지 못할까 봐 임의로 해석해 주거나 응답을 유도하는 일이 생길 수 있으므로 주의해야 한다.

면접 방식에는 크게 구조화된 면접과 비구조화된 면접이 있다. 구조화된 면접은 질문 내용과 질문 순서 및 질문 방식이 사전에 미리 결정되어 있는 면접 방식으로, 대단위 표집을 대상으로 연구를 실시하는 경우 가장 많이 사용된다. 반면, 비구조화된 면접은 사전에 전체적인 면접 내용이 정해져 있기는 하지만 어떤 순서로 어떻게 질문하는지는 응답자의 반응에 따라 달라질 수 있다. 즉, 비구조화된 면접에서는 응답자가 제시한 최초의 반응이 다음 질문의 기초가 되며, 면접자는 응답자의 반응에 맞추어 질문을 해야 하므로 숙련된 면접 기술이 필요하다.

면접을 할 때는 면접자의 면접 기술이나 특성이 연구 결과에 영향을 미칠 수 있으므로 유의해야 하며, 면접자가 여러 명일 경우에는 면접자들 간의 특성 차를 최소화하여 연구 결과를 일반화할 수 있도록 해야 한다.

(3) 검사법

검사법은 지능검사, 성격검사, 적성검사 등 표준화된 검사(standardized test)를 이용하여 개인이나 집단의 특성을 파악하는 방법이다. 검사 자료를 통해 개인이 차지하는 상대적 위치나 개인차에 대한 정보를 얻을 수 있다.

노인 연구에서는 검사법을 적용할 때 노인용 표준화된 검사를 이용하는 것이 바람직하다. 예를 들어, 노년기 우울증을 측정할 경우 노인용 우울증 척도를 사용하거나, 노년기 삶의 질을 측정할 경우 노인용 주관적 안녕감 척도를 사용하는 것이 적절하다.

2. 노인 연구 설계법

1) 횡단 연구와 종단 연구

연령에 따른 변화를 체계적으로 연구할 때는 연령 변화(age change)와 연령 차이(age difference)를 구분해야 한다. 연령 변화는 연령이 증가함에 따라 특정 개인에게 일어나는 변화를 의미하는 반면, 연령 차이는 서로 다른 연령의 개인이나 집단을 비교할 때 관찰될 수 있는 차이를 의미한다.

연령 변화와 연령 차이에 대한 연구는 발달 연구에서 사용되는 두 가지 연구 설계에 의해 실시할 수 있다. 횡단 연구(cross-sectional study)는 동일한 시기에 서로 다른 연령대에 있는 사람들을 비교하는 연구 방법으로 연령 차이를 확인할 수 있도록 한다. 반면 종단 연구(longitudinal study)는 동일한 개인들을 서로 다른 시기에 2회 이상 측정함으로써 시간 경과에 따른 차이, 즉 연령 증가에 따른 개인의 변화를 측정하는 데 용이하다.

횡단 연구의 장점은 자료 수집이 용이하고 빠른 시간 내에 실시 가능하다는 것이다. 하지만 시간에 따른 개인의 변화나 안정성 및 성장과 발달에 있어서의 증가나 감소를 확인하기 어렵다. 또한 가장 중요한 문제는 횡단 연구를 통해 확인한 연령 차이가 동년배 효과에 따른 것으로 볼 수 있다는 것이다. 아울러 횡단 연구에서는 인생 초기의 문제가 성장 과정에서 어떠한 영향을 미치는지 확인하기 어렵다. 예를 들어, 연령 증가에 따른 지능의 차이를 확인하기 위해 20대, 40대, 60대의 세 집단을 대상으로 횡단 연구를 실시하여 분석하면 유의한 연령 효과가 나타나는데, 여기서 나타난 차이는 연령 자체의 영향이 아닌 동년배 효과 때문일 수 있다. 보다 최근에 태어난 사람들은 이전에 태어난 사람들에 비해 장기간의 교육을 받았고, 그러한 교육의 효과로 자기 발전에 관심이 많아 자기계발을 위해 노력했기 때문에, 그들이 노인에 비해 지능이 높게 나타나는 것은 순수한 연령의 영향으로 보기에는 한계가 있다. 이와 같은 동년배 효과의 영향을 배제하고 연령 증가에 따른 지능의 변화를 알아보기 위해서는 종단 연구를 실시하는 것이 적절하다.

종단 연구는 수년 또는 수십 년에 걸쳐서 동일한 피험자에게 추적 연구를 실시하는 것이다. 종단 연구는 횡단 연구에서는 확인하기 어려운 시간에 따른 변화, 성장하면서 나타나는 변화 등을 알아낼 수 있다는 장점이 있다. 하지만 종단 연구는 실시하는 데 어려움이 많다. 일단 오랜 기간 동안 연구가 실시되므로 피험자 탈락 문제를 고려해야 한다. 연구에 지속적으로 참여하는 피험자가 줄어드는 것도 문제이지만, 매번 연구에 참여하는 사람들에 대해서만 연구 결과를 분석하게 되는 것도 연구 결과의 일반화를 어렵게 만드는 특성이 될 수 있다. 또한 반복되는 검사로 인해 연습 효과가 나타날 수 있는데, 동일 검사 또는 질문지가 반복적으로 제시되어 검사 상황에 익숙해지고, 검사 내용을 암기하여 점수가 상승하는 경우가 있기 때문이다. 따라서 종단 연구의 결과 분석에서도 주의가 필요하다.

노년기는 생물학적 변화와 더불어 사회적 사건으로 인한 변화가 많이 일어나는 시기이므로 연령 집단 간에 큰 차이가 나타날 수 있다. 따라서 노인 연구는 연령 효과와 함께 동년배 효과를 포함하기 쉬우므로 연령 변화를 추정하기 위해서는 종단 연구를 실시하는 것이 바람직하다.

2) 종단 연구 사례

(1) 한림 노화 연구

한림 노화 연구(Hallym Aging Study: HAS, 이하 HAS)는 한국 노인들의 심리, 사회, 경제, 사회복지 및 의학적 특성을 종단적으로 연구하기 위한 대규모 종단 패널을 구축하는 연구의 일환으로 실시되었다.

서울과 춘천에 거주하는 45세 이상의 성인 남녀를 대상으로 연구를 실시하였으며, 서울시는 대도시, 춘천시는 중소도시 그리고 강원도 춘성군 지역은 농촌을 대표하는 지역으로 선정되었다. 표집 방법으로는 서울 지역(대도시)에 대해서는 구(區)별로 층화 표집(stratified sampling)을 하고 구 내의 동/통은 집락 표집(cluster sampling)을 하였으며, 동사무소의 협조를 얻어서 해당 동/통의 주민등록 명부를 구하여 조사 대상 모집단을 선정한 후 일정한 규칙에 따라서 그들 중 계통 표집(systematic sampling)을 하였다.

서울 지역의 목표 조사 표집 수는 1,000명이었으나 응답을 받지 못하는 상황을 고려하여 약 2배수에 가까운 조사 대상자를 선정하였고, 최종적으로는 1,090명의 자료가 수집되었다. 춘천시(중소도시)와 강원도 지역(농촌)에 대해서는 인구주택 총 조사 시 설정된 조사구 중에서 200개 조사구를 무작위로 선정하였고, 선정된 200개의 조사구를 읍, 면, 동별로 45세 이상 인구 비율에 따라 배분한 후 계통 추출하여 최종 표본 조사구를 선정하였다. 춘천시와 강원도 농촌 지역의 목표 조사 대상자 수인 500명과 1,000명을 각각 확보하기 위해 춘천시에서는 전체 동의 45세 이상 인구 중 각 동의 45세 이상 인구가 차지하는 비율을 구한 후 총 조사 대상자 수인 500을 곱하여 동별 조사 대상자의 수를 산출하였다. 강원도 농촌 지역에서는 조사구로 선정된 전체 읍/면의 45세 이상 인구가 차지하는 비율을 구한 후 총 대상자 수인 1,000을 곱하여 각 지역 조사 대상자 수를 산출하였다. 조사 대상 읍, 면, 동의 세대원 명부에서 45~64세와 65세 이상의 연령층을 구분한 후 계통 추출 방법을 통해서 최종적으로 조사 대상자를 선정하였다. 이때 서울과 마찬가지로 응답을 받지 못할 경우를 대비하여 산출된 조사 대상자 수의 1.5~2배수의 인원을 조사 대상자로 추출하였고, 조사 결과 최종적으로 1,520명의 자료가 수집되었다.

서울과 춘천시 및 강원도 농촌 지역에서 연구에 참여한 연구 참여자 수는 총 2,529명이었다. 이들에 대해 2003년 1차 연구를 실시하였는데, 65세 이상 노인은 1,825명이 참가하였다. 그리고 2년 후인 2005년에 이르러 1차 연구의 참여자를 중심으로 다시 2차 연구를 실시하였다. 사망, 거주지 이전, 연락 불가능 등의 이유로 탈락한 경우를 제외하고 1,789명이 연구에 참여하였고, 이 중 65세 노인은 1,210명이었다. 3차 연구는 2007년에 실시되었다. 2차 연구와 마찬가지로 사망, 거주지 이전, 연락 불가능 등의 이유로 탈락한 경우를 제외하고 총 1,117명이 연구에 참가하였고, 이 중 65세 이상 노인은 890명이었다.

2003년 기준 65세 이상의 노인 중 1차, 2차, 3차 연구에 모두 참여한 이들을 대상으로 표본을 추출한 결과 총 844명이 추출되었다. 남성 340명, 여성 504명이었으며, 평균 연령은 전체가 71.59(표준편차 5.09)세이고 남성은 71.44(표준편차 4.81)세, 여성은 71.70(표준편차 5.28)세였다. HAS는 지금도 계속 진행 중인 국내 유일의 노인 패널 연구로서 노화 과정의 특성을 밝히고 한국 노인의 삶의 질을 연구하는 데 큰 공헌을 할 것으로 기대한다(한림대학교 고령사회연구소, 2009).

현재 HAS를 통한 종단 연구 자료의 분석 결과로 밝혀진 노년기의 특성 중 하나는 정서 경험과 주관적 안녕감의 변화인데, 유경, 이주일, 강연욱, 박군석(2009)의 연구에서는 우리나라 노인들도 일상에서 부적 정서보다는 정적 정서를 더 많이 경험하고, 연령 증가에 따라 정적 정서의 변화는 없으나 부적 정서는 유의하게 감소하는 것으로 나타났다. 또한 주관적 안녕감은 연령 증가에 따라 다소 감소하지만 그 폭이 예상보다 크지 않다는 것을 밝혔다.

(2) 하버드 성인발달 연구

하버드 성인발달 연구는 1938년에 자선사업가 William T. Grant의 지원으로 시작되었고, 건강한 하버드 재학생 268명이 연구의 표본으로 선정되었다. 그들의 학업 성적은 미국 전체 고교 졸업생의 상위 5~10%에 속했으며, 사회경제적인 면에서 대부분의 학생이 안정적인 가정 출신이었다. 연구 방법으로는 부모와의 면접을 통해 아동기 때의 자료를 수집하였고, 대학 시절에 관해서는 신체검사, 생리검사, 심리검사 등을 실시하였다. 그들이 졸업한 후 1955년까지는 1년마다, 그 이후에는 2년마다 질문지법을 이용하여 취업 상태, 가족, 건강, 일상생활(예: 휴가, 운동, 음주, 흡연) 등에 관해 조사하였다. 이 연구는 지금도 계속되고 있지만 연구가 시작될 당시에는 언제까지 지속될지 몰랐기 때문에 중년 및 노년과 관련된 질문이 포함되어 있지 않다. 연구가 시작되어 30년이 지나 참가자들이 50대가 되었을 때, 그들 중 대부분은 신체적인 질병이 없었고 90% 이상이 안정된 가정과 직업을 가지고 있었다. 하지만 그들이 특별히 축복을 받아 어려움 없이 행복하게만 살아온 것은 아니었다. 그들은 다른 사람들과 마찬가지로 많은 어려움과 개인적인 절망감을 갖고 있었다.

연구 보고서에서 Vaillant(1977)는 몇 가지 중요한 결론에 도달하였다. 첫째, 인생은 특정한 위기적 사건에 의해 변하는 것이 아니라 중요한 타인(significant others)과의 지속적인 상호작용과 관계의 질에 의해 형성된다. 둘째, 발달과 변화는 전 생애를 통해 일어난다. 셋째, 생활 사건에 적응하기 위해 사용하는 방어기제가 그들의 정신 건강 수준을 결정한다(정옥분, 2008).

이후 Vaillant(2002)는 『행복의 조건(*Aging Well*)』이라는 저서에서 성공적 노화와 관련된 변인을 제시하고 있다. 종단 연구가 60년을 넘어서면서 이제 노인이 된 연구 참여자를 통해 노년기를 어떻게 보내는 것이 건강하고 행복한 것인지를 밝혀내고 있다. 담배를 피우지 않고, 술을 적게 마시며, 규칙적인 운동을 하고, 적절한 체중을 유지하며, 행복한 결혼생활을 하고, 스트레스에 효과적으로 대처하는 것이 건강한 신체적, 심리적 특성과 관련된다는 결과를 밝혔다.

3. 노인 연구에서 고려할 점

1) 기본적인 윤리 문제

기본적으로 인간의 존엄성과 자율성, 공평성이 보장되고 연구 대상자는 위험으로부터 보호받을 수 있어야 한다. 문서화된 연구 참여 동의서가 요구되고 연구 대상자에 대한 인도적 처우가 보장되어야 한다. 불가피한 속임수는 제한적으로 사용될 수 있으나 연구 실시 후 이에 대한 설명이 반드시 이루어져야 하고 연구 대상자의 비밀은 반드시 보장되어야 한다. 치매를 앓고 있거나 장기간 요양시설에 수용되어 있는 노인들과 같이 직접적으로 연구 참여 동의서를 받을 수 없는 대상에 대해서는 보호자나 시설 기관장의 동의서를 첨부하지 않으면 연구가 이루어질 수 없다.

2) 노인 연구 대상자의 특성

노인들은 연구자의 숨겨진 의도를 쉽게 알아차리고 방어할 수 있으므로 이에 대비해서 면접이나 연구를 진행시켜야 한다. 특히 노인들은 자신의 인지 능력을 측정할 때 민감하게 반응하며, 곤란한 문제에 대해서는 답을 안 하거나 자신의 생각과 다른 답을 할 수 있다. 따라서 노인들이 응답을 하지 않을 때에는 인내심을 갖고 기다리거나 다시 한 번 물어 보는 것이 좋고, 정답이 필요한 것이 아니라 의견을 묻는 것이라 편하게 답하면 된다는 등의 연구 목적을 주지시킬 필요가 있다.

노인들의 자료는 한꺼번에 얻기 어렵고 성별, 계층, 교육 정도, 생활 양식 등이 다양하여 모든 특성을 고루 포함하는 대표적인 표본을 얻기 어렵다. 즉, 노인들은 개인차가 너무 크기 때문에 노인 연구를 실시하기 위해서는 특정 노인 집단을 대상으로 임의 표집을 하여 연구를 하는 것이 연구 목적에 부합하는 결과를 얻는 데 적절하다. 노인들은 특히 성차가 크게 나타나는데, 여성 노인과 남성 노인이 살아온 개인적, 사회적 배경이 워낙 다르고 건강 상태에서도 많은 차이가 있다. 따라서 노인의 특성을 분석할 때는 성차를 구분하여 살펴보는 것이 더 적절한 경우가 많다.

노인들은 실험 상황을 싫어하며, 실패를 두려워하는 노인들은 실험 상황에서 실패하지 않기 위해 지나치게 조심스럽게 반응하다가 오히려 저조한 수행을 나타낼 수 있다. 노인들도 젊은이들과 마찬가지로 과제를 잘 수행하고 싶어 하지만 잘 하지 못할까 두려워서 응답을 회피하거나 검사를 거부할 수 있다. 이러한 노인의 특성을 고려하여 노인이 편안하게 느끼는 상태에서 연구에 참가할 수 있도록 배려와 준비가 필요하다.

노인들은 수명 문제가 중요한 문제가 될 수 있는데, 소위 수명 편향(survival bias)에 의해 건강한 노인들만 연구 대상자로 포함되는 문제점이 있다. 실제로 연구에 참가하는 노인들은 오랜 세월을 견디어 생존한 강한 사람들이므로 결국 연구는 일반적인 노인이 아닌 장수하는 노인의 특성만을 알려 주는 것이 될 수 있다. 그래서 이러한 편향을 줄이기 위해서는 연구 대상이 정상 노화 과정에서 나타나는 특성을 반영하고 있는지, 혹시 너무 젊고 건강한 노인의 특성에만 치우쳐 있지는 않은지 세밀하게 검토할 필요가 있다.

또한 노화 과정에 따라 나타나는 특성을 고려해서 연구가 진행되어야 한다. 시력과 청력이 감퇴되는 노년기의 연구 참여자들은 작은 크기의 글씨를 읽기 어려우므로 그들이 읽는 유인물은 글자 크기를 크게 해야 하며, 청력의 감소로 인해 언어적 지시를 듣고 그대로 따르는 것이 어려우므로 노인들의 감각 능력에 대한 사전조사를 실시하는 것이 바람직하다. 즉, 글씨를 읽지 못하는 경우에는 시력 때문인지, 문맹 때문인지를 확인하여 특성에 맞게 적절한 방법을 사용해야 하며, 청력 문제와 관련해서는 보청기를 사용하고 있는지, 청력은 어느 정도인지를 확인하여 노인이 편안하게 느낄 수 있는 소리 크기로 면접을 실시해야 한다. 또한 문항 수가 너무 많은 경우에는 노인이 쉽게 피로를 느끼고 면접을 거부할 수 있으므로 연구 질문지를 구성할 때 전체 양을 고려해야 한다.

참고문헌

김애순(2002). 성인발달과 인생설계. 서울: 시그마프레스.

유경, 이주일, 강연욱, 박군석(2009). 노년기 정서 경험의 변화와 주관적 안녕감: 종단 연구 분석. 한국노년학, 29(2), 729-742.

장휘숙(2006). 성인심리학. 서울: 박영사.

정옥분(2008). 성인 · 노인 심리학. 서울: 학지사.

한림대학교 고령사회연구소(2009). 한국 노인의 삶: 한림 고령자패널 2003. 서울: 도서출판 소화.

Vaillant, G. (1977). *Adaptation to life*. Boston: Little Brown and Company.

Vaillant, G. (2002). *Aging well*. Boston: Little Brown and Company.

3장 노년기 신체 변화와 노년기 질환

유경호

1. 노년기 신체 변화

1) 노년기 신체 및 대사 변화

노년기에는 대부분 한 가지 이상의 질환을 동반하고 젊은 연령에 비해 신체적 · 정신적인 개체 간 차이가 많기 때문에 정상과 비정상을 구분 짓기 어려운 경우도 있다. 정상적 노화에 따라 체성분 및 조직의 구조적 성분에 변화가 발생한다. 75세 이상이 되면 체지방은 전체 체중의 30%까지 증가할 수도 있지만 몸속의 전체 체액의 양과 체지방, 체중은 감소한다. 이러한 변화는 영양 계획, 대사 활동 및 약물 효과에 큰 영향을 미친다. 특히 지용성 약물은 젊은 사람에 비해 노인의 체내에 오랜 기간 동안 남을 수 있으므로 진정 수면제 등이 부작용을 유발할 가능성도

〈표 3-1〉 나이에 따른 생리학적 · 해부학적 신체 변화

신체 지표 항목	감소량(%)
뇌중량	15
뇌혈류	20
신체 활동 이후 혈중 산도의 정상화 회복 속도	83
평상시 심장 박출량	35
신경섬유 수	37
신경전달 속도	10
미각 신경세포	64
최대 폐환기량	47
손아귀 힘	45
기초대사량	16
신체 수분 함량	18
체중(남성)	12

출처: Harman (2001), p. 5.

높다.

세포의 분열이 감소하며 단백질 성분, 특히 콜라겐(collagen)의 감소가 뚜렷해지므로 피부와 근육, 각종 장기 간의 결체 조직 구성이 약해진다. 콜라겐을 생산해 내는 섬유아세포(fibroblast)는 연령이 증가하면 분열 횟수가 감소하는 특징도 보인다. 그 외 노화와 연관된 변화로 세포 내에 리포푸신(lipofuscine) 소체가 침착되고, 핵막의 구조 변화와 함께 핵의 크기가 작아지며, 핵소체의 소실이 관찰되기도 한다. 리포푸신 소체는 지방 성분의 산화와 연관된 것으로 생각되며 비타민 C 또는 E, 글루타치온(glutathione), 시스테인(cysteine) 등의 항산화 작용을 가지는 화합물과 상호작용을 한다.

2) 노년기 뇌의 구조적 변화

가장 큰 특징으로는 뇌의 전체 용적이 줄게 되어 뇌실이 확장되고 뇌고랑이 뚜렷해진다는 것이다. 이러한 현상은 신경세포 소실에 의한 것이고, 70세 이상이 되면 측두엽 피질 부위가 30~50% 정도 소실된다고 알려져 있다. 그러나 정상 노화 과정에서 보이는 신경세포 소실은 뇌의 부위에 따라 차이가 있다. 뇌간 부위는 나이에 따른 변화가 가장 적은 반면, 대뇌 피질의 브로드만(Brodmann) 2, 7번 영역과 해마(hippocampus) 부위의 피라미드 세포, 척수의 전각세포의 소실은 뚜렷하여 젊은 사람에 비해 약 25% 정도 감소하게 된다. 뇌간의 경우에는 청반(locus ceruleus)과 흑질 부위 신경세포가 약 35% 이상 감소하는 반면 연수의 전정 신경세포와 하부 올리브 핵세포는 큰 변화가 없어 좀 더 국한된 영역의 변화를 나타낸다.

나이에 따른 신경계 변화 중 노인판(senile plaque)과 신경섬유농축체(neurofibrillary tangle)의 침착은 임상적 유의성에 논란이 많다. 치매가 없는 노인에서도 관찰되지만 이 경우엔 주로 해마와 주변부 피질에 국한되어 침착된다. 그러나 나이에 따른 인지 기능 저하와 임상적으로 치매로 발현하지 않았지만 초기 진행성의 인지기능장애의 구분이 모호하므로 노인판과 신경섬유농축체의 국소적인 침착이 정상 노화의 범위에 속하는지는 논란의 여지가 있다.

3) 노년기 신경생화학 및 뇌대사 변화

노화에 따른 신경생화학적 변화의 대표적인 예는 신경전달물질과 뇌대사의 전반적인 감소다. 시상하부(hypothalamus)의 노르아드레날린 시스템과 이마-마루겉질(fronto-parietal cortex), 꼬리핵(caudate nucleus)-조가비핵(putamen)의 세로토닌 시스템의 감소가 뚜렷해진다. 그 외에도 감마아미노부티르산(gamma aminobutyric acid: GABA)과 멜라토닌 수용체의 감소도 나타난다. 아세틸콜린의 경우, 알츠하이머병 환자에 비하여 정상 노인에서는 해마와 메이너트(Meynert) 핵의 콜린성 신경전달물질에 유의한 변화는 없다.

뇌혈류와 뇌대사의 감소도 나타나는데, 주로 백질(white matter) 부위보다는 회색질(grey matter) 부위에 뚜렷한 변화가 나타난다. 그러나 일부 연구에서는 뇌혈류와 산소 대사율이 젊은 사람과 비교하여 변화가 없다는 결과도 있어 아직 논란이 있다. 특히 두뇌 활동에 따른 뇌혈류 증가율은 건강한 노인들과 젊은이들 간에 뚜렷한 차이는 없으므로 이러한 반응성이 감소된 경우 질병 상태를 예측할 수도 있다. 뇌혈류가 감소되는 이유는 노화에 따라 뇌혈관 벽의 섬유화 및 죽경화성(atherosclerotic) 변화로 인해 혈관의 저항성이 증가하고 탄력을 잃기 때문인 것으로 생각된다. 이러한 뇌혈류 감소는 부위별로 차이가 있는데, 전두엽에서 가장 뚜렷한 감소를 보이고 두정엽, 측두엽 등에도 감소가 동반된다. 이에 비해 후두엽과 운동영역 피질부는 나이에 따른 변화가 가장 적은 부분이다. 뇌혈류와 뇌대사 감소는 밀접한 연관성이 있는데, 아직까지 둘 중 어느 것이 원인인지에 관한 논란이 많지만 질환의 특성에 따라 임상 발현에 차이가 많다.

4) 노년기 신경학적 변화

나이가 증가함에 따라 논리적 사고력, 일의 처리 속도 및 단기 기억력의 저하가 나타나지만, 장기 기억력, 계산 능력, 지능은 정상 노인에서 큰 변화가 없다고 알려져 있다. 언어 능력의 경우 읽기, 문법적 이해는 비교적 유지되나 의미적 지식 이해 능력의 저하는 뚜렷해진다. 시간, 장소 및 사람 또는 주변 상황의 인식은 나이와 상관없이 유지되는 것이 통상적이다. 인지 기능은 영역별로, 개체별로 노화에 따른 차이가 크다. 이에 대한 상세한 내용은 이 책의 4장을 참조토록 하며 이 장에서는 생략한다.

기본적인 신경학 진찰에서 정상 노인의 경우라도 가벼운 미각 기능과 후각 기능이 저하되고 동공 크기가 대칭적으로 작아질 수 있다. 청각의 경우 주로 고음에서 청력 감소를 보이게 된다. 또한 수정체 수축 감소로 노안(presbyopia)이 발생하므로 가까운 것을 보기 어렵고 약간의 상방 주시(upward gaze)나 폭주(convergence) 등의 안구 운동 범위가 감소하는 것도 정상 노인에서 관찰될 수 있는 현상이다.

그 외 운동 및 감각 신경계 기능 저하, 전두엽 유리 징후(frontal lobe releasing sign)가 고령에서 뚜렷하게 나타날 수 있다. 전두엽 유리 징후로는 움켜잡기 반사(grasp reflex), 입다시기 반사(snout reflex), 손바닥턱 반사(palmomental reflex), 근육긴장병증(paratonia) 등이 있는데 70세 이후 노인들에게서 많이 관찰된다.

운동 기능의 주된 변화는 근력 약화이며 주로 빠른 속도의 수축력이 저하된다. 이는 타입 II 근육세포의 선택적 소실과 연관된 것으로 생각한다. 근육세포가 소실되면 주변의 결체 조직으로 대체되거나 근육섬유의 굵기가 다양해지는 변화가 동반된다. 운동신경계와 관련된 신경세포 중 운동피질과 흑색질의 신경세포 수와 푸르키네(Purkinje) 세포도 감소하고, 신경전달물질인 도파민과 관련된 티로신 하이드록시라제(tyrosine hydroxylase) 효소는 50% 이상 감소하게 된다. 실제 근육의 위축이 동반되는 경우 주로 손가락이나 발가락 사이의 잔근육과 정강의 근육이 감소하게 된다. 이에 따라 근력의 감소가 관찰되는데, 상지보다는 하지 근력,

원위부보다는 근위부의 큰 근육의 힘이 감소된다. 대부분의 심부 건반사는 유지되나 양쪽 발목 반사의 감소는 종종 관찰되는 현상이므로 양측의 차이가 뚜렷할 때 이상 소견으로 고려해야 한다.

감각신경계 이상으로는 관절 위치감과 진동 감각의 소실이 뚜렷해진다. 특히 발가락의 위치 감각 역치가 50% 이상 증가하고, 진동 감각의 경우 상지에서 약 40%, 하지에서 약 60% 정도의 진동 감각 소실이 나타난다는 연구가 있었다. 그러나 가벼운 촉감이나 두 점 간의 분별감은 나이에 따라 큰 변화가 없는 것으로 알려져 있다.

가장 뚜렷한 신경학적 변화는 보행과 균형 기능의 변화다. 연령이 증가함에 따라 전체적인 보행 속도가 감소되고 보폭은 좁아지며 잔걸음이 되고 팔꿈치가 굽어지고 몸이 앞으로 구부정하게 기울어지는 특징을 보인다. 극단적인 고령에 이르면 더 이상 보행이 불가능해지고 침상에 머무르는 시간이 길어지므로 사지의 관절이 굴절되고 굳어져서, 유아 시기에 보였던 일어서서 걷기 시작하던 모습의 반대 현상을 보이게 된다([그림 3-1] 참조). 이러한 변화는 흑체-선조체 도파민 신경계의 변성이 주원인일 것으로 여겨지지만, 일부 전두엽 기능 저하도 보행 변화에 영향을 줄 수 있다. 보행의 변화는 노화에 따른 시력 저하, 전정 기능 및 관절 위

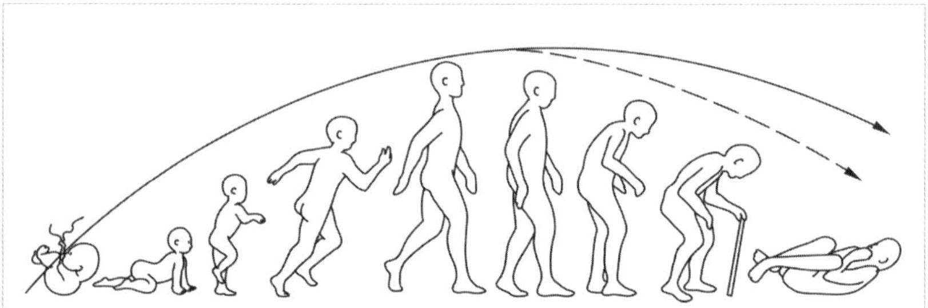

[그림 3-1] 유아기와 노년기 보행 변화

출처: Maurice & Allan (2001), p. 129.

치감의 감소와 동반되어 넘어짐이나 골절 등의 주요한 위험 요인이 된다.

2. 노년기 질환

1) 임상적 특징과 진단적 접근

노화에 따라 발병 취약성이 증가하는 질환으로는 암, 심뇌혈관 질환, 골절, 감염질환, 치매 등이 대표적이다. 노인들은 여러 가지 질병을 한꺼번에 동반하는 경우가 많고 질병의 발현이 젊은 사람들과 차이가 날 수 있음을 주의할 필요가 있다. 65세 이상 노인들 중 85%가 한 가지 이상의 만성질환을 가지고 있고 30%는 3개 이상의 만성질환을 가지고 있다는 연구 보고가 있다. 다발성 질환은 그 자체로 질병 치료를 복잡하게 만들지만, 다발성 장기의 기능장애나 한 가지 질환이 다른 질환으로 가려져 있을 경우 임상적 해석을 어렵게 할 수 있다. 예를 들면, 울혈성 심장질환과 뇌졸중을 동반한 노인의 경우, 뇌졸중으로 인한 운동장애로 전체 운동량이 부족한 상태이므로 심부전의 증상이 뚜렷치 않다가 상당히 진행된 이후 갑자기 발현되어 치료가 어렵게 될 수 있다. 대표적인 노인성 질환인 폐렴이나 각종 암의 질병 경과 중에 급성기 섬망(derilium)이 종종 발생하는데, 이는 노인들의 신경계가 각종 질환에 감수성이 높기 때문이며 이와 연관된 치사율도 높을 수 있다.

노인성 질환의 발현은 연령, 동반된 유병 질환, 기존의 장애 등에 따라 차이가 있을 수 있으므로 일반적인 특성을 규정하기 어렵다. 치매 환자가 요로 감염이 발생한 경우 발열에 따른 인지 기능의 급격한 저하를 주 증상으로 병원을 찾게 되는 경우가 많고, 무증상의 심방세동은 심장탓 색전뇌경색(cardioembolic cerebral infarction)이 발생한 이후 발견되는 경우도 있다.

또 다른 특징으로는 서로 다른 질병들이 매우 유사한 발현 증상을 보일 수 있다는 것이다. 증상뿐 아니라 병력 청취 내용, 신체 및 임상병리 검사 결과도 유사하거나 상호 영향을 줄 수 있기 때문에 노인 질환은 감별 진단에 세심한 주의가 필요하다.

노인의학에서는 노인 질환에서 흔히 보이는 증상들을 'I 시리즈'로 명명하여 좀 더 빠른 신난과 치료적 접근을 하도록 권고하고 있다. 주로 갑작스러운 발현의 형태로 나타나지만 대부분 효과적인 치료가 가능한 질환군이고, 효과적 치료 방법이 없을 때에도 적절한 의료 기관의 이용, 환경 변화, 사회적 지지 등이 이러한 증후군을 가진 노인들의 삶의 질을 향상시킬 수 있으므로 의료진이 관심을 가지고 있어야 한다(〈표 3-2〉 참조).

〈표 3-2〉 노인 질환의 흔한 증상 및 특징(I 시리즈)

Immobility(거동 불능)
Incontinence(실금)
Infection(감염)
Irritable colon(과민성 대장)
Inanition(malnutrition)(영양실조)
Iatrogenesis(의원성)
Immune deficiency(면역 저하)
Instability(불안정성)
Intellectual Impairment(지적 장애)
Impairment of vision and hearing(시청각 장애)
Isolation(depression)[고립(우울)]
Impecunity(poverty)(가난)
Insomnia(불면)
Impotence(발기 부전)

출처: 조주영(2006).

끝으로, 노인들은 약물 부작용의 취약성이 높기 때문에 임상적으로 유의해야 한다. 진정 수면제와 같은 특정 약물에 대하여 취약한 경우도 있으나, 대부분의 약물 부작용은 노화에 따른 신장 배설 기능의 약화와 간 효소 이상 및 체내 수분 감소 등에 의해 약물의 혈중 농도가 변동되어 일어난다.

2) 증상 및 질환의 종류

노인들은 질병 이전에 이미 노화에 따른 장기별 기능장애를 동반하고, 모호한 임상 증상을 호소하는 경우가 많다. 세부 질병 자체에 초점을 두기보다는 환자가 가지고 있는 유병 질환과 질병으로 인한 기능적 상실의 정도를 파악하고 이를 경감할 수 있도록 하는 것이 중요하다.

병력 청취 시에 청력이 감소되어 있으므로 가까이 앉아 소리를 크게 하여 쉬운 단어로 질문과 답변을 할 수 있도록 배려해야 한다. 환자가 기존에 가지고 있던 유병 질환 파악과 복용하고 있는 각종 약물 청취에 많은 노력이 필요하다. 인지기능장애로 인해 일상 활동의 장애가 동반되고 있는지 알기 위해 환자뿐 아니라 보호자로부터 관련 병력과 일상 활동에 대한 정보를 얻는 것이 중요하다.

신체 및 신경학적 진찰 전에 활력 징후, 특히 맥박과 혈압의 평가에 신경 써서 노인들의 흔한 질환 중 하나인 심부정맥이나 기립성 저혈압 유무를 확인해야 한다. 신경학적 진찰에서는 환자와 대화를 시도하는 동안 의식 상태, 기억력 등을 포함한 고위피질 기능을 선별하게 되고, 이상한 점이 발견되면 상세한 신경심리검사와 평가척도를 이용하여 인지 기능을 평가하게 된다. 뇌신경 기능 검사, 상하지 운동기능 검사, 감각신경계 검사, 소뇌기능 검사 및 심부건 및 이상 반사를 평가하여 환자의 병변 위치와 질환의 특성을 파악하게 된다.

(1) 섬망

급성 혼돈 상태(acute confusional state) 또는 섬망(delirium)은 가장 흔한 노인성 정신증상이다. 한 연구에 의하면 섬망은 노인 입원 환자의 20% 이상에서 관찰되고, 심뇌혈관계 수술이나 대퇴골 수술 후 흔히 동반된다고 알려져 있다.

섬망은 갑자기 발생하는 의식 상태의 변화인데, 대부분 짧게 나타나지만 의식 상태의 청명함(alertness)이 일관성이 없고 약간 저하되며, 이해력과 사고력이 감소된다. 좀 더 깊은 의식 저하를 보이게 되면 뇌병증(encephalopathy)이라고 할 수 있다. 섬망은 자율신경의 항진으로 발한 떨림, 혈압과 맥박의 변화를 동반할 수 있고 초조함과 불안 상태가 동반될 수 있다. 또한 망상이나 환각 증세와 수면 주기 상태의 변화가 동반되면서 의식의 상태가 하루에도 몇 번씩 변화를 보일 수 있다.

가벼운 주의력장애와 홍분, 지남력장애로부터 심한 자율신경계 자극 증상, 환각, 공포감이 나타날 수 있는데 이로 인한 행동장애로 노인성 손상을 입는 경우도 있다. 노인들은 섬망 상태에서 정맥주사를 뽑거나 상처 부위를 자극하는 등으로 진료 과정에 나쁜 영향을 미칠 수 있으므로 급성기 심한 섬망 상태는 적극적인 치료를 요한다. 고령이거나 기존에 인지기능장애를 동반했던 경우 더욱 심한 증상을 보일 수 있으므로 환자 진료 시 고려해야 한다.

섬망은 뇌혈관계 질환에 의한 직접적인 뇌손상에 의해 발생할 수 있으나, 심장질환, 대사성 및 감염에 의한 열성질환에 동반되는 경우도 많다. 또한 다양한 약물이 섬망을 일으킬 수 있으므로 노인이 섬망을 보이는 경우 반드시 약물에 관한 병력을 조사하여야 한다(〈표 3-3〉 참조).

〈표 3-3〉 노인 섬망의 원인

뇌혈관계 질환	뇌졸중, 일과성허혈장애
심혈관계 질환	심근경색, 부정맥, 심부전, 폐색전증
대사 이상	내분비질환, 전해질 이상, 영양결핍, 고열, 저체온증, 탈수
감염	뇌염, 패혈증, 폐렴, 요로감염
신생물	뇌내 외 신생물
외상	두부 손상, 뇌수술
약물	항콜린제, 안정제, 저혈당제, 항정신성 약물
알코올	금단증상

섬망의 일반적인 치료는 진단과 원인을 정확히 확인하여 진행하는 것이 중요하다. 수분과 영양을 충분히 섭취하게 하고, 발열이나 탈수, 통증 등을 동반한 경우 그에 대한 내과적, 보존적 치료가 중요하다. 가족을 곁에 있게 하고 방에 적절한 조명을 하는 등의 일반적인 요법과 치료 환경에 대한 고려도 필요하다. 약물적인 치료로는 약한 향정신성 약물과 벤조다이아제핀 계열이 사용되지만, 벤조다이아제핀계 진정제로 인한 탈억제가 행동장애를 악화시킬 수 있으므로 유념해야 한다.

(2) 뇌졸중

뇌졸중은 단일 질환이 아니고 뇌혈관의 협착-폐쇄 또는 파열에 따른 뇌세포 손상으로 나타나는 신경학적 결손을 보이는 증후군이다. 신경세포 손상 기전에 따라 허혈뇌졸중(ischemic stroke, 뇌경색)과 출혈뇌졸중(hemorrhagic stroke, 뇌출혈)으로 구분된다. 출혈뇌졸중은 출혈 병변의 위치에 따라 뇌실질내출혈(intracerebral hemorrhage), 뇌실내출혈(intra-ventricular hemorrhage), 거미막하출혈(subarachnoid hemorrhage), 경막하출혈(subdural hemorrhage), 경막외출혈(epidural hemorrhage)로 구분할 수 있다. 발생 원인은 뇌실질내출혈의 경우 고혈압이 가장 흔하고, 거미막하출혈의 경우는 두부 외상과 동맥류(ameurysm) 파열이 가장 흔하다. 허혈뇌졸중은 주로 두개내 큰 혈관의 죽상경화성(atherosclerotic) 협착 병변이나 소혈관의 동맥경화(arteriolosclerotic)로 인해 발생한다. 노인에서는 심장질환의 유병률이 높아서 심장 내의 혈전이 두개혈관을 막아 발생하는 심장탓 색전증(cardiogenic embolism)도 흔한 원인이다. 그 외 혈관염이나 혈액종양, 류머티스성 질환, 동맥 박리(arterial dissection)에 의해 발생할 수 있다.

① 뇌졸중의 위험 요인

뇌졸중의 위험 요인은 고령의 나이, 남성, 혈관질환의 가속력 등과 같이 환자 개개인의 타고난 요인과 고혈압, 당뇨병, 고지혈증, 흡연, 비만, 혈액질환 등 치료적 개입이 가능한 질환으로 구분할 수 있다. 특히 고령의 나이는 가장 강력한 뇌졸중의 위험 인자이고 뇌경색으로 인한 사망률의 독립적인 위험 인자다. 우리나라의 대규모 병원 기반 허혈뇌졸중 역학연구에 의하면 고혈압은 전체 허혈뇌졸중으로 입원한 환자의 58.3%에서 동반되며, 당뇨병은 29.4% 환자에서 관찰된다(〈표 3-4〉 참조).

〈표 3-4〉 허혈뇌졸중 환자의 위험 요인

고혈압	58.3%
당뇨병	29.4%
심장질환	17.3%
고지혈증	19.8%
흡연	37.9%
뇌졸중의 과거력	23.5%

출처: 유경호 외(2006).

② 뇌졸중의 임상 경과와 증상

허혈 손상을 받은 뇌세포에서 영구적인 사멸이 일어나기 전에 폐쇄되었던 뇌혈관이 다시 개통(recalanization)되어 뇌혈류의 재관류(reperfusion)가 일어나면 신경학적 결손이 회복될 수 있다. 이러한 현상을 임상적으로 일과성 허혈발작(transient ischemic attack: TIA)이라 하여 뇌졸중과 구별하여 정의한다. 허혈 손상 24시간 이내에 신경학적 결손이 완전히 회복될 경우 일과성 허혈발작을 진단하게 되나, 대부분 1~2시간 이내에 증상이 소실된다. 허혈뇌졸중과 정의는 다르지만 발생 기전이나 동반되는 위험 요인이 허혈뇌졸중과 같기 때문에 진단과 치료적인 임상적 접근은 동일하다.

뇌졸중의 증상은 침범되는 혈관계나 병변의 위치, 발생 기전에 따라 다양하다. 뇌혈관이 막히거나 파열되어 발생하는 질환인 만큼 모든 증상은 갑자기 발생하는 특징이 있다. 대표적인 국소신경학적 결손 증상은 운동신경계 병변에 의해 한쪽 팔다리의 운동마비가 발생하거나, 감각신경계를 침범할 경우 일측 반신의 감각 저하가 나타날 수 있다. 상하지 큰 근육의 운동마비가 주로 나타나지만, 안면부나 손가락 움직임과 같이 원위부에 국한된 운동마비가 발생할 수도 있다. 안구운동장애로 인해 사물이 두 개로 보이는 증상(diplopia, 복시)이나 후두엽 시각중추에 병변이 발생하여 시야의 반측이 보이지 않는 반맹(hemianopsia)이 나타날 수 있다. 우성 뇌반구에 병변이 발생할 경우 언어장애, 비우성 뇌반구의 경우는 공간감각장애나 무시증후군(neglect syndrome)을 보이게 된다. 소뇌나 시상(thalamus) 병변은 보행장애, 균형장애, 조화운동불능증(ataxia) 등의 소뇌기능장애를 일으킨다. 중증의 뇌졸중인 경우 발병 초기부터 의식 저하, 혼수상태로 발현될 수 있으며 경련을 동반하기도 한다.

③ 뇌졸중의 치료와 예후

뇌내출혈이나 뇌실내출혈은 정상 뇌조직으로 출혈된 혈종으로 인해 두개내압이 상승하고 신경세포 손상을 일으키게 되므로 만니톨(mannitol)이나 글리세롤(glycerol)과 같은 고장액의 삼투압 치료를 통해 두개내압을 감소시키도록 한다. 병변의 위치나 동반되는 신경학적 결손에 따라 혈종제거술(hematoma removal)을 시행할 수도 있다. 동맥류 파열에 의한 지주막하출혈 환자의 경우, 동맥류 결찰(clipping)이 가능할 때는 가급적 빠른 시일 내에 시술할 것을 권장한다. 최근에는 다양한 방법의 혈관내 중재 시술의 치료 효과가 좋아 수술적 치료와 함께 스텐트(stent)나 코일(coil) 삽입 등이 각광받고 있다.

허혈뇌졸중의 경우 초급성기 재관류 치료와 재발 방지를 위한 2차 예방으로 구분해 볼 수 있다. 특히 초급성기, 발병 3시간 이내의 급성 허혈뇌졸중 환자의 경우 재조합 조직형 플라즈미노겐 활성제(recombinant tissue-type plasminogen activator) 정맥 투여를 이용한 혈전용해(thrombolysis) 치료의 대상이 될 수 있으므로 응급실에 내원한 즉시 진단을 위한 뇌영상 검사와 혈액검사를 진행해야 한다. 급성기에는 아스피린 100~300mg/day을 경구 투여하여 혈전 생성을 억제하고 장기적인 2차 예방을 위해 항혈전제의 장기 복용과 지속적인 위험 요인 질환의 철저한 관리 계획을 세워야 한다. 항혈전제는 심장탓 색전증이 아닌 경우에는 아스피린(aspirin), 클로피도그렐(clopidogrel), 실로스타졸(cilostazol) 등의 항혈소판제를 단독 투여하는 것을 권장한다.

그 외 신경학적 안정기에 가급적 빠른 재활치료를 고려하고, 신체적 장애로 인한 가족 간의 위기 및 환자의 심리를 고려하여 적극적인 사회복지 지원과 심리적 보살핌을 준비하는 것이 환자 및 보호자에게 도움이 될 수 있다.

(3) 노인성 심혈관계 질환

나이가 많아지면 혈관계에 죽상경화가 진행되어 혈압이 높아지고, 허혈성 심장질환과 심부전증, 부정맥을 일으킬 수 있다. 고혈압은 노년층에서 매우 흔한 질환으로서 고령 인구의 중요한 사망 원인인 뇌혈관 질환, 허혈성 심질환 그리고 심부전증의 주요 위험 인자이기도 하다. 혈압은 나이에 따라 증가하는데, 수축기 혈압은 지속적으로 상승하지만 확장기 혈압은 50, 60세 이후에는 유지되거나 낮아지는 경향을 보인다. 따라서 노인의 경우 수축기 혈압만 높고 확장기 혈압은 비교적 정상인 수축기 고혈압(isolated systolic hypertension)이 특징이다. 이 경우 수축기 혈압과 확장기 혈압의 차이, 즉 맥압(pulse pressure)이 큰 것이 특징이다. 노령에서는 갑자기 일어서면 수축기 혈압이 20mmHg 이상 낮아지는 기립성 저혈압을 보이는 경우도 드물지 않으므로 병력 청취 시 유념하여야 한다.

관상동맥의 죽상경화증으로 인한 협심증도 노인에게 흔한 심혈관계 질환이다. 그러나 젊은 나이의 환자들에 비해 전형적인 협심증 증상인 앞가슴의 압박감 또는 통증이 수분간 지속되거나, 운동이나 정신적 스트레스에 의해 유발되는 흉통이 없는 무증상 심근허혈(silent myocardial ischemia)이 비교적 흔하기 때문에 진단적 유의성이 있다. 모든 연령에서 무증상 심근허혈이 생길 수 있지만 노년층에서 특히 많이 나타나는데, 무증상 심근허혈이 50세 미만에서는 7% 정도인 데 반해 70세 이상의 고령층에서는 36% 정도다. 관상동맥이 갑자기 혈전에 의해 막히게 되어 심근괴사가 시작되는 것을 급성 심근경색증이라 한다. 그러나 이 경우에도 흉통보다는 동반되는 심부전에 의한 호흡 곤란, 의식 혼미 등이 먼저 나타나는 경우가 많아 진단이 지연될 수 있으므로 유의하여야 한다.

노인성 부정맥(arrythmia)의 대표적인 것이 심방세동(atrial fibrillation)이다. 심장판막증의 합병증으로 발생할 수도 있으나 동맥경화성 심질환, 고혈압성 심질환에 의해 생기는 경우가 많고, 다른 동반 질환이 없이 단독으로 발생하는 경우도 있다. 심방세동은 맥박을 빠르게 하여 심부전을 일으킬 수도 있고, 맥박이 너무 느려져 어지럼증, 의식 소실을 일으킬 수도 있다. 특히 심장 내 혈전을 유발하여 뇌혈관에 흘러 들어가 뇌졸중을 일으킬 수 있으므로 조기 진단과 철저한 치료가 중요하다.

(4) 파킨슨병

파킨슨병은 노인에서 주로 발생하며 안정 시 진전(resting tremor), 보행장애, 운동 완만(bradykinesia), 몸의 균형을 제대로 유지하지 못하는 것(postural instability)을 주 증상으로 한다. 이 질환은 중뇌 흑질(substantia nigra)의 도파민계 신경세포의 소실에 의해 발생하는 원발성 파킨슨병과 기저핵을 포함한 다른 신경계 손상으로 나타나는 파킨슨 증후군(Parkinson plus syndrome)으로 구분할 수 있다.

원발성 파킨슨병은 50~60대 사이에 안정 시 진전, 운동 완만, 근강직 등이 편측에서 시작하여 비대칭적으로 진행하며 L-도파(levodopa)에 대해 좋은 치료 반응을 보이는 것이 특징이다. 또한 얼굴 표정이 감소하고, 목소리도 작아지며, 눈을 깜빡이는 횟수가 감소하고, 걸을 때 증상이 있는 쪽의 팔 움직임이 적으며, 보폭이 좁은 증상을 흔히 보이게 된다. 또한 걸음걸이의 속도가 점차 빨라지면서 넘어지는 가속보행(festinating gait)을 보일 수 있다. 그러나 안구 움직임의 장애가 있거나, 소뇌이상 증상이 나타나거나, 초기부터 심한 자율신경계의 장애에 의한 변비, 배뇨곤란, 기립성 저혈압의 증상이 있으면서 L-도파 치료 시에도 증상의 호전이 뚜렷하지 않은 경우에는 2차성의 파킨슨 증후군을 의심해 봐야 한다. 원발성 파킨슨병의 증상을 호전시키는 대표적 약제는 L-도파이지만,

병이 진행될수록 또는 약물의 사용 기간이 길수록 약에 대한 반응은 감소한다. 발병 초기, 젊은 연령의 파킨슨병 환자에게 많은 양의 L-도파 제제를 투여하는 경우 장기적인 부작용 발생에 유념할 필요가 있다. 도파민 수용체 길항제나 항콜린제 등을 병용하여 L-도파의 투여량을 감소시키는 방향으로 사용하게 된다. 퇴행하는 신경세포의 병이 진행하는 것을 막기 위해 비타민 E(tocopherol), 비타민 C 또는 모노아민(monoamine) B 억제제인 셀레질린(selegiline)을 병용할 수 있다.

원발성이 아닌 파킨슨 증후군의 원인으로는 약물에 의한 것, 뇌혈관 질환 후 발생하는 혈관성 파킨슨 증후군 치매와 심한 환시와 주기적인 의식 변화를 특징으로 하는 루이소체성 치매(Lewy body dementia), 전두엽 집행 기능 저하와 수직 안구운동 마비 증상을 보이는 진행성 핵상마비(progressive supranuclear palsy) 등이 있다(〈표 3-5〉 참조). 노년기에 병발하는 파킨슨병에 비해 20~40대에 시작되는 조기발병 파킨슨병은 초기부터 근육경직과 긴장이상증 등이 심하고 약물에 의한 운동 동요와 합병증이 많이 발생한다는 차이가 있다.

파킨슨병 이외에 나이 증가에 따른 이상운동 질환 중 흔한 것이 본태성 떨림(essential tremor)이다. 특별히 동반되는 신경학적 결손 없이 고령

〈표 3-5〉 2차성 파킨슨 증후군의 원인

약물유발 파킨슨증후군(drug-induced parkinsonism)
다발시경계위축(multiple system atrophy)
진행핵상마비(progressive supranuclear palsy)
겉질바닥핵변성(cortico-basal ganglia degeneration)
루이소체치매(Lewy body dementia)
정상압수두증(normal pressure hydrocephalus)
본태성 떨림(essential tremor)

이 될수록 떨림의 강도가 점차 증가하고 가족력을 보이지만 양성 질환이다. 대부분 상지에 국한되지만 머리, 몸통 등에도 나타날 수 있다.

(5) 어지럼증

어지럼은 75세 이상의 노인이 가장 흔하게 호소하는 증상 중 하나다. 65세 이상의 노인들 중 약 30%가 어지럼을 경험하였고, 80세 이상에서는 여성의 경우 66%에 이른다는 보고도 있다. 진단은 환자가 어지럽다고 호소하는 병력을 상세히 청취함으로써 70% 정도에서 진단이 가능하다. 노인의 경우 두통이나 비특이적 신체 증상을 포함하여 어지럽다고 표현하는 경우가 있으므로 자세히 물어보아 실세로 어지럽다는 말 안에 내포되어 있는 여러 증상을 확인하여야 한다. 어지럼과 함께 보행장애, 오심, 구토 등을 동반하는 경우가 많고, 가끔은 청력 손실까지 동반될 수 있다.

어지럼증은 말초 전정신경(vestibular nerve) 기능장애나 또는 중추 전정신경계를 침범하는 질환에 의해 발생한다. 임상적으로 말초성 현훈(peripheral vertigo) 또는 중추성 현훈(central vertigo)으로 구분하게 된다. 말초성 현훈을 일으키는 질환으로는 양성 돌발성 체위성 현훈(benign paroxysmal positional vertigo)이 가장 흔한데, 세반고리관(semicircular canal)을 떠도는 퇴행된 이석(otolith)의 자극에 의해 발생한다고 알려져 있다. 어지럼은 주로 머리를 움직일 때 갑자기 발생하며 2초 내지 45초 정도 짧게 지속되는 것이 특징이다. 연령의 증가에 따라 구형낭(saccule)과 난형낭(utricle)의 변성에 의한 이석 발생이 생길 수 있고, 세반고리관의 털세포(hair cell) 감소와 신경전달 속도의 이상 등 전정신경계의 변성이 노인성 어지럼증 발생의 역치를 낮추기 쉽다. 그 외 상기도염과 동반되어 수일 또는 수주간 현훈이 지속되면서 이명이 동반될 때에는 안뜰신경염

(vestibular neuronitis)의 가능성을 생각해 보아야 한다. 메니에르병(Meniere's disease)과, 외상 등도 흔한 말초성 어지럼의 원인이 된다.

중추성 어지럼의 대표적인 질환으로는 후두와(posterior fossa) 내 중추신경계의 뇌졸중에 의한 경우다. 일반적으로 말초성 어지럼증에 비해 자발적인 증상 호소는 덜 심하나, 동반된 신경학적 이상 소견을 통해 진단에 도움을 받을 수 있다. 특히 한쪽 연수(medulla)에 작은 뇌경색이 발생하면 보행 시 한쪽으로 쏠림과 함께 같은 쪽의 상하지에서 소뇌실조(cerebellar ataxia)가 동반된다. 감각이상과 한쪽의 동공 축소, 눈꺼풀 처짐 등의 증상도 동반될 수 있으므로 뇌영상을 통해 신속한 진단과 뇌졸중의 치료가 필요하다.

그 외 노인성 어지럼과 유사한 증상이 기립성 저혈압과 연관되어 나타날 수 있다. 'Cardiovascular Health Study'라는 대규모 역학 연구 자료에 의하면 65~69세에서 14.8%, 85세 이상에서는 26%가 기립성 저혈압을 경험했던 것으로 알려져 있다. 기립성 저혈압은 기립 2분 후 수축기 혈압이 30mmHg 이상 감소할 경우 진단할 수 있다. 몇몇의 퇴행성 신경질환

〈표 3-6〉 노인성 어지럼의 원인

질환	빈도
양성 돌발성 체위성 현훈	16.0%
정신심리적 장애	16.0%
대사 이상	16.0%
원인 미상	13.0%
뇌졸중	10.5%
미로염	9.0%
실신(부정맥, 기립성 저혈압)	6.0%
약물	5.9%
중추성 전정기관 질환(신경집종양)	1.2%

에서 자율신경 부전에 의해 기립성 저혈압이 발생하기도 한다.

노인 어지럼증의 일반적 치료 원칙은 젊은 연령의 환자의 경우와 같으나 중추신경계 진정제를 사용해 증상을 호전시키는 경우 노인의 진정 효과가 강하므로 소량으로 짧은 기간 동안 투여하는 것을 권장한다. 안뜰 재활 요법을 통해 신경계 보상 기능을 강화하여 증상을 호전시키는 것도 도움이 될 수 있다. 말초성 어지럼증에 비해 뇌경색과 같은 중추성 어지럼증의 경우 이러한 재활 요법에 대한 치료 반응이 떨어진다.

(6) 두통

두통은 가장 흔한 신경계 호소 증상 중 하나다. 두통은 원인에 따라 1차성 두통과 2차성 두통으로 나눌 수 있다. 1차성 두통은 뇌의 기질적 병변 없이 발생하는 것으로 편두통(migraine), 긴장형 두통(tension type headache), 군발두통(cluster headache), 만성매일두통(chronic daily headache)의 일부 형태로 구분할 수 있다. 2차성 두통은 원인 질환이 따로 있는 경우를 의미한다. 나이가 증가할수록 1차성 두통은 감소하나, 다른 여러 질환과 동반되어 발생하는 2차성 두통은 증가하므로 노인 환자의 두통에 관해 관심을 기울여야 한다.

① 노인성 1차 두통

편두통은 연령이 증가할수록 점차 감소하는 것이 일반적이지만, 노인들에게서도 편두통은 나타날 수 있다. 노인의 경우 조짐(aura)을 동반하는 편두통은 유병률이 감소하지는 않는 것으로 알려져 있으나, 드물게 조짐만을 보이고 전형적인 두통의 양상은 동반되지 않는 경우도 있다. 이 경우 국소신경학적 결손 증상이 일과성 허혈발작과 유사할 수 있으므로 감별 진단에 유의하여야 한다. 또한 동반되는 노인성 질환으로 인해 다수의 약제를 동시 복용하거나 진통제를 장기 복용하는 경우가 있어 약물유발형 두통과의 구분도 중요하다. 노인 편두통 환자의 치료에서는 약물 사용에 유의할 점이 있다. 편두통의 일반적인 치료에 사용되는 트립탄(triptan) 계열의 약제나 에르고타민(ergotamine)은 혈관질환이 동반된 경우 사용 금기증이 되므로 노인 환자에게 사용 시 세심한 주의를 요한다. 편두통의 예방적 치료로 사용되는 베타차단제나 칼슘통로차단제의 경우 노인성 우울증을 악화시킬 수 있고 부정맥과 실신을 유발할 수도 있다. 또한 아미트리프틸린(amitriptyline) 같은 삼환계 항우울제도 편두통 예방 효과가 탁월하지만 녹내장이나 심장질환을 악화시킬 수 있고 과도한 진정수면 효과나 혼돈, 섬망과 같은 정신신경계 증상을 동반할 수 있으므로 초회 사용량과 부작용에 대한 충분한 설명이 필요하다.

긴장형 두통은 간헐적으로 나타날 수도 있고 만성매일두통의 형태로 나타날 수도 있다. 편두통에 비해 나이가 들수록 빈도가 뚜렷한 감소를 보이지 않는다. 긴장형 두통은 두부 양쪽에 묵직한 압박감이나 조이는 증상을 호소한다. 편두통에서 관찰되는 두통 시 동반되는 오심, 구토, 시각 조짐 증상은 드물고, 두통 자체의 강도도 편두통에 비해 약하기 때문에 일상생활의 제약을 받는 경우는 드물다.

만성매일두통은 한 달에 15일 이상 지속적인 두통을 호소하는 경우를 말하는데, 만성 편두통, 만성 긴장형 두통, 약물유발성 두통이 모두 해당된다. 특히 약물유발형 두통의 경우 노인 환자들의 진통제 오남용이나 다수의 약물 복용과 연관이 많은 2차성 두통의 일종이다.

② 노인성 2차 두통

2차성 두통 중 노인 연령에서 갑자기 발생한 두통 중 감별 진단이 중요한 것은 측두동맥염(temporal arteritis)이다. 이는 거대세포 동맥염(giant cell arteritis)의 임상적 한 유형이다. 주로 괴사성 육아종성 혈관염으로 90%가 60세 이상에서 발생한다. 다양한 임상 양상을 가지고 있지만 가장 흔하게 호소하는 증상은 두통이다. 두통의 양상이나 위치가 개인에 따라 차이가 있지만, 대부분이 박동성이거나 찌르는 듯한 양상을 띠고 측두 부위에 압통이 있는 경우도 있다. 입을 벌릴 때 통증을 느끼거나 목 부위나 어깨 동통을 동반하기도 한다. 합병증으로 혈관염이 동반되어 허혈성 시신경염을 일으켜 8~20% 정도의 환자에서 실명이 발생하기 때문에 빨리 진단하여 적절하게 치료하는 것이 중요하다. 초기부터 혈중 적혈구침강속도(erythrocyte sedimentation rate: ESR)나 반응단백(C-reactive protein: CRP) 수치가 증가하기 때문에 조기 진단을 위해 검사실 결과가 도움이 될 수 있다. 고용량의 스테로이드 요법이 제일 효과 있는 치료 방법이다. 유전 경향을 가지고 있고 HLA DR4와 연관되는 것으로 알려져 있다.

③ 안면부 통증

노인에게서 안면부 통증을 일으키는 흔한 질환으로는 삼차신경통(trigeminal neuralgia)과 얼굴 부위의 대상포진 후 신경통(postherpetic neuralgia)이 있다. 삼차신경통은 가장 흔한 안면부 신경통으로 여성에서 좀 더 흔하고 50대에 발생하는 경우가 많지만 60, 70대에도 발생 빈도가 높다. 임상 양상으로는 2초에서 2분 이내의 찌르는 듯한 발작성 통증이 있고, 턱을 움직이거나 이빨을 닦는 등의 자극에 의해 유발되며, 통증이 유발되는 특정 부위(triggering zone)가 존재하는 경우도 있다. 종종 앞아래소뇌동맥의 주행 경로에 의한 압박 손상으로 삼차신경의 기시 부위에서 탈수초성 병변이 형성되어 만성 통증이 발생하거나 소뇌-뇌교각(cerebellopontine angle)의 종양에 의한 이차적인 발생도 있으므로 임상적으로 의심되는 경우 뇌영상 검사도 고려해야 한다.

노인에게서 흔한 대상포진 후 신경통은 피부발진이 사라진 후 3개월 이상 통증이 지속될 때로 정의된다. 통증의 양상으로는 돌발성으로 칼로 찌르는 듯이 날카로운 양상과 지속적인 작열감이 동반될 수 있다. 치료는 일반적인 진통제에 반응이 미흡하므로 삼차신경통에서와 같이 항전간제(anti-epileptics)를 투여하기도 하고, 단기간의 스테로이드제가 도움이 되기도 한다.

(7) 노인성 근골격계 질환

나이의 증가는 관절 연골에 퇴행성 변화를 일으켜 관절염으로 통증 및 운동 제한을 초래할 수 있다. 골조직은 골형성이 저하되고 골흡수가 상대적으로 높기 때문에 골다공증(osteoporosis)에 의한 골절이 발생할 수 있다. 골소실이 진행되어 80세에 이르면 최대 골량의 절반 수준으로 감소하는 것으로 알려져 있다. 여성은 최대 골량치가 남자보다 낮고, 폐경 후 약 10년간 여성 호르몬의 결핍으로 골소실이 급격히 일어나므로 더욱 심한 골다공증을 앓게 된다.

골다공증의 가장 중요한 합병증은 골절인데, 노인에게서 골다공증 골절이 주로 발생하는 부위는 척추, 근위 대퇴골과 원위부 요골(손목 부위)이다. 특히 고관절과 대퇴골 골절은 치료가 힘들고 합병증도 많다(〈표 3-7〉 참조).

퇴행성 관절염은 나이가 들어가면서 발생하지만 아직 확실한 발병 기전을 밝히지 못하였다. 인종, 가족력 등 유전적인 요인이 관여되고, 관절하 골의 경화 정도가 심하여 관절 연골에 무리한 압력이 가해지는 생리, 역학적인 요인 등도 관여된다. 류머티스 관절염과 같은 염증성 관절염과는 달리 퇴행성 관절염은 관절 연골 자체의 병변으로 시작한다. 연골의

〈표 3-7〉 노인성 골절의 위험 인자

골밀도 저하
골다공증과 동반된 골절의 과거력 및 가족력
저체중
흡연
치매, 뇌졸중
균형 감각 이상
과음
과다한 카페인 섭취

소실이 특징이지만, 연골에는 혈관 및 신경이 존재하지 않으므로 퇴행성 관절염에서 동반되는 통증은 주위 활액막, 근육, 연골하 골 등에서 유래하는 통증과 관련이 있다. 초기에는 진통 소염제를 처방하고 재활치료를 실시하는 것이 통상적이지만, 일상생활에 지장을 주고 보존적 치료에 호전이 없는 경우에는 인공관절 치환술을 고려한다.

참고문헌

권인순(2005). 노인의 포괄적 평가. 대한의사협회지, 48, 9-14.

권인순(2007). 노화의 정의 및 분류. 대한의사협회지, 50, 208-215.

유경호 외 35명(2006). 한국 뇌졸중 자료은행에 등록된 10,811명의 급성기 허혈성 뇌졸중 환자 분석: 병원기반 다의료기관 전향적 자료등록 연구. 대한신경과학회지, 24, 534-546.

윤종률(2005). 노인 환자에 대한 적절한 약물처방. 대한의사협회지, 48, 24-33.

조주영(2006). 노인의학개론. 서울: 한국의학.

Bhattacharyya, N., Baugh, R. F., Orvidas L., Barrs, D., Bronston, L. J., Cass, S., ... Haidari, J. (2008). Clinical practice guideline: benign paroxysmal positional vertigo. *Otolaryngology-head and neck surgery: Official Journal of American Academy of Otolaryngology-Head and Neck Surgery, 139*(5 Suppl 4), S47-S81.

Frucht, S. J. (2004). Parkinson disease: An update. *Neurologist, 10*, 185-194.

Harman, D. (2001). Aging: Overview. *Ann N Y Acad Sci., 928*, 1-21.

Inouye, S. K. (2006). Delirium in older person. *N Engl J Med., 354*, 1157-1165.

Kane, R. L. (2009). What can improve chronic disease care? *J Am Geriatr Soc., 57*, 2338-2345.

Kang, Y. K. (2006). Clinical assessment of aging. *J Korean Acad Fam Med., 27*, S602-S604.

Knopman, D. S. (2006). Dementia and cerebrovascular disease. *Mayo Clini Proc., 81*, 223-230.

Korean Geriatrics Society (Ed.). (2005). *Textbook of geriatric medicine* (2nd ed.). Seoul: Medical Publishing.

Maurice, V., & Allan, H. R. (2001). Disorders of stance and gait. *Adams & Victor's Principles of Neurology* (7th eds.). NY: McGraw Hill.

Rahkonen, T., Luukkainen-Markkula, R., Paanila, S., Sivenius J., & Sulkava, R. (2000). Delirium episode as a sign of undetected dementia among community dwelling elderly subjects: A 2 year follow up study. *J Neurol Neurosurg Psychiatry, 69*(4), 519-521.

The National Institute of Neurological Disorders and Stroke t−PA Study Group. (1995). Tissue plasminogen activator for acute ischemic stroke. *N Eng J Med, 333*, 1581-1587.

Troen, B. R. (2003). The biology of aging. *Mt Sinai J Med, 70*, 3-22.

Walker, R. A., & Wadman, M. C. (2007). Headache in the elderly. *Clinics in geriatric medicine, 23*(2), 291-305.

Weyand, C. M., & Goronzy, J. J. (2003). Medium-and large-vessel vasculitis. *N Engl J Med, 349*, 160-169.

4장 노년기 인지 기능 변화

강연욱

사람들은 노화 과정에서 신체적으로나 심리적으로 다양한 변화를 겪게 된다. 그 중에서도 중요한 변화가 일어나는 것으로 인지 기능이 있다. 노년기의 인지 기능 변화는 노화에 따른 뇌 구조 및 기능의 변화와 긴밀히 관련되어 있다. 그러나 노화와 관련된 뇌의 구조와 기능의 변화는 뇌의 모든 부위에서 동일하게 나타나는 것은 아니며 모든 사람에게서 똑같이 나타나지도 않는다. 따라서 노화에 따른 인지 기능의 변화는 모든 인지 기능에서 나타나지는 않으며 모든 노인에게서 이런 변화가 똑같이 관찰되지도 않는다. 어떤 노인은 80대가 되어도 젊은이에 뒤지지 않는 인지 기능을 유지하고, 60대의 어떤 노인은 정상 범주에는 속하지만 젊은이보다 훨씬 저하된 인지 기능을 나타내며, 또 어떤 노인은 60대 중반에 벌써 현저한 인지 기능 저하, 즉 치매 증상을 나타내기도 한다. 이러한 개인차에는 생물학적, 신체적, 심리적, 환경적 요인, 생활 습관(lifestyle)

등 다양한 요인이 관여한다고 알려져 있다. 이 장에서는 정상적인 노화 과정에 따른 노년기의 인지 기능 변화를 인지 영역별로 개관하고, 노년기 인지 기능 변화와 관련된 두뇌의 변화 및 노년기의 인지 기능 변화를 설명하는 이론에 관하여 살펴보기로 하겠다.

1. 노년기 주요 인지 기능 변화

지능검사를 통해서 전 생애에 걸친 인지 기능의 변화를 살펴본 초기 연구들의 경우, 횡단적 연구(cross-sectional study)에서는 지능검사의 원점수가 20세쯤에 감소하기 시작하여 연령이 증가함에 따라서 사망할 때까지 계속 감소한다는 비관적인 결과를 보고하였다(Schaie & Willis, 1993). 그러나 종단적 연구(longitudinal study)에서는 지능검사 점수가 50세까지 계속 상승하고 그 이후 다소 감소하기는 하지만 그 정도가 매우 미약하다는 낙관적인 결과를 발견하였다(Schaie & Willis, 1986). 이러한 대조적인 결과는 횡단적 연구와 종단적 연구가 각각 안고 있는 방법론적인 문제점들 때문이라고 설명되고 있다. 즉, 횡단적 연구의 경우에는 세대적 특성이나 동년배 효과(cohort effect)가 연구 결과에 영향을 미칠 수 있고, 종단적 연구의 경우에는 검사-재검사 효과와 함께 장기간의 연구 기간 동안 중도에 탈락한 피험자와 계속 남아 있는 피험자 간의 일관성 있는 차이, 즉 선택적 탈락이 개입될 여지가 있다. 종단적 연구의 경우에는 또한 연구 기간 동안 발생한 사회적, 문화적 변화가 인지 기능에 미치는 영향을 배제할 수 없으므로 인지적인 변화가 순전히 생물학적인 노화의 결과라고 설명하기 어렵다.

노화에 따른 인지 능력의 변화를 전반적인 능력(지능)의 쇠퇴로 평가하지 않고 결정지능(crystallized intelligence)과 유동지능(fluid intelligence)으로 나누어 살펴본 학자들은 경험, 교육, 훈련, 문화 등을 통해서 얻은 지식이나 능력(어휘력, 일반상식, 이성적 사고력, 사회적 판단력 등)인 결정지능은 노년기에도 감퇴되지 않고 경험과 교육 및 문화와의 접촉이 누적됨에 따라서 노년기에 오히려 증진될 수 있으나, 다양한 기본적 정보에 대해서 지각하고 기억하고 사고하는 순수한 능력(지각 속도, 수능력, 공간능력, 귀납적 추리력, 기억력 등)인 유동지능은 생리적, 신경적인 퇴화와 함께 성인 초기부터 지속적으로 감소한다고 주장하였다(Baltes, 1993; Horn, 1994). 웩슬러 성인용 지능검사(Wechsler Adult Intelligence Scale)를 실시하여 지능을 평가하고 능력이 최고도에 도달하는 때가 언제인지를 살펴본 연구 결과들(Kaufman, 2000; Ryan, Sattler, & Lopez, 2000)에 의하면, 언어이해 소검사들에서는 16~45세 사이에 적지만 점진적인 증가를 보이다가 45~54세에 최고조에 이르고 55~89세 사이에 점진적인 감퇴를 보임으로써 대부분의 연령 범위에서 상대적으로 능력이 보존되는 패턴을 나타낸다. 반면에 처리속도 소검사들에서는 20~24세부터 쇠퇴를 시작하여 44세 이후에 급격하게 쇠퇴하고, 지각적 조직화 소검사에서는 16~34세 사이에 최상의 수행을 보이고 그 이후부터 연령이 증가함에 따라서 빠르고 꾸준하게 쇠퇴한다. 이러한 결과는 결정지능은 전 생애에 걸쳐 계속 유지되거나 증진되는 반면에 유동지능은 나이가 증가함에 따라 쇠퇴한다는 Cattell(1971)과 Horn(1985, 1994)의 이론을 지지한다.

최근에는 결정지능과 유동지능의 구분을 넘어서서 인지 기능별로 더 세분하여 노화에 따른 특정적인 변화를 연구하고 있다. 노화의 영향을 가장 많이 받는 것으로 알려진 기본적인 인지 기능은 주의력과 기억력이다(Glisky, 2007). 그러나 주의력과 기억력은 한 가지 기능이 아니라 여러 가지 하위 기능을 통합하여 부르는 용어이고, 주의력과 기억력의 어떤 부분은 노화에 따라 기능이 감퇴하지만 또 다른 부분은 나이를 먹어도 기능이 쇠퇴하지 않으므로 주의력과 기억력이 노화에 따라서 감퇴된다고 한마디로 단언할 수는 없다. 또한 주의력과 기억력 등의 기본적인 인지 기능이 바탕이 되는 문제해결 능력, 판단력, 집행 기능(executive function) 등의 고차적인 인지 기능도 역시 노화에 따른 변화를 겪게 된다.

1) 주의력

주의력은 가장 기본적인 인지 능력으로서 지속 주의(sustained attention), 선택 주의(selective attention), 분리 주의(divided attention) 등의 여러 하위 과정을 포함한다. 노인들은 일정한 시간 동안 어떤 자극에 계속 주의를 집중하는 지속 주의력은 비교적 잘 유지한다. 또한 여러 자극 중에서 방해 자극을 무시하고 필요한 자극을 골라내는 선택 주의 과제를 수행할 때에도 젊은이들보다 반응 속도가 다소 느리기는 하지만 수행이 현저하게 저하되지는 않는다. 그러나 노인들은 주의를 나누어서 동시에 여러 자극에 주목하고 이 자극에서 저 자극으로 주의를 전환(switching)해야 할 때에는 젊은이들보다 현저히 저하된 수행을 나타낸다. 즉, 노인들은 자신의 주의 능력을 융통성 있게 통제하는 능력이 손상되는데, 이런 주의력의 문제는 일상생활 기능과 긴밀하게 연관된다. 예를 들어, 운전을 할 때 주의를 동시에 여러 곳으로 적절히 분산시키고 전환할 수 없다면 교통사고가 발생할 수 있다.

2) 기억력

노화에 따라서 기억력이 저하된다는 사실은 많은 사람이 이미 알고 있다. 특히 이러한 기억력의 저하가 정상적인 노화에 의한 것인지 혹은 치매로 인한 병리적인 수준의 저하인지를 변별하는 것은 매우 중요하다. 그러나 주의력처럼 기억력에도 여러 종류가 있어서 나이가 들어도 어떤 기억력은 비교적 그대로 유지되는 반면에 어떤 기억력은 현저하게 감퇴된다. 기억력은 우선 크게 단기기억과 장기기억으로 나뉘고, 장기기억은 다시 회상적 기억과 미래계획기억으로 나뉜다. 회상적 기억은 다시 서술기억(또는 명시기억)과 비서술기억(또는 암묵기억)으로 나뉘는데, 서술기억에는 일화기억, 의미기억, 자서전적 기억이 속하고 비서술기억에는 절차기억, 점화, 고전적 조건화, 비연합적 학습 등이 속한다. 이런 다양한 기억이 노화에 따라서 어떻게 변화하는지 한 가지씩 살펴보겠다.

단기기억(short-term memory)은 짧은 시간 동안 정보를 그대로 가지고 있는 것으로 처리 용량과 시간이 제한되어 있는 기억이다. 이 단기기억과 비교가 되는 개념이 작업기억(working memory)이다. 작업기억은 단기기억처럼 정보를 일시적으로 보유하는 동시에 단기기억과는 달리 각종 인지 과정을 계획하고 순서를 정하고 실제로 수행하는 작업장을 말한다. 중앙집행기(central executive, 또는 중앙관리자)와 그 하위 시스템인 음운루프(phonological loop), 시공간 잡기장(visuospatial sketchpad), 임시 완충기(episodic buffer)로 구성되며([그림 4-1] 참조), 처리 용량이 제한되어 있기 때문에 한 번에 활성화될 수 있는 정보의 양이나 한 번에 처리될 수 있는 인지 과정의 수가 제한되어 있다(Baddeley, 2003). 작업기억은 기억, 언어, 의사 결정 등의 다양한 인지 과제에서 노화에 따른 수행 저하가 발견되는 근본적인 이유로 생각되어 왔으며, 인지적 노화에 관한 대부분의 이론이 이 개념을 포함하고 있다. 예를 들어서, 여러 개의 숫자를 듣고 들은 순서대로 그대로 외우는 과제(Digit Span Test-Forward)는 단기기억을 필요로 하지만, 들은 숫자의 순서를 거꾸로 외워서 말하는 과제(Digit

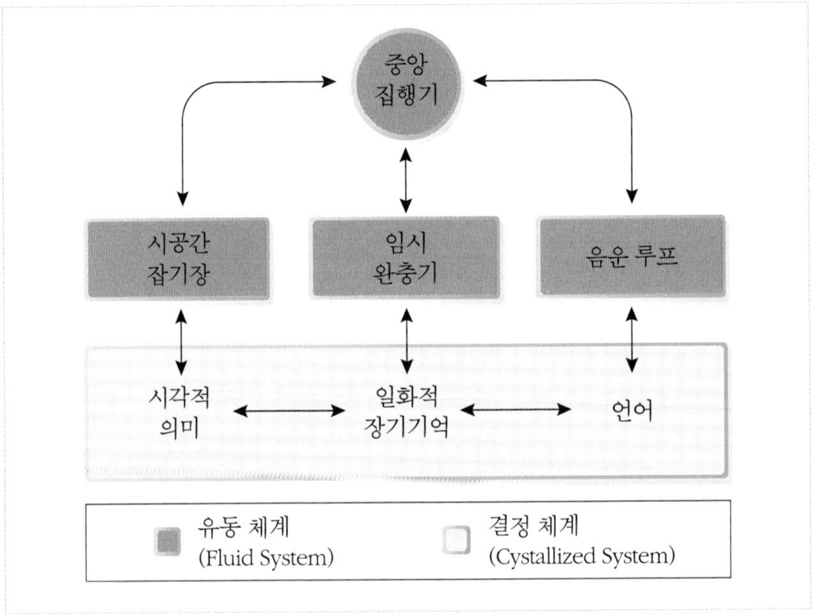

[그림 4-1] **작업기억의 구성 요소**

출처: Baddeley (2003).

Span Test-Backward)는 단기기억에 정보(숫자와 그 순서)를 유지할 뿐만 아니라 거꾸로 말하기 위해서 정보(숫자의 순서)를 조작하거나 재구성하는 작업기억을 필요로 한다. 노인들은 단기기억 과제에서는 거의 또는 전혀 장애를 나타내지 않으나 작업기억 과제에서는 젊은이들보다 현저히 저하된 수행을 나타낸다. 작업기억 모델을 처음 제안한 Baddeley(2003)는 장기기억으로부터 정보를 인출하고 단기기억에 있는 정보를 조작하며 장기기억으로 정보를 전이시키는 작업을 모두 중앙집행기가 담당하고, 작업기억의 결함은 이 중앙집행기의 결함에 기인한다고 주장하였다 (Baddeley & Hitch, 1974).

보관할 수 있는 정보의 용량과 시간이 제한되어 있는 단기기억과는 달리 장기기억은 상대적으로 긴 시간 동안 지속되는 영속적인 형태의 기억

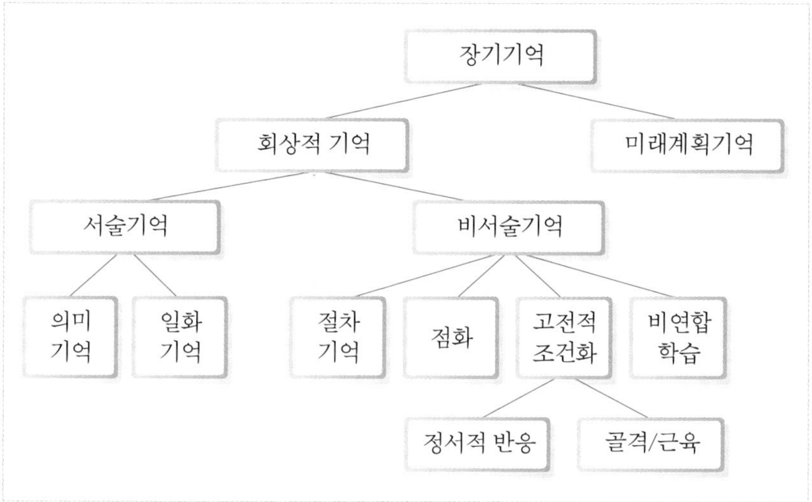

[그림 4-2] **장기기억의 구조**

으로서, 우리가 가지고 있는 과거 경험에 대한 기억이나 다양한 지식이 해당된다. 장기기억은 [그림 4-2]에서 보이는 것처럼 다양한 종류의 기억력을 포함한다(Squire & Zola, 1996).

장기기억 중에서 나이와 함께 감소하는 대표적인 기억력은 일화기억(episodic memory)이다. 일화기억이란 특정한 시간과 장소에서 발생한 개인적인 경험에 대한 기억을 말한다. 일화기억은 계통발생학적으로 가장 나중에 발달된 가장 진보된 형태의 기억으로 두뇌 손상에 가장 취약하고 노화의 영향도 가장 많이 받는다. 노인들이 일화기억 문제를 경험하는 이유는 기억의 부호화, 저장, 인출 과정에 모두 문제가 있기 때문이다. 노인들은 새로운 정보를 입력(부호화)할 때 의미적 부호화나 정교화를 적게 하므로 기억 흔적(memory trace)이 분명하지 않아서 인출이 어렵게 된다(Craik, 1983). 노인들은 지엽적이고 눈에 띄는 정보에만 주의를 기울이고 주변 정보는 고려하지 않으며 중심 내용과 맥락 정보(주변 정보)를 통합하지 못하여 출처기억(source memory)에 결함을 지닌다(Glisky, Rubin,

& Davidson, 2001). 노인들이 이처럼 여러 가지 정보를 인지하고 통합하지 못하는 것에는 앞에서 기술한 분리 주의(divided attention)와 작업기억의 결함도 영향을 미친다. 노인들은 또한 저장이나 응고화 과정에도 문제가 있을 수 있다. 기억의 응고화란 경험의 다양한 측면을 한 개의 기억 흔적으로 통합하는 과정인데, 노인들은 하나의 사건을 공간적, 시간적 맥락과 결합시키는 데 어려움을 지닌다. 또한 노화에 의한 일화기억 문제의 원인이 인출의 문제라는 증거도 많다. 물론 인출이 잘 되느냐는 부호화가 잘 되었느냐에 따라 일부 결정된다. 노인들은 자원이 제한되어 있어서 인출을 위한 자기 주도적인 전략을 인출 단계에서 잘 사용하지 못한다. 인출 시에 단서가 주어지거나 재인검사의 형태로 인출에 도움을 받을 수 있다면 젊은 사람들의 수행과 차이를 덜 나타내지만(Jennings & Jacoby, 1997), 자유회상처럼 일화적인 세부 내용들을 스스로 노력해서 인출해야 한다면 노인들은 손상을 나타낸다.

의미기억(semantic memory)은 세상에 관한 일반적인 지식(사실적 정보와 단어나 개념에 대한 지식)을 의미한다. 즉, 일화기억과는 달리 학습한 시기나 공간과는 무관한 정보나 지식을 의미한다. 노인들은 의미기억의 손상을 보이지 않으며, 오히려 젊은이들보다 더 우수한 수준의 의미기억을 지니고 있는 경우도 많다. 즉, 지식 체계의 조직은 노인이 되어도 그대로 유지된다(Light, 1992). 그러나 노인은 정보(특히 단어나 이름)에 접근하는 시간이 젊은이보다 다소 느릴 수 있으며, 특정 맥락에서 특정 이름이나 단어를 인출할 때 젊은이보다 곤란을 경험한다(Schneider & Pichora-Fuller, 2000).

자서전적 기억(autobiographical memory)은 어떤 사람의 개인적인 과거에 대한 기억으로서 일화기억과 의미기억을 모두 포함한다. 최근 5년간의 기억이 인출하기에 가장 쉽고(최근 효과) 생후 첫 5년간의 기억이 가장 어려우며(유아 기억상실증), 현재로부터 먼 과거일수록 점점 회상하기가 어렵다고 알려져 있다. 그러나 35세 이상의 사람들은 예외적으로 10세에서 25세 사이에 일어난 사건을 자서전적 기억 중에서 가장 잘 기억한다고 하는데 이런 현상을 회고 절정(reminiscence bump; Berntsen & Rubin, 2002)이라고 한다. 자서전적 기억은 노인이 되어도 잘 유지되는 것처럼 보이나, 자세히 분석해 보면 개인적인 의미기억은 노화에도 불구하고 잘 유지되지만 맥락이나 출처와 관련된 일화기억은 다소 손상됨을 알 수 있다. 즉, 노인들은 자서전적 기억의 큰 줄기는 젊은이들만큼 잘 기억하지만 세부 내용에는 약하다(Levine, Svoboda, Hay, Winocur, & Moscovitch, 2002). 그러나 그 사건이 개인적으로나 사회적으로 매우 정서적인 각성을 일으킨 사건이라면 노인도 젊은이만큼 생생하게 잘 기억[섬광기억(flashbulb memory)]하는 경향이 있다. 하지만 다른 한편 지나치게 높은 수준의 정서나 스트레스는 기억에 부정적인 영향을 미치기도 한다.

비서술 또는 암묵 기억(nondeclarative or implicit memory)은 자신이 의식하거나 명시적으로 회상하지 못하는 과거 경험이 현재의 행동에 영향을 주는 기억이다. 예를 들어, 그림(지각적 단서)이나 단어 목록(개념적 단서) 등을 이전에 한 번 보았다면 그에 대한 서술 또는 외현적 기억(declarative or explicit memory)이 없더라도 그 그림이나 단어를 인식하는 시간이 나중에 빨라진다는 점화 효과(priming effect)나, 자전거 타기나 피아노 치기 등의 기술을 한번 습득하면 그 기술을 습득하였다는 사실에 대한 기억이 없더라도 자전거를 탈 수 있고 피아노를 연주할 수 있다는 절차기억(procedural memory)이 이에 해당된다. 노인들에게서는 점화 효과가 유지되며(Prull, Gabrieli, & Bunge, 2000), 일단 운동이나 인지 영역에서 절차적 기억을 습득하고 매우 익숙한 수준에 도달하였다면 노인들은 기술의 어떤 한 요소가 다소 감퇴되더라도 매우 나이가 들 때까지 그 기술을 실행할 때 속도 저하를 나타내지 않는다. 예를 들어서, 매우 숙련된 타이피스트도 나이가 들면 손가락의 움직임이 느려질 수밖에 없지만 타이핑할 문장의 앞부분을 더 빨리 읽는 등의 다른 기술을 보완하여 나이가 들어도 전체 타이핑 속도는 그대로 유지된다(Salthouse, 1984).

앞에서 기술한 과거에 접했던 사람이나 사건을 기억하는 회상적 기억(retrospective memory)과는 달리 미래계획기억(prospective memory)은 과거에 계획했던 행동이나 의도를 미래의 어느 적절한 시간에 기억하여 수행하는 것이다. 미래계획기억력이 저하되면 약을 시간에 맞추어 복용하지 못하거나 냄비를 가스불에 올려 놓고 시간이 되어도 끄지 않아서 음식을 태우는 등의 행동을 보일 수 있다. 미래계획기억은 외부의 단서나 자극이 없이 자기 주도적으로 수행해야 하므로 특히 노인들에게서 많이 손상되고(Craik, 1986), 회상적 기억보다 노화에 의해서 더 현저하게 쇠퇴된다고 알려져 있다(Maylor, Smith, Della Sala, & Logie, 2002; Scullin, Bugg, McDaniel, & Einstein, 2011). 미래계획기억은 특정한 상황이 되었을 때 어떤 일을 기억하여 수행하는 사건 의존적 미래계획기억(예: 아침 식사를 한 후에 약을 복용한다)과 특정한 시간이 경과한 후나 특정한 시간이 되었을 때 시간의 흐름을 인식하고 스스로 기억해서 어떤 일을 수행하는 시간 의존적 미래계획기억(예: 10분 후에 가스불을 끈다)으로 다시 나눌 수 있다. 외부에서 상황적 단서가 주어지는 사건 의존적 미래계획기억보다 자기 주도적으로 회상을 해야 하는 시간 의존적 미래계획기억이 노화에 따라 더욱 현저하게 저하된다고 한다(Kliegel, McDaniel, & Einstein, 2000; Martin, Kliegel, & McDaniel, 2003).

3) 언어 능력

나이가 들어도 노인들은 언어 능력을 비교적 잘 유지한다. 단, 언어 정보를 처리하는 속도가 젊은이들보다는 다소 느릴 수 있고 때로는 낱말 찾기의 어려움이 있을 수도 있다. 하지만 그럴 때면 풍부한 어휘력을 사용하여 우회적으로 표현하면서 대화(discourse)의 기술은 오히려 나이를 먹으면 실제로 더 좋아진다. 청력이 저하되어 언어 이해에 문제가 생길 수도 있지만 그런 경우에는 대화의 앞뒤 맥락을 잘 살펴서 내용을 해석하는 경향이 있다. 노인들은 서로 관련이 없는 개별 단어들을 빠른 속도로 들려주면 잘 이해하지 못하지만, 서로 관련 있는 단어들로 의미 있는 문장을 구성하여 들려주면 훨씬 더 잘 이해한다. 이를 볼 때 노인들은 상행성(bottom-up) 정보 처리의 결함을 보완하기 위하여 하행성(top-down) 정보 처리를 하는 경향이 있음을 알 수 있다.

노인들의 언어 능력이 저하되어 보이는 것은 언어 능력 자체의 결함이라기보다는 청력이나 시력 저하 등의 감각 결함으로 인한 결과이거나 작업기억력이 저하되어서 문법적으로 복잡한 문장을 잘 이해하지 못한 결과일 수 있다. 또한 대화나 문장의 이해 능력은 흔히 회상 과제로 평가되는데, 이 회상 능력은 기억력과 밀접히 연관되어 있으므로 이런 과제에서 낮은 점수를 받았다면 실제로 이해 능력이 저하된 때문일 수도 있지만 그보다는 회상 능력이 저하된 결과일 수도 있다.

4) 시공간 능력

시공간 능력은 공간적인 맥락에서 시각적인 정보를 지각하고 기억하고 조작하는 능력을 모두 포함한다. 시공간 능력이 알츠하이머병과 같은 퇴행성 치매 환자들에게서 현저하게 저하된다는 사실은 길 찾기 장애 등의 예로 이미 잘 알려져 있으나, 정상 노인들의 시공간 능력도 노화와 함께 점차 저하된다(Harvey & Mohs, 2001). 시공간 능력은 운동 감각적 단서를 통해서 공간 사이의 관계를 파악하는 공간적 지각(spatial perception), 주어진 공간적 정보를 마음속으로 가시화하여 그 표상을 분석할 수 있는 능력인 공간적 시각화(spatial visualization), 2차원이나 3차원 대상을 회전하여 제시하여도 어떤 대상인지 파악하는 능력인 정신적 회전(mental rotation) 등의 다양한 능력으로 이루어져 있다(Voyer, Voyer, & Bryden, 1995). 10대 후반에서 60세까지의 건강한 청·장년을 대상으로 수행한 종단적 연구들(Salthouse, 2008; Schaie, 2005)에서는 이 같은 시공간 능력들이 연령 증가에 따라서 지속적으로 저하되는 것으로 밝혀졌다.

5) 집행 기능과 기타 고등인지 기능

최근에는 노화에 따른 인지 기능 저하의 주요 원인으로서 집행 기능(executive function) 또는 집행적 통제 기능(executive control function)의 저하에 관심이 집중되어 왔다. 집행적 통제는 작업기억의 한 구성 요소인 중앙집행기(central executive)의 개념이 확장된 것으로 비일상적인(nonroutine) 활동에 대한 계획을 세우는 것, 조직화, 조절, 평가, 추적(monitoring) 등의 여러 과정을 포함하는 개념이다. 중앙집행기는 여러 자극이나 과제에 주의 자원을 할당하고, 무관한 정보로 인해서 주의가 산만해지는 것을 억제하며, 부호화나 인출을 위한 전략을 세우고, 문제 해결, 의사 결정, 목표 지향 행동 등을 지시한다. 집행적 통제 기능은 특히 습관적인 처리 과정이 준비되어 있지 않은 새로운 과제를 처리하는 데 있어서 중요하다. 따라서 노인들은 작업기억 속에 일시적으로 지니고 있는 어떤 내용을 조작하거나 재조직화하고 통합하는 등의 적극적인 활동을 요구하는 과제를 수행할 때 결함을 나타낸다.

일상생활에서 우리는 어떤 목적을 위해서 작건 크건 무엇인가 결정을 하고 문제를 해결하며 계획을 세우게 되는데, 이런 활동을 하려면 다양한 출처에서 얻은 정보를 통합하고 재조직해야 한다. 그러나 노인들은 어떤 문제에 대하여 결정을 내리고자 할 때 젊은이들과는 다른 방식으로, 즉 다른 인지 책략을 사용하여 결론에 도달한다. 노인들은 젊은이들과는 달리 문제 영역에 관해서 현재 접할 수 있는 새로운 정보보다는 과거의 지식이나 전문가의 의견에 의존하는 경향이 강하다. 노인들의 사고와 행동은 점점 더 정형화되고 융통성이 없어지며 예측 가능해진다. 따라서 노인들은 주변 환경이나 사회적 맥락이 안정적이면 문제가 없으나 새로운 환경에 놓이게 되면 쉽게 적응을 하지 못한다.

인지 발달이 지식을 획득하고 표상하여 그 표상을 구체적인 수준에서 추상적인 수준까지 일관적인 스키마 구조로 점차 조직화하는 것이라면, 앞에서 말하였듯이 지식의 표상화(의미기억)는 노화의 영향을 받지 않으나(심지어 노인이 되어도 계속 발전하여 노인들의 '지혜'를 이루게 된다고 주장하는 학자도 있음) 저장된 지식과 표상에 접근하는 능력은 노화의 영향을 받는다. 즉, 아동이나 젊은이들이 문제 해결이나 의사 결정을 하여야 할 때 지식을 잘 사용하지 못하는 것은 관련된 지식의 표상이나 구조를 완전히 획득하지 못하였기 때문이지만, 노인들은 억제적 통제 능력이 감소해서 간섭에 취약하여 지식에 효율적으로 접근할 수 있도록 정확하게 초점을 맞추고 방향을 설정하지 못하기 때문에 이미 가지고 있는 지식을 인출하지 못하는 것이다. 다시 말해서, 노인들의 경우 지식에 기초한 능력은 유지되나 통제 과정에 기초한 능력은 쇠퇴한다.

마지막으로, 노년기 인지 기능 변화와 함께 언급하여야 할 것은 노년기 감각 기능의 저하와 인지 기능의 관계다. 노인이 되면 시각과 청각 등의 감각 기능이 저하되고, 이러한 감각과 지각 능력의 저하는 인지 기능에 영향을 미치게 된다. 흔히 지각(perception)이 인지(cognition)에 선행한다고 생각하지만 지각과 인지의 경계는 모호하고, 지각이 인지에 영향을 미치는 상행성 과정만이 아니라 인지가 지각에 영향을 미치는 하행성 인지 과정도 있으므로 지각과 인지 과정은 상호작용을 한다고 말할 수 있다. 노인들의 감소된 지각 기능은 보청기나 돋보기 등에 의해서 전적으로 교정되지는 않는다(Schneider & Pichora-Fuller, 2000). 따라서 연구자들은 노인을 대상으로 인지에 관한 연구를 수행할 때 감각과 지각적 결함에 대해서 관심을 기울여 통제하여야 한다. 저하된 감각 능력을 보상하기 위해서 개발한 책략 때문에 노인들이 인지 과제를 수행하는 방식이 덜 효율적인 방식으로 변화할 수도 있다.

2. 노년기 인지 기능 변화와 관련된 두뇌의 구조 및 활동 변화

인지적인 노화를 인지 기능과 두뇌 구조(structure) 간의 복잡한 관계를 통해서 이해하려는 접근이 증가하고 있다. 노화에 따른 인지적인 변화를 이해하려면 이런 변화에 책임이 있는 노화에 따른 뇌의 구조적 · 활동적 변화와 기제를 이해하는 것이 필요하다. 최근 MRI(Magnetic Resonance Imaging)와 PET(Positron Emission Tomography) 등의 신경영상학 기법의 진보와 함께 구조적 · 기능적 신경영상 연구가 활발히 진행됨에 따라서 특정 인지 기능이 두뇌 구조의 어디에 위치하고 있는지에 대한 이해가 증진되었을 뿐만 아니라, 노화에 따른 신경학적 변화와 인지 기능의 관계에 관한 지식이 많이 발전되었다.

노화에 따라 뇌의 일부 영역과 그에 연합된 기능들은 선택적으로 영향을 받는다(Moscovitch & Winocur, 1995). 뇌의 구조적인 측면에서 살펴보면, 노화에 따라서 뇌에서는 전두엽의 회백질(gray matter) 부피가 가장 빠르게 감소하고, 그다음으로 두정엽과 측두엽 순으로 부피가 감소한다([그림 4-3] 참조). 그러나 후두엽을 비롯한 1차 감각영역의 부피는 노화의 영향을 가장 적게 받는다(Fjell et al., 2009). 전두엽 내에서는 배외측전전두피질(dorsolateral prefrontal cortex)이 가장 부피가 감소하고 그다음으로 안와전두영역(orbitofrontal area)이 다른 영역에 비해서 부피가 많이 감소한다(Haug & Eggers, 1991; Raz, 2000). 노화에 따른 백질(white matter) 변성도 두뇌의 앞부분, 특히 전두엽과 뇌량(corpus callosum) 앞쪽에서 현저하게 발생한다(Head et al., 2004). 이 같은 뇌의 구조적 변화는 인지 기능에 영향을 미쳐서, 노인들은 뇌의 다른 부위보다 전두엽과 측두엽 기능이 중재하는 인지 과제를 수행할 때 젊은이들과 인지 기능 차이를 더 많이 보인다(Hedden & Gabrieli, 2004; West, 1996). 특히 노인들의

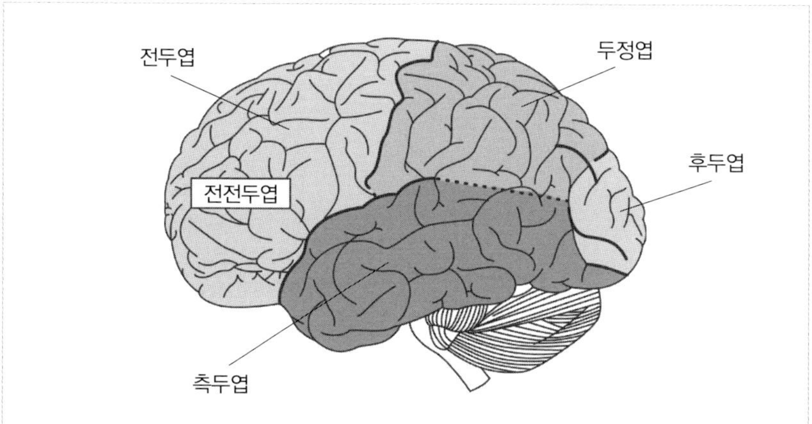

[그림 4-3] 뇌의 영역

경우 백질 통합의 정도가 회백질을 상실한 정도보다 인지적 수행 수준을 더 잘 예측한다는 것이 밝혀졌는데, 전두엽의 백질 통합의 정도는 집행 기능을 예측하는 반면 측두엽과 두정엽의 백질 통합의 정도는 일화기억력을 잘 예측한다(Ziegler et al., 2010).

노화에 따른 인지 기능 변화를 다양한 인지 과제로 연구한 기능적 뇌 영상 연구들은 노화에 따른 두뇌 활동 변화의 몇 가지 일관적인 패턴을 발견하였다. 한 가지 활동 패턴은 PASA(Posterior-Anterior Shift in Aging; Grady et al., 1994) 모델이다([그림 4-4] 참조). 시지각, 주의집중 능력, 재인기억 등의 과제를 수행하는 동안 두뇌 활동의 변화를 살펴본 연구들은 그러한 인지 과제를 수행할 때 노인들이 젊은이들보다 뇌의 후두엽(또는 후반부)의 활성화가 감소되고 전두엽의 기능이 증가되는 것을 발견하였다. 이 모델은 노인들이 시지각과 같은 비교적 자동적인 감각과 부호화 과정을 전두엽 기능과 연합된 더 전략적이고 정교화된 과정으로 보상하는 경향이 있음을 시사한다. 다른 활동 패턴은 HAROLD(Hemispheric Asymmetry Reduction in OLDer Adults; Cabeza, 2002) 모델이다([그림 4-5] 참조). 노인들이 과제를 수행할 때, 어떤 두뇌 영역의 신경학적 활동이 감소하면 다른 영역의 활동은 상대적으로 증가함을 관찰할 수 있다. HAROLD 모델에 따르면 노인들은 감소된 신경 활동 부위와 비슷한 기능을 담당하고 있는 뇌의 다른 영역(예: 대칭이 되는 대측 반구의 부위)을 동원하여 저하된 활동을 보상하고, 그 결과로 반구의 기능적 비대칭성은 감소하게 된다.

PASA 모델과 HAROLD 모델은 모두 젊은 시절에 어떤 인지 과제를 수행하기 위해서 필요했던 두뇌 영역의 활동이 노인이 되면 저하되므로 노인들은 이를 보상하기 위해서 대안적인 책략을 사용하거나 그 영역과 함께 부가적으로 다른 두뇌 영역을 동원하여 도움을 받는다는 것을 시사한

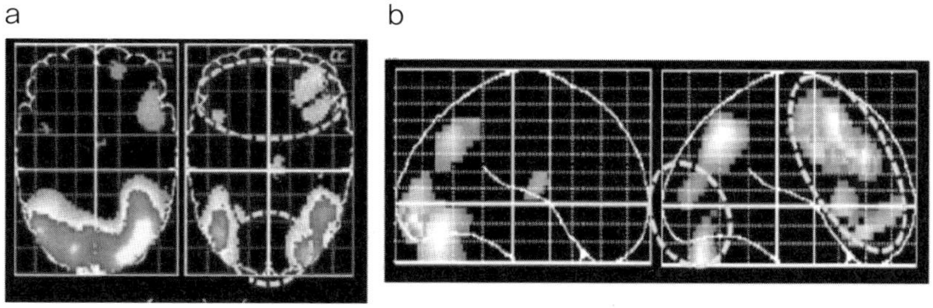

[그림 4-4] PASA 모델을 입증하는 연구 결과
(각 그림의 왼쪽은 젊은 성인, 오른쪽은 노인의 뇌영상 사진)

출처: a. Grady et al. (1994); b. Madden et al. (1997).

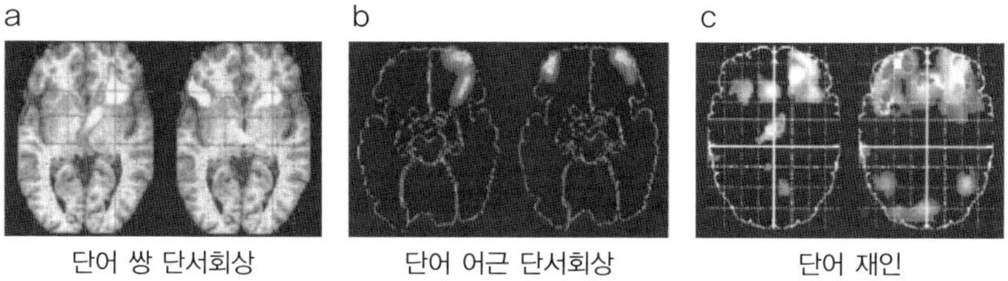

[그림 4-5] HAROLD 모델을 입증하는 연구 결과
(각 그림의 왼쪽은 젊은 성인, 오른쪽은 노인의 뇌영상 사진)

출처: a. Cabeza et al. (1997); b. Backman et al. (1997); c. Madden et al. (1999).

다. 특히 이 두 모델을 제안한 연구들은 각각 노화에 따른 다른 두뇌 영역[PASA 모델에서는 후두엽, HAROLD 모델에서는 대측 반구의 전전두피질(prefrontal cortex) 영역]의 결함을 보상하는 한 기제로 전전두엽 영역에서 활성화가 증가하였다는 같은 결과를 보여 주었다. 그러나 이렇게 부가적으로 다른 두뇌 영역을 동원하는 데는 비용이 따른다. 즉, 어떤 인지 과제를 수행하기 위해서 대측 반구를 부가적으로 동원한다면 원래 대측 반구의 그 부위가 담당하고 있던 과제를 수행하는 능력이 저하된다. 또한 인지 과제가 단순하고 어렵지 않은 경우 노인들은 이런 보상 과정을 통해서 젊은이들과 같은(또는 비슷한) 수준의 수행을 나타낼 수 있으나, 이

중 과제(dual task)나 분리 주의 과제처럼 과제가 어렵고 인지적인 요구 수준이 높은 경우는 노인들이 젊은이들보다 현저하게 저하된 수행을 나타낸다.

HAROLD 모델에 뒤이어서 그보다 좀 더 확장된 CRUNCH(Compensation Related Utilization of Neural Circuits Hypothesis; Reuter-Lorenz & Mikels, 2005) 모델이 제안되었다. 이 모델은 노화에 따라서 감소된 신경학적 효율성을 보상할 수 있는 방법으로 HAROLD 모델에서 주장하는 것처럼 대측 반구의 대칭이 되는 영역이 활성화될 수도 있지만, 부가적인 신경회로가 새로 생겨서 노인들이 젊은이들과는 다른 새로운 영역을 동원해서 그 과제를 해결할 수 있다고 제안하였다. CRUNCH 모델 이전에도 탈문화 가설(dedifferentiation hypothesis; Li & Lindenberger, 1999)이라는 유사한 모델이 제안된 바 있다. 이 가설에서 젊은이는 어떤 과제를 해결할 때 그것을 해결하도록 분화된(특화된 또는 전문화된) 신경 기제(neural mechanism)를 사용하여 효율적으로 해결하지만, 노인이 되면 그런 분화된 신경 기제를 사용할 수 없어서(또는 사용하여도 그것만으로는 과제를 해결할 수 없어서) 과제와 무관한 다양한 신경 기제를 함께 끌어들여서 과제를 해결한다고 주상하였다.

노화에 따른 인지 기능의 변화에 대한 연구들은 주로 노인과 대학생의 수행을 비교함으로써 노화의 효과를 검증하였다. 그러나 Cabeza, Anderson, Locantore, McIntosh(2002)는 모든 노인이 젊은이들보다 저하된 수행을 나타내는 것이 아니라 노인들 중에서도 젊은이들과 비슷한 수행 수준을 유지하는 노인들이 있음을 주목하고 이들 노인 간에 어떤 차이가 있는지를 PET를 이용하여 연구하였다. 기억력 검사의 수행 점수로 노인들을 높은 능력 집단과 낮은 능력 집단으로 나누고 두 집단이 기억 과제를 수행할 때의 두뇌 활동을 젊은 성인들의 두뇌 활동과 비교하였

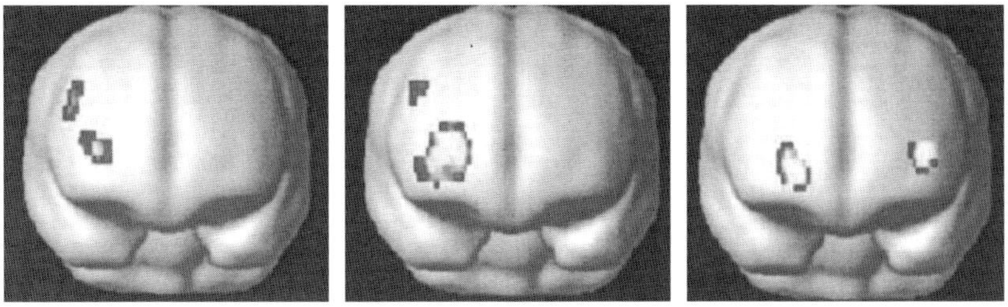

젊은 성인 능력이 낮은 노인 능력이 높은 노인

[그림 4-6] **출처기억 과제 수행 시의 전전두피질 활동**

출처: Cabeza, Anderson, Locantore, & McIntosh (2002).

다. 그 결과, 출처기억(source memory)을 수행할 때 높은 능력 집단의 노인들은 HAROLD 모델이 제안한 것처럼 좌반구와 우반구 양쪽의 전전두피질 영역이 활성화되었으나 낮은 능력 집단의 노인들은 젊은 성인 집단과 비슷하게 우반구 전전두피질 영역만 활성화되는 것을 발견하였다([그림 4-6] 참조). 이 결과는 높은 능력을 지닌 노인들은 HAROLD 모델이나 CRUNCH 모델이 제안하는 것처럼 노화에 따른 신경 퇴행을 보상하기 위해서 신경망을 재구조화(reorganization)하여 두뇌의 다른 영역을 활성화하지만, 낮은 능력을 지닌 노인들은 과제 수행 시에 다른 영역을 활성화하는 보상 기제를 사용하지 못하고, 노화로 인해서 더 이상 효율적으로 사용할 수 없음에도 불구하고 젊은이들과 비슷한 신경회로를 그대로 사용한다는 사실을 시사한다. 따라서 노화에 따른 두뇌 활동의 변화를 연구할 때에는 능력에 따른 개인차를 반드시 고려하여야 한다.

3. 노년기 인지 기능 변화 관련 이론

노화에 따른 인지 기능의 저하를 설명하는 이론으로는 감각 결함 이론

(sensory deficit theory), 자원 결함 이론(resources deficit theory), 속도 결함 이론(speed deficit theory), 억제 결함 이론(inhibition deficit theory), 전두엽 노화 이론(frontal aging theory) 등이 있다. 최근 MRI와 PET를 통한 기능적 신경영상 연구가 활발히 진행됨에 따라서 노화에 따른 신경학적 변화와 인지 기능의 관계가 많이 밝혀졌고, 실험이나 행동적 연구를 통해서 발달된 위의 이론들을 각각 지지하는 신경영상학적 증거들이 제시되고 있다.

1) 감각 결함 이론

감각 결함 이론은 노화에 따른 감각 과정의 결함이 노화에 따른 인지 기능 쇠퇴에 주요 역할을 한다는 이론이다(Lindenberger & Baltes, 1994). 노인들의 시각과 청각 등의 기본적인 감각 기능이 젊은이들보다 상당히 저하된다는 사실은 잘 알려져 있다. 실제로 젊은 성인들에서부터 노인들에 이르기까지 다양한 연령층에서 감각 측정치와 인지 측정치 간의 강한 상관이 발견되었다(Baltes & Lindenberger, 1997).

감각 결함이 어떻게 인지 기능의 저하와 관련되는지에 관해서는 신경영상 연구의 결과에 근거한 세 가지 가정이 있다(Dennis & Cabeza, 2008). 첫 번째는 감각 기관의 퇴행으로 감각 결함이 발생하고, 그와 같은 감각 결함으로 인해서 인지 저하가 순차적으로 발생한다는 가정이다. 두 번째 가정은 감각 결함과 인지적 결함이 모두 노화에 따른 광범위한 신경 퇴행에 의해서 중재된다는 것이다. 세 번째 가정은 노화에 따라서 감각피질의 기능이 저하되면 이로 인해서 상행 감각 처리 과정에 결함이 생기므로 이를 보상하기 위해서 하행 인지 처리 과정에 더욱 의존하게 된다는 것이다. 그런데 하행 인지 작용은 주로 전전두엽이 담당하므로, 이 이론은 노화에 따라 감각피질의 감각 처리 과정은 감소하고 이를 보상하기 위해서 전전두피질의 활동이 증가할 것이라고 예측하였다. 이 예측은 지각, 주의집중능력, 작업기억, 문제 해결, 일화기억 과제 수행 시의 두뇌 활동에서 PASA 패턴을 발견한 뇌영상 연구들(Cabeza et al., 2004; Grady, Bernstein, Beig, & Siegenthaler, 2002; Grady et al., 1994; Nagahama et al., 1997)에서 확인되었다.

2) 자원 결함 이론

자원 결함 이론은 인지적 과제를 효율적으로 수행하기 위해서는 주의자원을 적절하게 할당하는 능력이 필요한데, 노화가 진행되면 전반적인 주의집중자원(attention resources)의 양이 감소되어 복잡한 주의집중을 요구하는 어려운 인지 과제를 수행하지 못한다는 이론이다(Craik, 1986). 노인들은 한 개의 과제를 수행하는 조건보다 두 개의 과제를 동시에 수행하는 조건에서 젊은이들보다 훨씬 더 저하된 수행을 나타낸다(Anderson, Craik, & Naveh-Benjamin, 1998). 즉, 자기 주도적인 과정과 같이 자원이 더 많이 요구되고 환경적 지지가 적은 과제일수록 노화의 영향이 더 분명하게 드러나고, 주의집중능력에 대한 요구를 감소시켜 줄 수 있는 지지적 환경이 제공되면 노화에 따른 차이가 감소된다. 이 이론의 이런 주장은 기억 과제 수행 시 재인검사(recognition test)보다 인지적 부담이 큰 회상검사(recall test)에서 젊은이와 노인의 수행이 차이가 더 크게 나타나고 (Cabeza et al., 1997) 우연적 학습(incidental learning)보다 의도적 학습(intentional learning)에서 노화의 차이가 더 크게 나타난 연구 결과들(Logan, Sanders, Snyder, Morris, & Buckner, 2002)에 의해서 지지되었다.

3) 속도 결함 이론

속도 결함 이론은 인지적 노화 이론들 중에서 가장 잘 알려진 이론 중 하나로서, 노인들의 인지적 결함은 인지 처리 속도의 전반적인 감소를 반영한다는 것이다(Salthouse, 1996). 이 이론은 인지 처리 속도가 저하되면 초기 단계의 작용에 시간을 많이 소모하여 다음 단계의 작용에 사용할 시간이 부족하여서 인지 수행이 손상되거나[제한 시간 기제(limited time mechanism)], 또는 이전에 처리된 정보가 이후에 사용되려면 가용한 상태로 남아 있어야 하는데 처리 속도가 느려지면 후기 작용이 완성되었을 때 이전에 처리된 정보가 이미 상실되거나 무관해져서 인지 수행이 손상된다[동시성 기제(simultaneity mechanism)]고 설명한다.

노화에 따라 처리 속도가 왜 저하되는지를 설명하는 신경학적 기제로는 우선 노화에 따라 발생하는 백질 퇴행이나 백질 변성으로 인해서 신경회로들의 의사소통이 저하된다는 것을 들 수 있다. 인지 과제를 수행할 때 노인들이 젊은이들에 비해서 반응 시간이 증가된 것을 관찰할 수 있는데, 백질 변성과 확산텐서영상(Diffusion Tensor Image: DTI)으로 측정된 백질 통합 정도가 노인들의 반응 속도 저하와 긴밀한 상관이 있음이 밝혀졌다(Dennis & Cabeza, 2008). 또 다른 기제로는 앞에서 살펴본 PASA 모델이 시사하는 것처럼 노인들은 인지 과제를 수행하는 데 필요한 신경망(neural network)의 크기가 젊은이들보다 증가하는데, 신경망이 커지면 더 많은 두뇌 영역과 더 멀리 있는 두뇌 영역을 포함하게 되므로 처리 시간이 길어질 수밖에 없다는 것이다. 앞에서 언급된 뇌영상 연구 결과(Grady et al., 1994)에서 보듯이 노인들은 젊은이들과는 달리 비교적 단순한 감각/지각 과제를 수행할 때에도 전두엽의 도움을 받는데, 그 결과는 속도를 희생하고 반응 정확성을 유지하는 것이다. 흥미롭게도 전전두엽의 활동과 인지 처리 속도의 관계는 나이에 따라 다른 것으로 밝혀졌다. 젊은이의 경우에는 전전두엽의 활동이 커지면 반응 시간이 느려졌지만, 노인의 경우에는 전전두엽이 활성화되면 오히려 반응 시간이 짧아졌다. 이런 결과는 노인들이 노화에 따른 백질 변성으로 인한 처리 속도의 저하를 전전두엽을 활성화함으로써 보상한다는 것을 시사한다.

4) 억제 결함 이론

억제 결함 이론은 노화에 따른 인지 결함이 작업기억 내용에 대한 억제적 통제의 저하에 기인한다는 이론이다(Hasher & Zacks, 1988; Zacks, Hasher, & Li, 2000). 과제를 잘 수행하려면 과제와 관련이 있는 정보를 선택하고 관련이 없는 정보는 억제해야 한다. 그러나 억제적 통제가 실패하면 과제나 목표와 무관한 정보가 작업기억에 접근하게 된다. 그 결과로 무관한 정보가 관련 정보와 가까운 위치에 제시되면 수행이 저하되고(Shaw, 1991), 노인들은 젊은이들에 비해서 확인되지 않은 해결 방법이나 필요없는 정보를 더 잘 기억한다.

언어적 작업기억 동안 젊은이들은 좌반구의 복외측(ventrolateral) 전전두엽이 활성화되었지만 노인들은 그 영역이 덜 활성화되었다. 또한 일화기억 과제를 수행하는 동안 젊은이들에서는 관찰되지 않는 뇌섬(insular)의 활성화가 노인들에서 관찰되었고, 이 영역이 활성화되는 정도는 기억 과제의 수행 정도와 역상관을 나타냈다. 이런 결과들은 전전두엽의 중요한 한 가지 기능이 반구 뒤쪽의 연합 영역과 감각 및 운동 피질의 활동을 억제하는 것임을 고려할 때 노인들의 경우 억제를 행사하는 영역의 활성화는 감소하고 억제를 받는 영역의 활성화는 오히려 증가함을 시사한다. Gazzaley, Cooney, Rissman, D'Esposito(2005)는 얼굴 사진과 풍경 사진을 세 가지 조건, 즉 얼굴을 기억하고 풍경은 무시하는 조건, 얼굴은 무시하고 풍경을 기억하는 조건, 얼굴과 풍경을 기억하지 않고 쳐다보기만 하는 조건(통제 조건)에서 보여 주는 실험을 실시하였다. 노인들은 풍경을 기억하는 조건에서는 적절한 영역[좌반구의 설회(lingual gyrus)]에서 통제 조건에서보다 높은 수준의 활성화를 보였으나 풍경을 무시하는 조건에서는 억제하지 못하고 같은 영역에서 통제 조건과 같은 수준의 활성화를 나타냈다. 이 결과는 노인들이 과제와 관련된 활성화는 일으킬 수 있으나 과제와 무관한 활동은 조절하거나 억제하지 못한다는 것을 시사한다.

5) 전두엽 노화 이론

전두엽 노화 이론은 전두엽의 기능 저하가 모든 인지적 노화를 일으키는 주요 원인이라고 주장하는 '경제적인' 이론으로서 '인지적 노화의 전두엽 가설(frontal lobe hypothesis of cognitive aging)'이라고도 불린다(Alvarez & Emory, 2006; Bherer, Belleville, & Hudson, 2004).

앞에서 살펴본 바와 같이 노화 과정에 가장 취약한 영역은 전두엽의 전전두피질이다(West, 1996). 노화에 따라서 전두엽 기능에 의존하는 인지 능력(집행 기능)이 가장 크게 그리고 가장 빨리 쇠퇴한다. 따라서 앞의 이론들이 노인들에게서 나타나는 인지적 결함으로 주장한 하행 인지 처리, 과제 전환, 자원 할당 및 통제, 과제 처리 속도, 무관한 정보의 억제 등의 결함은 모두 전전두엽의 기능과 관련된 기능들인 바, 결국은 전두엽의 노화로 이런 인지적 결함들을 모두 설명할 수 있다는 것이다. 이 이론은 다양한 신경영상학적 연구와 행동적 연구 결과에 의해서 지지되었다(Grady, Springer, Hongwanishkul, McIntosh, & Winocur, 2006; Head,

Kennedy, Rodrigue, & Raz, 2009).

그러나 노인들은 전두엽 기능(집행 기능) 외의 다른 인지 기능도 젊은 이들보다 더 저하되고, 전두엽 이외의 다른 뇌 영역의 활성화도 노화에 따라서 저하되는 것이 신경영상 연구에서 관찰되고 있다. 노화에 따른 인지 기능의 변화는 전두엽 노화 이론으로 설명될 수 있는 것보다 훨씬 더 복잡하게 보인다.

노화에 따른 뇌의 신경세포 감소, 신경세포의 기능 저하, 감각 기관의 퇴화 등이 인지 기능에 중대한 영향을 미친다는 사실은 의심하기 힘들다. 그러나 이러한 생물적이고 신체적인 요인만으로 노인의 인지 기능 변화를 완전히 설명할 수는 없다. 노인의 인지 기능 변화는 노년기의 신경학적 퇴행에 맞서는 신경학적 가소성(plasticity)과 생물학적 또는 사회적 보상(compensation) 과정의 영향을 받을 뿐만 아니라 결정 과정에서의 보수성이나 조심성과 같은 경험적 요인이 개입하므로 사회적 또는 환경적 영향도 배제할 수 없다.

인지적 노화는 단순히 인지적 발달의 반대 과정을 의미하는가? 많은 선행 연구 결과는 인지적 노화의 과정이 그렇게 단순하지 않으며 한 가지 이론으로 설명될 수 없는 복잡한 쟁점들을 지닌 과정임을 시사하고 있다. 인간의 수명이 크게 연장됨에 따라서 전 세계적으로 노인들의 수가 증가하고 있다. 노인들이 사회의 중요한 인적자원으로서 기여할 수 있도록 다양한 기회를 제공하기 위해서는 노화에 따른 인지 기능 변화에 대한 보다 광범위하고 활발한 연구가 필요하다.

참고문헌

Alvarez, J. A., & Emory, E. (2006). Executive function and the frontal lobes: A meta-analytic review. *Neuropsychological Review, 16*, 17-42.

Anderson, N. D., Craik, F. I. M., & Naveh-Benjamin, M. (1998). The attentional demands of encoding and retrieval in younger and older adults: Evidence from divided attention costs. *Psychology and Aging, 13*, 405-423.

Bäckman, L., Almkvist, O., Andersson, J., Nordberg, A., Winblad, B., Rineck, R., & Lagstrom, B. (1997). Brain activation in young and older adults during implicit and explicit retrieval. *Journal of Cognitive Neuroscience, 9*, 378-391.

Baddeley, A. (2003). Working memory: Looking back and looking forward. *Nature Reviews Neuroscience, 4*, 829-839.

Baddeley, A., & Hitch, G. (1974). Working memory. In G. Bower (Ed.), *The psychology of learning and motivation* (pp. 47-90). New York, NY: Academic Press.

Baltes, P. B. (1993). The aging mind: Potential and limits. *The Gerontologist, 33*, 580-594.

Baltes, P. B., & Lindenberger, U. (1997). Emergence of a powerful connection between sensory and cognitive functions across the adult life span: A new window to the study of cognitive aging? *Psychology and Aging, 12*, 12-21.

Berntsen, D., & Rubin, D. C. (2002). Emotionally charged autobiographical memories across the life span: The recall of happy, sad, traumatic, and involuntary memories. *Psychology and Aging, 17*, 636-652.

Bherer, L., Belleville, S., & Hudson, C. (2004). Le declin des fonctions executives au cours du vieillissement normal, dans la maladie d'Alzheimer et dans la demence frontotemporale. *Psychologie et Neuropsychiatrie du Vieillissenment, 2*, 181-189.

Cabeza, R. (2002). Hemispheric asymmetry reduction in older adults: The

HAROLD model. *Psychology and Aging, 17*, 85-100.

Cabeza, R., Anderson, N. D., Locantore, J. K., & McIntosh, A. R. (2002). Aging gracefully: Compensatory brain activity in high-performing older adults. *Neuroimage, 17*, 1394-1402.

Cabeza, R., Daselaar, S. M., Dolcos, F., Prince, S. E., Budde, M., & Nyberg, L. (2004). Task-independent and task-specific age effects on brain activity during working memory, visual attention and episodic retrieval. *Cerebral Cortex, 14*, 364-375.

Cabeza, R., Grady, C. L., Nyberg, L., McIntosh, A. R., Tulving, E., Kapur, S., ... Craik, F. I. M. (1997). Age-related differences in neural activity during memory encoding and retrieval: A Positron Emission Tomography study. *Journal of Neuroscience, 17*, 391-400.

Cattell, R. B. (1971). *Abilities: Their structure, growth, and action*. Boston: Houghton Mifflin.

Craik, F. L. M. (1983). On the transfer of information from temporary to permanent memory. *Philosophical Transactions of the Royal Society of London, Series B, 302*, 341-359.

Craik, F. I. M. (1986). A functional account of age differences in memory. In F. Lix & H. Hagendorf (Eds.), *Human memory and cognitive capabilities, mechanisms, and performances* (pp. 499-522). Amsterdam: Elsevier.

Dennis, N. A., & Cabeza, R. (2008). Neuroimaging of healthy cognitive aging. In F. I. M. Criak & T. A. Salthouse (Eds.), *The handbook of aging and cognition* (3rd ed., pp. 1-54). New York, NY: Psychology Press.

Fjell, A. M., Walhovd, K. B., Fennema-Notestine, C., McEvoy, L. K., Hagler, D. J., Holland, D., ... Dale, A. M. (2009). One-year brain atrophy evident in healthy aging. *Journal of Neuroscience, 29*, 15223-15231.

Gazzaley, A., Cooney, J. W., Rissman, J., & D'Esposito, M. (2005). Top-down suppression deficit underlies working memory impairment in normal aging. *Nature Neuroscience, 8*, 1298-1300.

Glisky, E. L. (2007). Changes in cognitive function in human aging. In D. R. Riddle (Ed.), *Brain aging: Models, methods, and mechanisms* (pp. 3-20). Boca Raton, FL: CRC Press.

Glisky, E. L., Rubin, S. R., & Davidson, P. S. R. (2001). Source memory in older adults: An encoding or retrieval problem? *Journal of Experimental Psychology: Memory and Cognition, 27*, 1131-1146.

Grady, C. L., Bernstein, L. J., Beig, S., & Siegenthaler, A. L. (2002). The effects of encoding task on age-related differences in the functional neuroanatomy of face memory. *Psychology and Aging, 17*, 7-23.

Grady, C. L., Maisog, J. M., Horwitz, B., Ungerleider, L. G., Mentis, M. J., Salerno, J. A., ... Haxby, J. V. (1994). Age-related changes in cortical blood flow activation during visual processing of faces and location. *Journal of Neuroscience, 14*, 1450-1462.

Grady, C. L., Springer, M., Hongwanishkul, D., McIntosh, A., & Winocur, G. (2006). Age-related changes in brain activity across the adult lifespan. *Journal of Cognitive Neuroscience, 18*, 227-241.

Harvey, P. D., & Mohs, R. C. (2001). Memory changes with aging and dementia. In P. R. Hof & C. V. Mobbs (Eds.), *Functional neurobiology of aging* (pp. 53-63). New York, NY: Academic Press.

Hasher, L., & Zacks, R. T. (1988). Working memory, compensation, and aging: A review and a new view. In G. H. Bower (Ed.), *The psychology of learning and motivation* (Vol. 22, pp. 193-225). New York, NY: Academic Press.

Haug, H., & Eggers, R. (1991). Morphometry of the human cortex cerebri and corpus striatum during aging. *Neurobiology of Aging, 12*, 336-338.

Head, D., Buckner, R. L., Shimony, J. S., Williams, L. E., Akbudak, E., Conturo, T. E., ... Snyder, A. Z. (2004). Differential vulnerability of anterior white matter in nondemented aging with minimal acceleration in dementia of the Alzheimer's type: Evidence from diffusion tensor imaging. *Cerebral Cortex, 14*, 410-423.

Head, D., Kennedy, K. M., Rodrigue, K. M., & Raz, N. (2009). Age differences in perseveration: Cognitive and neuranatomical mediators of performance on the Wisconsin Card Sorting Test. *Neuropsychologia, 47*, 1200-1203.

Hedden, T., & Gabrieli, J. D. E. (2004). Insights into the aging mind: A view from cognitive neuroscience. *Nature Reviews Neuroscience, 5*, 87-97.

Horn, J. L. (1985). Remodeling old models of intelligence. In B. B. Wolman (Ed.), *Handbook of intelligence: Theories, measurement, and applications* (pp. 267-300). New York: Wiley.

Horn, J. L. (1994). Theory of fluid and crystallized intelligence. In R. J. Sternberg (Ed.), *Encyclopedia of intelligence* (Vol. 1, pp. 443-451). New York: Macmillan.

Jennings, J. M., & Jacoby, L. L. (1997). An opposition procedure for detecting age-related deficits in recollection: Telling effects of repetition. *Psychology and Aging, 12*, 352-361.

Kaufman, A. S. (2000). Seven questions about the WAIS-III regarding differences in abilities across the 16 to 89 year life span. *School Psychology Quarterly, 15*, 3-29.

Kliegel, M., McDaniel, M. A., & Einstein, G. O. (2000). Plan formation, retention, and execution in prospective memory: A new approach and age-related deficits. *Memory and Cognition, 28*, 1041-1049.

Levine, B., Svoboda, E. M., Hay, J. F., Winocur, G., & Moscovitch, M. (2002). Aging and autobiographical memory: Dissociating episodic from semantic retrieval. *Psychology and Aging, 17*, 677-689.

Li, S. C., & Lindenberger, U. (1999). Cross-level inification: A computational exploration of the link between deterioration of neurotransmitter systems and dedifferentiation of cognitive abilities in old age. In L. G. Nilsson & H. J. Markowitsch (Eds.), *Cognitive neuroscience of memory* (pp. 103-146). Seattle, WA: Hogrefe & Huber.

Light, L. L. (1992). The organization of memory in old age. In F. I. M. Craik & T.

A. Salthouse (Eds.), *The handbook of aging and cognition* (pp. 111-165). Hillsdale, NJ: Lawrence Erlbaum Associates.

Lindenberger, U., & Baltes, P. B. (1994). Sensory functioning and intelligence in old age: A strong connection. *Psychology and Aging, 9*, 339-355.

Logan, J. M., Sanders, A. L., Snyder, A. Z., Morris, J. C., & Buckner, R. L. (2002). Under-recruitment and nonselective recruitment: Dissociable neural mechanisms associated with aging. *Neuron, 33*, 827-840.

Madden, D. J., Gottlob, L. R., Denny, L. L., Turkington, T. G., Provenzale, J. M., Hawk, T. C., & Coleman, R. E. (1999). Aging and recognition memory: Changes in regional cerebral blood flow associated with components of reaction time distributions. *Journal of Cognitive Neuroscience, 11*, 511-520.

Madden, D. J., Turkington, T. G., Provenzale, J. M., Hawk, T. C., Hoffman, J. M., & Coleman, R. E. (1997). Selective and divided visual attention: Age-related changes in regional cerebral blood flow measured by H215O PET. *Human Brain Mapping, 5*, 389-409.

Martin, M. A., Kliegel, M., & McDaniel, M. A. (2003). The involvement of executive functions in prospective memory performance of adults. *International Journal of Psychology, 38*, 195-206.

Maylor, E. A., Smith, G., Della Sala, S., & Logie, R. H. (2002). Prospective and retrospective memory on normal aging and dementia: An experimental study. *Memory and Cognition, 30*, 871-884.

Moscovitch, M., & Winocur, G. (1995). Frontal lobes, memory, and aging. *Annals of the New York Academy of Sciences, 769*, 119-150.

Nagahama, Y., Fukuyama, H., Yamaguchi, H., Katsumi, Y., Magata, Y., Shibasaki, H., & Kimura, J. (1997). Age-related changes in cerebral blood flow activation during a card sorting test. *Experimental Brain Research, 114*, 571-577.

Prull, M. W., Gabrieli, J. D. E., & Bunge, S. A. (2000). Age-related changes in memory: A cognitive neuroscience perspective. In F. I. M. Craik & T. A.

Salthouse (Eds.), *The handbook of aging and cognition* (Vol. 2, pp. 91-153). Mahwah, NJ: Erlbaum.

Raz, N. (2000). Aging of the brain and its impact on cognitive performance: Integration of structural and functional findings. In F. I. M. Craik & T. A. Salthouse (Eds.), *The handbook of aging and cognition* (Vol. 2, pp. 1-90). Mahwah, NJ: Erlbaum.

Reuter-Lorenz, P. A., & Mikels, J. A. (2005). The aging mind and brain implications of enduring plasticity for behavioral and cultural change. In P. B. Baltes, P. A. Reuter-Lorenz, & F. Roesler (Eds.), *Lifespan development and the brain: The perspective of biocultural co-constructivism* (pp. 255-278). London: Cambridge University Press.

Ryan, J. J., Sattler, J. M., & Lopez, S. J. (2000). Age effects on Wechsler Adult Intelligence Scale-III subtests. *Archives of Clinical Neuropsychology, 15*, 311-317.

Salthouse, T. A. (1984). Effects of age and skill in typing. *Journal of Experimental Psychology: General, 113*, 345-371.

Salthouse, T. A. (1996). The processing speed theory of adult age differences in cognition. *Psychological Review, 103*, 403-428.

Salthouse, T. A. (2008). When does age-related cognitive decline begin? *Neurobiology of Aging, 30*, 507-514.

Schaie, K. W. (2005). *Developmental influences on adult intelligence: The Seattle Longitudinal Study*. New York: Oxford University Press.

Schaie, K. W., & Willis, S. L. (1986). Can intellectual decline in the elderly be reversed? *Developmental Psychology, 22*, 223-232.

Schaie, K. W., & Willis, S. L. (1993). Age difference patterns of psychometric intelligence in adulthood: Generalizability within and across ability domains. *Psychology and Aging, 8*, 44-55.

Schneider, B. A., & Pichora-Fuller, M. K. (2000). Implications of perceptual deterioration for cognitive aging research. In F. I. M. Craik & T. A.

Salthouse (Eds.), *The handbook of aging and cognition* (Vol. 2, pp. 155-219). Mahwah, NJ: Erlbaum.

Scullin, M. K., Bugg, J. M., McDaniel, M. A., & Einstein, G. O. (2011). Prospective memory and aging: Preserved spontaneous retrieval, but impaired deactivation, in older adults. *Memory and Cognition, 39*, 1232-1240.

Shaw, R. J. (1991). Age-related increases in the effects of automatic semantic activation. *Psychology and Aging, 6*, 595-604.

Squire, L. R., & Zola, S. M. (1996). Structure and function of declarative and nondeclarative memory systems. *Proceedings of the National Academy of Sciences in the USA, 93*, 13515-13522.

Voyer, D., Voyer, S., & Bryden, M. P. (1995). Magnitude of sex differences in spatial abilities: A meta-analysis and consideration of clinical variables. *Psychological Bulletin, 117*, 250-270.

West, R. L. (1996). An application of prefrontal cortex function theory to cognitive aging. *Psychological Bulletin, 120*, 272-292.

Zacks, R. T., Hasher, L., & Li, K. Z. H. (2000). Human memory. In F. I. M. Craik & T. A. Salthouse (Eds.), *The handbook of aging and cognition* (2nd ed., pp. 293-357). Mahwah, NJ: Lawrence Erlbaum Associates.

Ziegler, J. C., Piguet, O., Salat, D., Prince, K., Connally, E., & Corkin, S. (2010). Cognitive ability in healthy aging is related to regional white matter integrity, but not cortical thickness. *Neurobiology of Aging, 31*, 1912-1926.

5장 노년기 정서적 특성과 행복

유경

1. 노화에 따른 정서 경험의 변화

과거 노년기에 대한 심리학적 연구들은 주로 노화로 인한 인지적, 신체적 능력의 감퇴 혹은 심각한 질병이나 빈곤으로 고통받는 노인들에 대한 연구들이 많았으나, 최근에는 노년기에도 주관적 안녕감(subjective well-being)을 유지하면서 즐겁게 살아갈 수 있는 긍정적 특성에 대한 연구와 이론들이 많이 제안되고 있다. 특히 노년기의 삶에서 정서의 중요성이 부각되고 있다. 연구에 따라 다소 차이가 있지만 선행 연구 결과들을 정리해 보면, 나이가 들면서 정적 정서를 덜 경험하게 되고 부적 정서를 더 많이 경험하게 될 것이라는 일반적인 믿음과는 달리 노인들은 나이가 들면서 정적 정서 경험이 급격하게 감소하지 않고 부적 정서 경험도 오히려 줄어들게 된다(유경, 2007; 유경, 민경환, 2005a; 유경, 강연욱, 이주일,

박군석, 2009; Brandtstädter & Greve, 1994; Carstensen, 1999; Carstensen, Pasupathi, Mayr, & Nesseloade, 2000; Lang & Carstensen, 2002; Lawton, 1989; Lawton, Kleban, & Dean, 1993; Magai & Halpern, 2001; Staudinger, Marsiske, & Baltes, 1995).

1) 횡단 연구에서의 정적 정서와 부적 정서 경험의 변화

많은 연구자가 청년과 노인 집단을 비교 연구하면서 노인들이 청년에 비해 정적 정서가(positive emotional valance)를 더 많이 경험한다는 것, 즉 노인들이 나이가 들면서 더 슬프고 우울하게 살아가는 것이 아니라 긍정적인 정서를 자주 경험하고 안정적으로 정서를 유지한다는 것을 강조한다(Charles, Martha, Carstensen, 2003; Labouvie-Vief & Medler, 2002). 노년기 동안 정적 정서는 안정적으로 유지되지만 부적 정서는 체계적으로 감소하는데, 이러한 특성은 노인들이 일상생활에서 미숙한 방어기제를 사용하거나 과도한 흥분을 하기보다는 상대방 입장을 생각하거나 상황의 다른 측면에 집중하도록 함으로써 정적 정서가를 유지하도록 해 준다(Diehl, Cole, & Labouvie-Vief, 1996).

연령 증가에 따른 정적 정서 경험의 차이는 거의 없으며, 부적 정서 경험은 상대적으로 감소한다는 결과가 있다(Carstensen, Pasupathi, Mayr, & Nesseloade, 2000; Lawton et al., 1993). 또한 연령 증가에 따라 정적 정서 경험은 점진적으로 증가하고 부적 정서 경험은 상대적으로 감소한다는 연구 결과도 있다(Carstensen, Gottman, & Levenson, 1995; Carstensen, Graff, Levenson, & Gottman, 1996; Lawton, 1989; Lawton, van Hastima, & Klapper, 1996; Mroczek, 2001; Mroczek & Kolarz, 1988; Weissman, Leaf, Bruce, & Florio, 1988).

유경과 민경환(2005a)의 연구에서는 노인들이 부적 정서에 비해 정적 정서를 더 자주 경험하는 것으로 나타났다. 그리고 노인 집단은 청년 집단에 비해서 부적 정서와 정적 정서를 다소 많이 경험하는 것으로 나타났으나, 중년 집단에 비해서는 부적 정서를 덜 경험하고 정적 정서를 더 경험하는 것으로 나타났다. 정적 정서 중에는 기쁨보다는 평온함을 더 자주 경험하였고, 부적 정서 중에는 분노와 같은 각성 수준이 높은 정서보다는 섭섭함, 슬픔과 같은 각성 수준이 낮은 정서를 더 자주 경험하였다. 또한 남녀를 비교해 본 결과 정적 정서 경험에 있어서는 유의미한 성차가 나타나지 않았으나, 남성에 비해 여성이 부적 정서를 더 자주 경험하는 것으로 나타났다.

심리학적, 의학적, 사회학적 기준을 바탕으로 성공적 노년을 보내고 있는 노인 집단과 비성공적 노인 집단을 구분하여 비교한 이주일 등(2008)의 연구에 의하면, 성공적 집단의 노인들은 일상생활에서 기쁨, 즐거움과 같은 정적 정서를 자주 경험하고 불안, 분노와 같은 부적 정서는 거의 경험하지 않는 것으로 나타났다. 반면 비성공적 집단의 노인들은 정적 정서를 거의 경험하지 않고 불안, 분노, 슬픔 등 부적 정서를 자주 경험하는 것으로 나타났다. 부적 정서 경험에 대한 대처도 두 집단 간에 차이가 있었다. 성공적 집단은 좋지 않은 일이 생기면 하향 비교를 하거나 회피를 통해 정서적 동요를 줄이기 위한 방략을 사용했으나, 비성공적 집단은 무기력하게 좋지 않은 상황을 악화시키고 스스로 기분을 조절하려는 노력을 하기보다는 아예 포기하는 양상을 보였다. 이러한 연구 결과는 노년기 삶의 질을 논할 때 정서적 유능감(emotional competence)과 정서적 삶의 질이 매우 중요하다는 것을 보여 준다.

2) 종단 연구에서의 정적 정서와 부적 정서 경험의 변화

성인기 후기 동안 정적 정서와 부적 정서의 경험이 어떻게 변화하는지에 대해 실시한 연구들은 성인기 동안 정적 정서 경험은 증가하지만 부적 정서 경험은 감소하거나 유지된다고 설명한다. 그런데 그동안 실시된 연구들을 살펴보면 횡단 연구 결과와 종단 연구 결과 간에 다소 차이가 나타나기도 한다(Magai, 2008).

Baltes와 Baltes(1990)가 주도하여 독일에서 실시된 대표적인 노년 연구인 베를린 노화 연구(The Berlin Aging Study)에서는 노인의 정서 경험에 대해 횡단 연구와 종단 연구를 동시에 실시했다. 그 결과, 정적 정서와 부적 정서 경험의 변화에 있어 유의한 연령차가 확인되었다(Baltes & Mayer, 1999). 횡단 연구에서는 연령 증가에 따라 정적 정서 경험이 감소했는데, 특히 70~75세 노인과 90~100세 노인 집단을 포함한 경우 그 차이는 더 두드러졌다(Smith, Fleeson, Geiselmann, Settersten, & Kunzmann, 1999). 종단 연구의 경우, 4년간의 종단 연구 결과를 분석한 결과 정적 정서와 부적 정서 경험이 상당히 안정적으로 유지되는 것으로 나타났다(Kunzmann, Little, & Smith, 2000).

10년 이상 장기간 실시된 종단 연구 결과에서는 정적 정서와 부적 정서가 노년기 동안 급격한 변화를 보이지 않고 매우 완만하게 감소하는 것으로 나타났다. LA 세대 간 종단 연구(Los Angeles Longitudinal Study of Generations)에서는 20대부터 80대 중반까지의 연구 참여자를 대상으로 30년 이상 연구를 실시하였다. 정기적으로 연구 참가자들이 인지적, 정서적, 성격적, 신체적 특성에 대한 설문과 검사를 받도록 하였다. 이 연구에서 정서 관련 연구 결과를 살펴보면, 정적 정서는 청년, 중년, 노년 집단 모두 상당히 안정적으로 유지되는 것으로 밝혀졌으며, 부적 정서는 노년 집단에서만 다소 감소하는 것으로 나타났다(Charles, Reynolds, & Gatz, 2001). 최근 노년기를 대상으로 한 연구들이 급격하게 증가하고 있으며, 특히 30년이 넘게 유지되는 종단 연구도 많다. 하지만 정서 경험이나 대처 등을 측정 문항에 포함하여 정서적 특성을 살펴보는 연구는 매우 드물기 때문에 관련 문헌이 매우 적지만, 이미 실시된 소수의 종단 연구는 노년기 정서적 삶의 긍정적인 측면들을 많이 밝혀 주고 있다.

우리나라 노인들을 대상으로 유일하게 진행되고 있는 종단 연구인 한림 노화 연구(Hallym Aging Study: HAS, 이하 HAS) 자료 중 2003년 1차 자료와 2005년 2차 자료, 2007년 3차 자료를 바탕으로 연령 증가에 따른 정서 경험의 변화를 분석한 연구(유경 외, 2009) 결과를 살펴보면 다음과 같다. 측정 시기를 피험자 내 요인, 연령 집단(65~74세 전기 고령 집단, 75~79세 후기 고령 집단, 80세 이상 초고령 집단)은 피험자 간 요인으로 하여 정적 정서 경험에 대한 혼합설계 분산분석을 실시한 결과, 측정 시기의 주 효과가 확인되었다[측정 시기의 주 효과(피험자 내 요인) $F(1,842)=11.905$, $p<.001$; 〈표 5-1〉 참조]. 연령 집단 간 차이는 유의미하지 않았고, 측정 시기와 연령 집단 간의 유의미한 상호작용도 확인되지 않았다. 정리하면, 6년 동안 정적 정서 경험은 유의미하게 감소한 것으로 나타났다.

부적 정서 경험에 대해서도 측정 시기와 연령 집단의 혼합설계 분산분

〈표 5-1〉 측정 시기에 따른 정적 정서 경험의 평균 및 표준편차

연령 집단	2003년 M(SD)	2005년 M(SD)	2007년 M(SD)
전기 고령(*N*=614)	2.54(.70)	2.39(.74)	2.30(.67)
후기 고령(*N*=215)	2.53(.73)	2.38(.74)	2.21(.71)
초고령(*N*=15)	2.52(.37)	2.60(.70)	2.28(.59)
전체(*N*=844)	2.54(.70)	2.39(.74)	2.28(.68)

출처: 유경 외(2009).

석을 실시한 결과, 측정 시기의 주 효과가 확인되었다[측정 시기의 주 효과(피험자 내 요인) $F(1, 842)=5.034$, $p<.05$; 〈표 5-2〉 참조]. 연령 집단 간 차이는 유의미하지 않았고, 측정 시기와 연령 집단 간의 유의미한 상호작용도 확인되지 않았다. 즉, 6년 동안 부적 정서 경험도 유의미하게 감소한 것으로 나타났다. 다만 1차 연구에 비해 2차 연구에서는 부적 정서가 감소했으나 3차 연구에서는 부적 정서가 다소 증가하는 결과가 나타났다. 3차 연구에서 증가했다고 하더라도 1차 연구보다는 유의하게 낮은 수준이라 6년 사이에 부적 정서 경험이 감소했다는 것을 보여 주지만, 3차 연구에서 왜 부적 정서가 증가했는지에 대해서는 후속 연구를 통한 분석이 필요하다. 이 연구의 결과를 정리하면, 전기 고령 집단부터 초고령 집단까지 정서 경험의 특성을 살펴보았을 때, 모든 연령 집단이 부적 정서 경험에 비해 정적 정서 경험을 더 많이 하는 것으로 나타났다. 정적 정서는 연령 증가에 따라 완만하게 감소하였으며, 부적 정서도 6년 사이에 유의한 감소가 나타난 것으로 확인되었다.

이러한 연구 결과에서 부적 정서에 비해 정적 정서를 더 많이 경험하는 특성은 노년기에 정서 최적화가 이루어지고 있다는 것을 보여 주는데, 이를 종단 연구 자료를 통해 확인하였다는 점이 의미가 있다. 횡단 연구를 통해 노년기 정서 최적화 특성을 연구한 경우(유경, 2007; 유경, 민

〈표 5-2〉 측정 시기에 따른 부적 정서 경험의 평균 및 표준편차

연령 집단	2003년 M(SD)	2005년 M(SD)	2007년 M(SD)
전기 고령(*N*=614)	2.14(.82)	1.84(.75)	1.89(.78)
후기 고령(*N*=215)	2.21(.83)	1.88(.80)	1.99(.87)
초고령(*N*=15)	2.22(1.09)	2.16(1.02)	2.16(.94)
전체(*N*=844)	2.16(.83)	1.85(.77)	1.92(.81)

출처: 유경 외(2009).

경환, 2005a)가 있지만 종단 연구를 통해 정서 최적화 특성을 확인한 연구는 이 연구가 처음이었다.

이와 같이 노년기에 부적 정서에 비해 정적 정서를 더 많이 경험하게 되는 이유는 노인들의 정서 대처 능력에 기인한 것으로 볼 수 있다. 노년기에는 주관적 안녕감을 유지하기 위해 과도한 심리적 동요나 심적 에너지의 낭비를 막으려 노인이 능동적으로 대처한다는 선행 연구들이 있다(유경, 민경환, 2005b; Blanchard-Fields & Irion, 1987; Brandstäter, & Rothermund, 2002; Schultz & Heckhausen, 1996). 이 연구들에 의하면 노인들은 부적 정서 경험을 하게 되는 경우 실질적인 문제 해결이 가능한 상황에서는 문제 중심적 대처와 같은 적극적인 문제해결 방식을 사용하기도 하지만 변화시키기 어려운 상황에서는 자신의 생각을 바꾸거나 자신의 목표를 평가 절하함으로써 간접적인 방식으로 대처를 하게 된다. 따라서 결과적으로 문제가 생겼을 때 큰 심리적 동요나 갈등 없이 문제를 해결하게 된다. 종단 연구 결과를 분석한 유경 등(2009)의 연구에 따르면 연령이 증가함에 따라 정적 정서와 부적 정서가 모두 유의하게 감소하지만 정적 정서 경험이 부적 정서 경험보다 일관적으로 높게 나타나므로 노인들이 정서 최적화를 유지하고 있는 것으로 볼 수 있다. 이와 같이 노년기에도 정서 최적화를 통해 주관적 안녕감을 유지하는 데에는 노인들의 정서 대처 능력이 관련될 것으로 예상해 볼 수 있다.

3) 정서 경험에서의 성차

정서 경험에서의 성차를 살펴보면, 대체로 남성에 비해 여성이 부적 정서를 더 많이 경험하며 주관적 안녕감도 상대적으로 더 낮은 것으로 나타난다(Adelman, Antonucci, Crohan, & Coleman, 1989; White & Edwards,

1990). 중년 이후에는 여성이 남성에 비해 정적 정서를 덜 경험하는 것으로 나타나는데, 여성 내에서는 교육 수준이 높거나 결혼을 해서 배우자가 생존한 여성, 신경증 성향이 낮고 외향성이 높은 여성이 정적 정서를 더 자주 경험하는 것으로 나타났다. 부적 정서는 남성의 경우에는 연령 증가에 따라 감소하지만 여성의 경우에는 유의미한 차이가 없었다(Mroczek & Kolarz, 1998). 남성과 여성의 정서 경험은 상이하므로 이에 대한 연구가 필요하며, 특히 우리나라 여성 노인들은 사회경제적으로 취약한 위치에 있어 주관적 안녕감도 낮고 부적응적인 특성이 많은 것으로 알려져 있는 실정이다.

HAS 자료를 바탕으로 우리나라 노인들의 정서 경험에서의 성차에 대한 종단 연구 자료를 분석한 유경 등(2009)의 연구(〈표 5-3〉 참조)에서는 측정 시기를 피험자 내 요인으로 하고 성별을 피험자 간 요인으로 하여 피험자 혼합설계 분산분석을 실시하였다. 그 결과, 정적 정서의 경우에는 유의미한 성차가 나타나지 않았고, 부적 정서의 경우에는 유의미한 성차가 나타났다. 여성 노인이 남성 노인에 비해 일관적으로 부적 정서를 더 많이 경험하는 것으로 나타났다. 정적 정서의 경우에는 연령 증가에 따른 성차가 나타나지 않았으나 부적 정서의 경우에는 3차에 걸친 연구 모두에서 여성 노인이 남성 노인에 비해 높은 수준의 부적 정서를 경험하는 것으로 나타났다. 이와 같은 결과는 여성이 일상생활에서 부적

〈표 5-3〉 측정 시기와 성별에 따른 정서 경험의 평균 및 표준편차

정서	성별	2003년 M(SD)	2005년 M(SD)	2007년 M(SD)
정적 정서	남성(N=340)	2.56(.69)	2.47(.76)	2.30(.68)
	여성(N=504)	2.53(.71)	2.34(.72)	2.27(.68)
부적 정서	남성(N=340)	1.91(.75)	1.67(.71)	1.67(.70)
	여성(N=504)	2.33(.84)	1.98(.78)	2.09(.81)

출처: 유경 외(2009).

정서가 유발되는 상황을 더 많이 경험한다는 것을 보여 주는 것으로 관련 선행 연구(유경, 민경환, 2005a; Adelmann et al., 1989; Barrett, Lane, Sechrest, & Schwartz, 1999; Diener, Sandvik, & Larsen, 1985)와 일치하는 결과다. 여성 노인의 문제는 나라마다 다르지만, 대체로 남성 노인에 비해 경제적, 사회적, 건강상의 측면에서 불리한 조건에 놓여 있는 우리나라 여성 노인의 경우 수명은 길지만 건강 상태의 악화, 배우자의 사망, 낮은 교육 수준으로 인해 노후에 부적응이 더 심각할 수 있을 것으로 예측하고 있다(박기남, 2004). 부적 정서에 적응적으로 대처하기 위해 건설적인 대처 양식을 사용할 수 있도록 돕는 개입 프로그램은 남성 노인이나 여성 노인 모두에게 필요하지만, 특히 부적 정서를 더 자주 경험하는 여성 노인에게 적합하도록 개발하여 적용할 필요가 있다.

4) 노년기 정서적 특성이 주관적 안녕감에 미치는 영향

앞서 언급한 선행 연구들을 살펴보면, 최고령 집단을 제외하면 정적 정서 경험이 연령 증가에 따라 감소하는 것은 아니며 부적 정서 경험은 연령 증가에 따라 변화가 없거나 점진적인 감소가 나타난다. 이러한 결과는 정서 최적화 이론(affective optimization theory; Lawton, 1989; Lawton, Kleban, Rajagpal, & Dean, 1992; Lawton et al., 1996)과 사회정서적 선택이론(socioemotional selectivity theory; Carstensen, 1992, 1995; Carstensen et al., 2000; Lang & Carstensen, 2002)을 지지하는 것이다(유경, 2007). 이 이론들은 노년기에 접어들수록 삶에서 정적 정서가를 유지하며 적정 수준의 정서 조절을 통해 정서적 만족을 얻는 것이 삶의 목표가 된다고 설명한다. 대인관계에서도 노인들은 가까운 친구들과의 관계를 더욱 소중하게 생각하며 부정적이고 스트레스 받는 관계는 최소화하려 한다. 대인관계에서 보이는 이러한 특성은 노년기 전반에 걸친 정서 경험과 정서 조절에서의 변화의 기반을 형성한다.

연령 증가에 따른 신체적 쇠퇴와 노화에도 불구하고 노년기에도 주관적 안녕감을 유지할 수 있다는 연구들이 있는데, 이러한 연구들은 정서적 지표(affective index)를 통해 정서 최적화를 이루기 위한 노력을 기울이고 주관적 안녕감을 유지할 수 있다는 점을 강조한다. 즉, 사회적 지표의 감소가 반드시 주관적 안녕감의 저하를 의미하는 것은 아니며, 노년기에도 정서적으로 충분히 만족스러운 삶을 살 수 있다면 주관적 안녕감은 유지될 수 있다는 의미다(유경, 민경환, 2005a).

HAS 자료를 바탕으로 우리나라 노인들의 정서 경험이 주관적 안녕감에 미치는 영향을 분석한 유경 등(2009)의 연구(〈표 5-4〉 참조)에서는 학력이나 건강, 경제 수준과 같은 인구통계학적 변인은 주관적 안녕감의 27.8%를 설명하는 것으로 나타났으나 이에 정적 정서 경험과 부적 정서 경험이 포함되면 노년기 주관적 안녕감의 64.8%를 설명하는 것으로 나

〈표 5-4〉 인구통계학적 변인과 정서 경험이 주관적 안녕감에 미치는 영향

투입 단계	변인	$b(\beta)$	t	R^2	R^2 change	F	F change
1단계	교육 연수	.029(.179)	5.460***				
	경제 상태	.260(.291)	9.077***				
	건강 상태	.191(.244)	7.699***	.280		107.299***	107.299***
2단계	교육 연수	.014(.089)	3.851***				
	경제 상태	.113(.126)	5.477***				
	건강 상태	.060(.078)	.3.387***				
	정적 정서 경험	.258(.213)	9.912***				
	부적 정서 경험	−.682 (−.670)	−29.232***	.650	.370***	306.919***	436.742***

*** $p < .001$
출처: 유경 외(2009).

타났다. 최종 모델에서 산출된 결과로 설명하면, 주관적 안녕감에 유의미한 영향을 주는 변인은 교육 연수(β=.089, $p<.001$), 경제 상태(β=.126, $p<.001$), 건강 상태(β=.078, $p<.001$), 정적 정서 경험(β=.213, $p<.001$), 부적 정서 경험(β=−.682, $p<.001$)이었다. 특히 정적 정서 경험과 부적 정서 경험은 주관적 안녕감 유지에 유의한 영향을 주는 것으로 나타났다. 즉, 노년기에는 정적 정서 경험을 많이 하고 부적 정서 경험은 줄이는 것이 주관적 안녕감 유지에 긍정적인 영향을 준다는 것을 확인하였다. 정적 정서와 부적 정서는 학력이나 경제적 수준 등의 인구통계학적 요인에 비해 상대적으로 더 높은 영향을 미치는 것으로 나타났다. 일반적으로는 경제적으로 부유하거나, 학력이 높거나, 몸이 건강한 사람이 노년에 행복할 것이라고 예상하지만, 유경 등(2009)의 연구에 의하면 노년기에는 정적 정서를 더 많이 경험하고 부적 정서를 덜 경험하는 사람이 더 행복할 것이라고 예측할 수 있다. 즐거운 생활을 위해서는 자신이 하고 싶은 일들을 찾아 적극적으로 하면서 정적 정서를 더 많이 경험하려고 노력하는 것도 좋지만, 노년기에는 신체적 · 심리적 에너지 보존을 위해 심리적 동요를 줄이는 것이 중요하므로 부적 정서를 덜 경험하기 위한 대처 양식을 다양하게 갖고 있는 것이 매우 중요하다.

노년기를 즐겁고 편안하게 보내고 싶은 마음은 누구에게나 있지만 노년기의 정서적 특성이나 주관적 안녕감에 대한 연구 수가 적기 때문에 일반인들이 충분히 이해할 수 있을 만큼의 자료를 제공하기 어려운 실정이다. 노년에 대한 심리학 연구가 현실에서 필요한 정보를 제공할 수 있으려면, 오랜 기간 동안 체계적인 연구를 통해 알아낸 과학적 사실들을 근거로 노인들과 노년기 진입을 앞두고 노년을 준비하고자 하는 사람들에게 노년기 적응과 행복을 준비하는 데 실질적인 도움이 되는 제안을 해 줄 수 있어야 할 것이다. 이러한 점에서 앞에서 살펴본 연구들은 학문적 가치 외에도 실용적 가치를 지닌다고 볼 수 있다. 앞에서 살펴본 연구들은 장기간에 걸친 노인의 정서 경험의 변화를 분석하기 위해 전체 집단을 연령별, 성별로 구분해서 기존 연구와는 차별적인 분석을 시도하였고, 노년기에서의 연령 집단에 따른 차이를 살펴보고자 하였다. 85세 이상의 노인을 초고령 집단으로 분류하고 연구를 실시하였는데 그 수가 너무 적어서 분석의 어려움이 있었다. 앞으로 수명이 지속적으로 증가하면 85세 이상의 초고령 집단이 증가할 것이며 100세 이상의 노인도 늘어날 것이므로 초고령 집단에 대한 연구도 지속적으로 실시되어야 할 것이다. 또한 노년 집단은 워낙 개인차가 크므로 앞으로 실시되는 연구에서는 노년기의 다양한 개인적 특성을 밝혀 줄 수 있어야 할 것이다.

2. 노화에 따른 정서 대처와 적응

노인들은 갈등을 피하거나 그에 관한 직접적인 표현을 하지 않는 것을 선호하고, 대처와 방어 전략을 적절히 사용하여 갈등 상황을 긍정적으로 평가하려는 경향이 두드러지며, 충동 통제를 비교적 잘 한다(Diehl et al., 1996; Gross et al., 1997). Lawton, Kleban, Dean(1993)과 Lawton, Kleban, Rajagopal, Dean(1992)의 연구에 의하면 노년기에는 정서적 통제 능력이 오히려 좋아지고, 기분의 안정성이 커지며, 감정 조절을 더 잘하게 되고, 감각 추구를 덜 하게 된다.

Schultz와 Heckhausen(1996)은 자기 통제에 대해 외부 세계를 자신이 원하는 방식으로 변화시켜 목표를 달성하도록 하는 일차 통제(primary control)와 이러한 방식을 적용하기 어려울 경우 통제감을 유지하기 위해서 내적으로 목표를 수정하는 이차 통제(secondary control)로 구분하고,

노년기에 접어들수록 일차 통제는 감소하고 이차 통제는 증가한다고 밝혔다. 즉, 노화로 인해 환경을 일차적으로 통제할 수 없을 때 감정을 다스리거나 우선순위나 목표를 조절함으로써 통제감을 유지한다는 것이다.

McConatha와 Huba(1999)의 연구에 의하면 노년기에 접어들수록 일차 통제는 감소하고 이차 통제는 증가하며, 공격성, 충동 통제 능력도 증가하며, 정서적으로 동요되는 사건에 대한 반추는 줄어든다. 노인들은 연령 증가에 따라 정서 조절 능력이 향상되어 부적 정서를 적절히 회피할 수 있게 된다. 그리고 불편한 상황에서 에너지를 들여 일차적으로 환경 자체를 변화시키려는 노력을 하기보다는 자신의 내적인 생각과 태도를 바꾸는 내적 전략을 통해 부적 정서의 유발을 줄이고 동요하지 않으려 한다.

동화(assimilative)와 조절(accommodative) 대처의 이중 처리과정 모델(dual-process model; Brandtstädter, 1989; Brandtstädter & Rothermund, 2002)은 노년기에 경험하게 되는 한계와 제약에도 불구하고 노인들이 어떻게 심리적 적응을 유지해 나가는지를 통합적으로 설명해 준다. 이 모델에서는 도구적, 자기 교정적, 보상 행동을 통해 손실을 줄이려는 직접적인 시도를 하는 방식은 동화적 대처(assimilative mode of coping)로 구분하고, 실제 상황과 바라는 상황의 불일치 정도를 줄이기 위해 주어진 상황의 제약에 자신의 목표와 기준을 낮추어 맞춤으로써 적응하는 방식은 조절적 대처(accommodative mode of coping)라고 구분한다. 조절적 대처는 이루지 못한 목표를 평가 절하하거나 자신과 관련 없는 것으로 간주하는 방식으로 개인의 수행 기준이나 열망을 낮추는 것이다. 우리는 이 두 가지 대처를 상황에 따라 적절하게 적용하면서 삶에 적응하게 된다. 동화적 대처는 개인이 상황을 능동적으로 변화시킬 수 있는 경우 또는 효과적인 보상 또는 자기 조절 개입이 가능한 경우에 많이 사용되며, 조절적 대처는 행위와 그 결과에 대한 기대가 반복적인 실패로 인해 좌절되는 경우에 많이 사용된다. 노년기에는 연령 증가에 따른 수행 수준의 급격한 감소로 인해 이전의 수행 수준을 유지하려면 더 많은 자원을 투자하고 노력을 해야 하므로 개인은 목표를 보다 낮은 수준으로 조절하는 것이 적응에 유리하다. 이중 처리과정 모델에서는 이러한 조절적 변화가 노년기의 효율성과 통제감 유지에 핵심적인 역할을 하며, 노화에 따른 회복 불가능한 퇴행이나 손실 때문에 유발되는 정서적 동요를 완충시키는 역할을 한다고 설명한다(Brandtstädter & Rothermund, 1994, 2002; Brandstädter, Wentura, & Greve, 1993; Heckhausen, 1997). 위와 같은 가정을 지지하는 경험적 증거들이 확인되고 있는데, 노인들은 노화가 진행될수록 삶을 점점 더 통제하기 어렵다는 것을 경험하게 되고, 능동적인 동화적 대처가 점점 더 어려워진다는 것을 인정하면서 내적 재해석을 통한 조절적 대처를 점점 더 많이 하게 된다(Blanchard-Fields, 1989; Carstensen, 1995; Folkman, Lazarus, Pimley, & Novacek, 1987; Labouvie-Vief, Hakim-Larson, & Hobart, 1987; Lang & Carstensen, 2002; Quayhagen & Quayhagen, 1982).

이러한 결과는 노인들이 노화로 인해 상황을 스스로 통제하거나 변화시키기 어려우므로 어쩔 수 없이 상황에 대한 생각을 바꾸는 내적 재해석 또는 조절적 대처만을 사용한다는 의미는 아니다. 노인들도 상황에 따라서는 동화적 대처 또는 적극적인 대처는 사용할 수 있으며, 오히려 상황에 적절한 대처를 다양하게 사용함으로써 정서 대처의 효율성이 청년보다 더 높을 수 있다.

실제로 일상생활에서 청년과 노인이 정서적 문제를 해결하는 방식은 차이가 있지만 그 효율성에서는 유의미한 차이가 나타나지 않는다는 연구들이 축적되고 있다(Berg, Klaczynski, Calderone, & Strough, 1994; Camp, Doherty, Moody-Thomas, & Danny, 1989). 대부분의 연구에서는 노인들이 다른 연령 집단에 비해 과도한 부적 정서는 회피하고 때로는 상황을 받아들이고 이해하려는 시도를 통해 정서를 조절하는 것으로 나타났다(Blanchard-Fields & Irion, 1987; Folkman & Lazarus, 1980; Labouvie-Vief et al., 1987). 노인들은 광범위한 문제해결 양식 레퍼토리를 갖고 있으며, 청년들에 비해 효율성도 상대적으로 높은 것으로 나타났다(Folkman et al., 1987; Prohaska, Leventhal, & Keller, 1985).

정리하면, 노년기에는 정서 조절 혹은 대처 방식이 변화하는데, 그 목표는 정적 정서 경험을 최대화하고 부적 정서 경험은 최소화하는 것으로, 과도한 부적 정서 경험이나 정서적 동요를 회피하고 적절하게 정서를 조절하며 정서 최적화를 시도하는 것이라고 볼 수 있다(Carstensen, 1992; Labouvie-Vief et al., 1987).

우리나라 노인과 중년, 청년 집단을 대상으로 연구를 실시하고 그 특성을 비교 연구한 유경과 민경환(2005b)은 노년 집단이 다른 연령 집단과 유사한 특성을 공유하지만 노년기 특성상 주관적 안녕감을 유지하기 위해 차별적인 노력을 기울이는 것이 도움이 된다고 밝혔다. 특히 이 연구에서는 노년기의 정서 대처 양식을 측정하기 위한 척도를 개발하였는데, 크게 네 가지 정서 대처로 구분된다. 문제 중심적 대처는 유능감을 갖고 대처하기, 포기하지 않고 대처하기, 자신을 의지하며 대처하기, 기분 회복에 대한 신념을 갖고 대처하기 등 문제 상황에 적극적으로 대처하면서 문제 해결을 위한 노력을 시도하는 특성을 의미한다. 자기 방어적 대처는 하향 비교를 하거나 회피나 유머를 사용하고, 상황에 순응하면서 억지로 상황을 바꾸기보다는 상황에 자신의 생각을 맞추면서 자기를 보호하는 방식으로 대처하는 것이다. 인지적 대처는 능동적으로 문제에 대처하고 다양한 관점에서 문제를 조망하면서 문제 해결을 위한 시도를 하는 것을 포함하며 인지적인 관점에서 문제 해결을 위한 노력을 기울이는 대처 방법을 의미한다. 수동 의존적 대처는 타인이 문제를 대신 해결해 주기를 바라거나 가까운 사람들에게 의논을 하고 도움을 청하며, 감정 동요가 일어나면 대처하지 못하고 포기하는 등 문제 해결을 위해 직접적인 노력을 하지 못하는 것을 포함한다.

유경과 민경환(2005b)의 연구에서는 노년 집단이 정서 동요나 갈등적인 상황에서 자신이 해결할 수 있는 문제인지 판단한 후 상황에 적절한 대처 양식을 선택하여 사용할 수 있었다. 문제 중심적 대처, 인지적 대처는 대처 자원이 풍부할 경우 사용하고 자기 방어적 대처는 제한된 에너지와 심리적 자원을 보호하기 위한 수단으로서 선택적으로 사용함으로써 주관적 안녕감과 정서 최적화를 유지하였다. 중년 집단은 인지적 대처와 문제 중심적 대처를 자기 방어적 대처보다 자주 사용하는 것으로 나타났다. 중년 집단은 문제 해결을 위해 사용할 수 있는 에너지나 대처 자원이 비교적 풍부하므로 자기 방어적인 대처를 사용하는 것보다는 인지적, 문제 중심적으로 대처하는 것이 효과적일 수 있다. 청년 집단은 중년이나 노년 집단에 비해 수동 의존적 대처를 더 많이 사용하는 것으로 나타났다. 청년 집단은 아직 미숙하고 문제해결 방법에 대한 확신이 부족하기 때문에 타인에게 의존하거나 확인받기 위한 수단으로 수동 의존적 대처를 자주 사용하는 것으로 보인다. 정서 대처 양식의 사용과 주관적 안녕감의 관계를 살펴보면, 노년 집단의 경우에는 자기 방어적 대처가 주관적 안녕감에 긍정적인 영향을 미치며, 중년 집단과 청년 집단은 문제 중심적 대처가 주관적 안녕감에 긍정적인 영향을 미친다. 유능감을 갖고 대처하려 하고 포기하지 않고 문제를 해결하려는 문제 중심적 대처는 모든 연령대에서 가장 많이 사용하는 대처 양식이었다. 이는 노인들도 적극적으로 문제 해결을 위한 대처를 할 수 있다는 점을 보여 주는 것이기도 하다. 하지만 노년 집단은 타 집단에 비해 하향 비교를 하거나 상황을 받아들이고, 유머를 통해 문제를 해결하려는 자기 방어적 대처를 상대적으로 많이 사용한다. 이러한 대처의 사용은 노년기에 정서적 동요나 불쾌한 감정 유발로 인한 에너지 손실을 줄이고 정서 최적화를 유지하려는 특성이 반영된 것으로 볼 수 있다(Blanchard-Fields, 1989; Brandtstädter & Rothermund, 1994, 2002; Brandstädter et al., 1993; Carstensen, 1995; Folkman et al., 1987; Heckhausen, 1997; Labouvie-Vief et al., 1987; Lang & Carstensen, 2002; Quayhagen & Quayhagen, 1982). 이는 연령에 따라 정서 최적화를 위해 정서 대처와 조절을 시도하는 방법에 차이가 있다는 것을 보여 주는 것이다.

3. 노년기 정서 표현과 적응

1) 정서 표현과 적응

정서 표현(emotional expressiveness)은 경험하는 정서를 외부로 표현하는 정도를 나타내는 것이다. 정서 표현과 관련된 연구들은 일관적으로 표현을 잘 하는 것이 대인관계에 긍정적인 효과를 준다고 설명한다. 정서 표현을 잘 하는 사람들은 그렇지 못한 사람에 비해 다른 사람에게 더 사랑받고(DePaul, 1992), 눈에 더 잘 띄며(Sullins, 1989), 타인의 정서에도 많은 영향을 끼친다(Riggio, & Friedman, 1982). 그리고 삶의 만족도가 더 높고, 정서를 표현함으로써 카타르시스를 경험하기도 하며, 인간관계의 상호작용에서 타인으로부터 사회적 지지를 더 많이 받을 수 있다(Emmons & Colby, 1995). 정서 표현을 통해 자기 이해는 물론이고 적응적인 사회적 의사소통이 증진되고 그에 따른 대처 노력이 촉진될 수 있다(Kennedy-

Moore & Watson, 1999). Lieberman 등(2007)은 신경과학의 관점에서 정서 표현의 긍정성을 주장하였는데, 특정 부적 정서를 경험한 경우 간단한 정서 표현만으로도 정서의 강도를 약화시킬 수 있고 정서 표현을 하는 동안 fMRI 촬영에서 정서 충동 조절을 하는 뇌 영역이 활성화되는 것으로 나타났다.

이와는 대조적으로 정서 표현을 억누르는 경우 자율신경계 활동이 증가하게 되는데, 만성적인 자율신경계 각성은 심리적, 신체적 질환과 관련되는 것으로 알려져 있다(Lieberman et al., 2007). Freud(1917) 이래로 정서를 자연스럽게 표현하지 않고 담아 두는 것은 여러 가지 심리적, 신체적 병인이 된다고 간주되어 왔다(Fridlund, Newman, & Gibson, 1984; Pelletier, 1985). 정서 표현은 암이나 관상동맥형 심장질환 외에 다른 여러 신체적 질환과 연관되며, 표현하는 데 있어서의 어려움은 여러 심리적, 신체적 부적응을 낳게 된다(Cox & McCoy, 1082; Jesen, 1987; Pelletier, 1985). 그러나 표현을 하지 않는 억압형의 사람들이 보다 표현적인 민감형의 사람들보다 자신의 건강에 관한 문제를 덜 표출한다는 연구(Bell & Byrne, 1978)에서 강조되었듯이 단순히 정서 표현을 못하는 것 자체가 병리적이라고 간주할 수는 없다.

Pennebaker(1985)는 정서 표현의 결핍 자체가 병리적인 것이 아니라 정서를 표현하고자 하는 욕구를 적극적으로 억제하는 경우에만 자율신경계의 만성적인 각성이 초래되고 그 결과 신체적 질환으로 연결된다고 주장하였다. 즉, 개인이 표현적인가 혹은 표현적이지 못한가가 문제가 되는 것은 아니며, 정서 표현에 대한 욕구가 사회규범이나 다른 목표들과 갈등을 유발할 때 심리적, 신체적 질환을 경험하게 된다는 것이다.

2) 정서 표현 양가성과 적응

정서 표현의 기제가 단순하지 않다는 특성이 알려지면서 많은 연구자는 표현이나 억압 행동 자체보다는 표현 욕구를 적극적으로 억제하는 것이 스트레스의 요인으로 작용한다고 이해하고, 표현을 잘 하지 않는 특성의 이면에 존재하는 심리적 갈등에 관심을 갖기 시작했다(Josephs, Williams, Irwing, & Cammock, 1994; Pennebaker, Barger, & Tiebout, 1989). King과 Emmons(1990, 1991)는 사람들은 추구하는 목표들 간에 갈등이 생길 때 목표에 대한 생각을 하는 데 많은 시간을 소모하지만 정작 실제 목표 성취를 위해서는 시간을 훨씬 적게 사용한다는 것을 확인하였다. 그리고 이와 같은 목표들 간의 갈등에서 사람들이 보여 주는 행동의 특성을 정서 표현과 관련지어 정서 표현 양가성(ambivalence over emotional expressiveness) 개념을 제안하였다. 정서 표현 양가성은 '자신의 감정을 표현하고 싶은 욕구가 있는데 이를 억제하며 갈등하는 것'으로 정의된다.

정서 표현을 억제하지 않거나 양가감정을 느끼지 않는 것이 바람직하다는 것은 아니다. 인간이 발달하면서 복합 정서를 경험할 수 있게 되고 요구나 표현을 억제할 수 있게 되는 것은 적응에 긍정적인 영향을 준다. 대인관계에 해를 주지 않는 범위 내에서 사람들은 표현 규칙(display rule)에 따라 정서를 표현하거나 억제하고, 정서 표현에 대한 양가성을 경험하기도 한다.

King과 Emmons(1990)는 정서 표현에 대해 갈등하는 정도에 개인차가 있다는 전제하에 정서 표현 양가성 척도를 개발하였다. 정서 표현 양가성 척도는 정서를 표현하고 싶지만 적극적으로 억제하거나, 정서를 표현한 것을 후회하거나, 원하지 않는 정서를 표현하는 등의 욕구 간 갈등으로 인하여 정서 표현을 억제하는 내용의 문항들로 구성되었다. 대학생들을 대상으로 정서 표현 양가성 척도를 사용하여 실시한 King과 Emmons (1990, 1991)의 연구에서는, 정서 표현과 적응 지표들 간의 관계가 명확하게 나타나지 않았으나, 정서 표현 양가성은 정서 표현을 통제하고도 자존감과 삶의 만족과 같은 적응 지표와 유의한 부적 상관을 나타냈고, 신경증이나 우울과 같은 심리적 고통과는 유의한 정적 상관을 보였다.

정서 표현에 양가적인 사람들은 자신이 공감이나 사회적 지지를 적게 받는다고 지각하고 있으며(Emmons & Colby, 1995), 심리적 안녕감과 결혼 만족도가 낮고(King, 1993), 반추 사고와 우울증을 많이 보인다(Morgraine & Zuroff, 1994). 국내에서 이루어진 연구에서도 정서 표현 양가성이 높은 사람은 정서 표현을 잘 하지 못하고, 심리적 부적응 및 신체 질환이 많으며, 문제 중심적 대처보다는 정서 중심적 대처나 미숙한 방어를 많이 사용한다고 보고하고 있다(유주현, 2000; 이승미, 오경자, 2006; 이주일, 황석현, 한정원, 민경환, 1997).

3) 연령에 따른 정서 표현과 정서 표현 양가성의 차이

노년기 정서 표현에 대한 연구로는 주로 얼굴 표정에 대한 연구가 이루어졌다. Malatesta, Flore, Messina(1987)는 노인이 다른 연령 집단에 비해 정서 상태를 잘 드러낼 수 있는 표현을 하지 않으며 정서 표현의 강도가 낮다는 것을 밝혔다. Malatesta와 Izard(1984)는 중년 · 노년기의 여성들은 정서 표현에 있어 위장(masking)을 잘 하며 여러 정서를 혼합해서 표현하기 때문에 정서 표현이 두드러지게 나타나지 않는다고 설명하였다. 이와 같이 노인들은 정서 표현을 직접적으로 하지 않거나 정서 표현을 꺼리는 특성이 다른 연령에 비해 많이 나타난다는 것을 보여 주는 연구들이 실시되었다.

노인들이 청년들에 비해 정서 표현을 잘 하지 않는 특성에 대해 두 가지 설명이 제안되고 있다. 하나는 노인들은 나이가 들면서 다양한 정서를 경험하고 통합하고 이해할 수 있는 정서 복잡성(emotional complexity)이 증가하기 때문에 특정 정서를 두드러지게 표현하지 않게 된다는 설명이다. 다른 하나는 노인들이 노년기에 그 중요성이 더욱 증가하는 친밀한 대인관계를 유지하고 심리적 에너지를 보존하기 위한 수단으로 직접적으로 자신의 정서를 표현하는 것이 궁극적으로 자신의 안녕감을 해칠 수도 있는 상황에서는 정서를 간접적으로 표현하거나 표현을 하지 않는 방식으로 자신의 정서를 조절하기 때문에 정서 표현을 잘 하지 않는다는 설명이다.

노년기의 정서 복잡성에 대한 연구를 살펴보면, Carstensen, Pasupathi, Mayr, Nesselroade(2000)는 정서 복잡성 측정을 위해 다양한 정서를 경험하고 경험한 여러 정서를 각기 얼마나 잘 이해하고 있는지를 알아보는 정서 변별 능력과 정적 정서 및 부적 정서를 동시에 경험하는 특성을 알아보는 정서에 대한 예리함을 측정하는 연구를 실시하였다. 그 결과, 노인들은 청년들에 비해 여러 정서를 동시에 경험하는 혼합 정서를 보다 빈번하게 경험하고 그러면서도 경험한 여러 가지 정서 각각에 대해 잘 이해하는 정서 복잡성이 증가한다는 것을 확인했다. Labouvie-Vief와 Medler(2002)의 연구도 연령 증가에 따라 정서 복잡성이 증가함을 확인하였다. 이 연구 결과는 노년기에는 정서 복잡성이 증가하면서 한 상황에서 다양한 측면을 생각하고 그에 대한 정서 경험을 통합하는 과정에서 특정 정서를 직접적으로 표현하기보다는 정서 경험이 혼합되어 직접적인 표현을 하지 않게 된다는 것을 보여 준다. 이러한 관점에서 보면, 노인들이 청년들에 비해 정서 표현을 잘 하지 않는 것이 적응에 부정적인 영향을 준다기보다는 노년기에 나타나는 자연스러운 특성이라고 볼 수 있을 것이다.

노인들이 정서 표현을 잘 하지 않게 되는 이유로 정서 조절의 특성을 설명하는 입장에서는 노인들이 대인관계 유지를 위해서 직접적인 표현보다는 간접적인 표현을 통해 대처하려는 특성이 더 강해서 정서 표현을 덜 하게 된다고 설명한다(Blanchard-Fields, 1998). 노년기에는 친밀한 대인관계의 중요성이 증가하기 때문에 대인관계에 위협을 줄 수 있는 정서 표현은 삼가고 대인관계를 촉진시킬 수 있는 정서 표현을 하게 된다(Carstensen, 1999). 분노와 같은 정서는 대인관계에 부정적인 영향을 주는 위협 정서이므로(Gross et al., 1997), 노인들은 가까운 대인관계를 보호하기 위해 부적 정서의 표현을 꺼린다. 노인들은 대인관계 보호를 위한 목적으로 분노를 간접적으로 다루려는(예: 회피) 특성을 나타내지만(Timmers, Fischer, & Manstead, 1998), 슬픔을 표현함으로써 얻게 되는 암묵적 이득이 친밀감을 촉진시키기 때문에 분노에 비해 슬픔은 가까운 관계에서 더 많이 표현한다(Timmers, Fischer, & Manstead, 1998; Tiedens, 2001; Zeman & Garber, 1996). 즉, 노인들은 노화에 따라 단순히 정서 표현을 덜 하게 되는 것이 아니라, 친밀한 대인관계를 유지하기 위한 수단으로서 친밀함을 촉진시켜 주는 정서는 표현하지만 대인관계에 위협이 되는 정서는 표현하지 않거나 덜 표현함으로써 정서 문제를 해결하려 한다는 것이다. 이러한 특성은 노년기의 가까운 대인관계에서 친밀감을 증진시키고 주관적 안녕감을 유지하는 데 도움이 된다는 점이 강조되었다(유경, 민경환, 2005b; Brandtstädter & Rothermund, 2002; Blanchard-Fields, 1989; Brandstädter et al., 1993; Coats & Blenchard-Fields, 2008; Heckhausen, 1997; Labouvie-Vief et al., 1987; Lang & Carstensen, 2002).

연령 증가에 따른 정서 표현과 정서 표현 양가성의 차이를 알아보기 위해 국내에서 실시된 유경(2007)의 연구에서는, 정적 표현과 부적 표현은 연령 증가에 따른 차이가 나타나지 않았지만, 친밀 표현은 청년 집단에 비해 중년과 노년 집단이 더 높은 것으로 나타났다. 그리고 정서 표현 양가성은 다른 연령 집단에 비해 노년 집단이 더 많이 경험하는 것으로 확인되었다. 특히 정서 표현 양가성은 노년 집단의 경우 남성에 비해 여성이 더 많이 경험하는 것으로 나타났다.

노인들이 다른 연령대에 비해 정서 표현을 덜 한다는 특성은 선행 연구들을 통해 많이 확인되었다. 앞에서도 언급했지만 단순히 정서 표현을 하지 않는 것이 정서 표현을 하는 것보다 부정적인 것이라 보기 어려우며, 더 중요한 것은 정서 표현을 하고자 하는 욕구가 있으나 이를 억제하거나 부정하는 것이 적응에 부정적인 영향을 줄 수 있다는 것이다. 노년기의 주관적 안녕감을 유지하는 데 있어 친밀한 인간관계 유지가 핵심적인 역할을 한다는 점을 고려해 볼 때, 노년기의 정서 표현과 정서 표현 양가성은 노년기 적응에 매우 중요한 문제가 될 수 있다.

4) 성차에 따른 정서 표현과 정서 표현 양가성의 차이

정서 자각, 정서 표현 그리고 정서 표현 양가성과 같은 정서 관련 변인들은 성별에 따라 차이가 나타난다(Barret et al., 2000; Gross & John, 1995; Gross & Levenson, 1993; King & Emmons, 1991). 정서 표현에 있어서는 여성이 남성에 비해 더 표현적인 반면 남성은 여성에 비해 더 억제하는 것으로 나타났다(Gross & John, 1995; 2003; Gross & Levenson, 1993). 정서 표현의 강도에 있어서도 여성이 남성에 비해 더 강하게 표현하며, 여성은 남성보다 친밀한 관계에서 정적 정서를 더 많이 표현하고 더 공감적이며, 타인의 정서 표현을 더 잘 해석하는 것으로 나타났다. 또한 여성은 남성에 비해 부적 정서도 잘 표현하는 것으로 나타났다(Brody, 1999;

Kring & Gordon, 1998; Lennon & Eisenberg, 1987). 장정주와 김정모(2008)의 연구에서도 정서 표현은 여성이 남성에 비해 더 많이 하고, 정서 표현에 대한 양가성은 남성이 여성에 비해 더 많이 경험하는 것으로 나타났다. 그리고 이와 같은 정서 표현이 대인관계에 미치는 영향은 남성보다 여성이 더 큰 것으로 나타났다. 전반적으로 여성이 더 정서적이고 정서 표현을 더 잘 하며, 정서 표현 양가성은 남성이 더 많이 경험하는 것으로 확인되었다. 하지만 이러한 연구 결과는 대부분 노년층이 아닌 청년층을 대상으로 실시한 연구들에서 나온 것이기에 노인의 정서 표현과 정서 표현 양가성의 특징을 밝히기에는 어려움이 있다.

노년기 정서적 특성에서의 성차와 관련하여 일련의 연구가 진행되었다. 여성 노인은 남성 노인에 비해 부적 정서를 더 많이 경험하고 주관적 안녕감도 낮은 것으로 알려져 있다(유경 외, 2009; Adelman et al., 1989; White & Edwards, 1990). 정서 대처와 관련해서 여성 노인은 남성 노인에 비해 역기능적 대처로 알려진 수동 의존적 대처양식을 더 많이 사용하는 것으로 나타났다(유경, 강연욱, 2009). 정서 표현과 관련해서 노인 부부를 대상으로 실시한 Monin, Martire, Schulz, Clark(2009)의 연구에 의하면, 부부간 상호작용에서 여성 노인은 남성 노인에 비해 애정, 기쁨, 슬픔 등의 대인관계적 정서를 더 많이 표현한다. 여성은 남성에 비해 친애 욕구가 높기 때문에 타인에게 정서를 표현하고자 하는 욕구가 남성에 비해 높으며(LaFrance & Banaji, 1992), 부적 정서 중 특히 관계의 안정성을 위협하는 분노, 불안, 공포와 같은 정서의 표현을 꺼리고 심리적 지지를 받을 수 있는 슬픔과 같은 정서는 표현하려는 특성이 남성에 비해 높다. 이와 같이 노년기에는 여러 정서적 특성에 있어서 유의한 성차가 확인되는데, 여성 노인은 남성 노인에 비해 부적 정서를 더 많이 경험하면서도 비효율적인 정서 대처 양식을 사용하는 경우가 많고 주관적 안녕감도 낮게 나타난다. 정서 표현은 남성보다 여성이 더 많이 하지만 남성에 비해 높은 수준의 친애 욕구를 갖는 특성이 높은 수준의 정서 표현 양가성을 유지하게 할 수도 있다.

노년기에는 인생의 다른 시기보다 친밀한 대인관계를 통한 정서적 안정성을 유지하는 것이 중요해지는 시기다. 대인관계에서 정서 표현은 매우 중요한 역할을 하며, 적절하게 자신의 정서를 표현하고 다른 사람과의 관계를 조율하는 능력은 그 영향력이 더욱 커지게 된다. 앞에서 살펴본 바와 같이 노년기에는 직접적인 정서 표현이 줄어드는데, 이러한 특성이 실제로 노년기 적응에 어떠한 영향을 주는지 확인할 필요가 있다. 노년기에는 다른 연령대보다 정서 표현을 덜 하게 된다지만 정서 표현이 줄어드는 노년기에도 적절한 정서 표현은 대인관계의 안정성을 유지해주고 주관적 안녕감에 긍정적 영향을 줄 수 있을 것이다.

5) 정서 표현과 정서 표현 양가성이 노년기 주관적 안녕감에 미치는 영향

노년기 정서 표현과 정서 표현 양가성이 노년기 주관적 안녕감에 미치는 영향을 성별로 구분하여 살펴본 유경(2010)의 연구에서는 남성 노인의 경우 정적 표현과 친밀 표현보다 부적 표현을 유의하게 더 많이 사용하는 것으로 나타났으나[$F(2,206)=6.98$, $p<.001$], 여성 노인은 표현 양식에 따른 차이가 나타나지 않았다[$F(2,206)=.06$, p=n.s.]. 표현 양식에 따라 성차가 나타나는지 분석한 결과, 유의한 차이는 없었다. 정서 표현에 대한 양가성은 남성 노인에 비해 여성 노인이 더 많이 경험하는 것으로 나타났다[$F(1,212)=11.39$, $p<.001$; 〈표 5-5〉 참조].

노인 남성과 노인 여성의 정서적 특성은 유의한 차이가 나타난다는 선행 연구 결과들이 있다(유경 외, 2009; Adelman et al., 1989; LeFrance et al., 1992; Monin et al., 2009). 정서 표현과 정서 표현에 대한 양가성이 주관적 안녕감에 미치는 영향을 성별로 구분하여 살펴본 결과, 주관적 안녕감에 있어서는 유의한 성차가 확인되었다. 남성 노인이 여성 노인에 비해 주관적 안녕감이 유의하게 높게 나타났다[남성 노인 평균 3.27, 표준편차 .62; 여성 노인 평균 2.88, 표준편차 .77; 주관적 안녕감의 차이 $t(212)=-4.00$, $p<.001$]. 인구통계학적 변인, 정서 표현, 정서 표현에 대한 양가성이 주관적 안녕감에 미치는 영향을 위계적 회귀분석을 통해 살펴본 결과, 남성 노인은 경제 상태, 정적 표현, 부적 표현이 주관적 안녕감 유지에 긍정적인 영향을 주고, 여성 노인은 정적 표현과 정서 표현에 대한 양가성이 주관적 안녕감 유지에 유의한 영향을 주는 것으로 나타났다.

성별과 관계없이 노년기에 정적 표현을 많이 하는 것은 주관적 안녕감에 유의한 영향을 주는 것으로 나타났다. 노년기에는 직접적인 정서 표현이 줄어든다고 주장하는 연구들(Blanchard-Fields, 1998; Timmers et al., 1998)이 있지만, 직접적인 정서 표현이 줄어든다고 가정하더라도 긍정적인 표현을 많이 하는 것은 다른 사람과의 긍정적인 대인관계를 촉진시킬 수 있고, 이를 통해 궁극적으로 개인의 주관적 안녕감을 높일 수 있다. 노년기에는 긍정적인 표현을 많이 하는 것이 심리적, 신체적 건강과 주관적 안녕감에 긍정적인 영향을 준다는 결과는 긍정적인 정서를 자주 경험하

〈표 5-5〉 정서 표현과 정서 표현 양가성의 평균과 표준편차

성별	정적 표현 평균(표준편차)	부적 표현 평균(표준편차)	친밀 표현 평균(표준편차)	정서 표현 양가성 평균(표준편차)
남(*N*=104)	3.20(.84)	3.58(.88)	3.35(.81)	3.41(.68)
여(*N*=110)	3.42(.99)	3.42(.98)	3.39(.79)	3.71(.61)
합(*N*=214)	3.31(.93)	3.50(.93)	3.37(.80)	3.56(.66)

출처: 유경(2010).

고 이를 표현하는 것이 노년기에 가장 중요한 목표인 친밀한 대인관계 유지에 긍정적인 영향을 줄 수 있기 때문에(유경, 민경환, 2005b; Carstensen, 1992; 1995; Lawton, 1989) 궁극적으로 노년기 정서적 삶의 질을 높이는 데 중요한 기여를 할 수 있을 것이라는 시사점을 남긴다.

남성 노인의 경우는 정서 표현 중 정적 표현 또는 친밀 표현보다는 부적 정서를 더 많이 표현하는 것으로 나타났는데, 부적 정서를 많이 표현하는 것은 주관적 안녕감에 부정적인 영향을 주는 것으로 확인되었다. 부적 정서를 억누르지 않고 표현하는 것은 신체적 · 심리적 건강에 긍정적인 영향을 줄 수도 있지만(Bell & Byme, 1978; Fridlund et al., 1984; King & Emmons, 1990), 대인관계에서 직접적인 부정적 표현을 자주 하는 것은 관계 유지에 위협이 될 수 있다(Coats & Blanchard-Fields, 2008; Kubany et al., 1998). 앞서 밝힌 바와 같이 노년기에 친밀한 관계를 유지하는 것은 매우 중요한 목표가 되기 때문에 남성 노인들도 이러한 목표를 달성하기 위해 부적 정서를 직접적이고 강하게 표현하기보다는 간접적이고 우회적인 방식으로 표현하는 것이 개인의 안녕감과 대인관계에 모두 긍정적인 결과를 가져올 것으로 보인다. 따라서 부적 표현을 자주 하는 남성 노인들에게 자신의 불편한 감정을 효과적으로 전달하고 원활한 의사소통을 하도록 하는 데 도움을 줄 수 있는 방법들을 배울 기회를 제공하는 것은 노년기 적응에 긍정적인 영향을 줄 수 있을 것이다.

정서 표현에 있어서 성차가 존재한다는 연구 결과는 청년 대상의 연구(Brody, 1999; Kring & Gordon, 1998; Lennon & Eisenberg, 1987)와 노인 대상의 연구(LaFrance & Banaji, 1992; Monin et al., 2009)에서 일관적으로 나타난다. 하지만 유경(2010)의 연구에서는 정서 표현에 있어서 유의한 성차가 나타나지 않았다. 이러한 차이가 나타나게 된 원인을 밝히기 위해서는 이 같은 연구 결과가 연구 대상(연령, 코호트 등)의 특성에 따른 것인지, 아니면 연구에 따라 사용하는 척도에서 측정하는 정서 표현 특성의 차이(정적 표현, 부적 표현, 치밀 표현 등 정서 표현의 종류, 분노 · 슬픔 · 행복 등 표현하는 정서의 종류, 얼굴 표정 등)에 따른 것인지를 밝히기 위한 후속 연구가 실시되어야 할 것이다.

정서 표현에 대한 양가성의 경우는 유의한 성차가 나타났다. 여성 노인이 남성 노인에 비해 정서 표현에 대한 양가성을 더 많이 경험하며 이러한 특성이 주관적 안녕감에 부정적인 영향을 주는 것으로 나타났다. 이러한 결과는 다른 연령대를 대상으로 실시된 연구와 대치되는 결과를 보여 준다. Gross와 Levenson(1993), Gross와 John(1995), 장정주와 김정모(2008)의 연구에서는 남성이 여성에 비해 정서 표현을 더 억제하며 정서 표현에 대한 양가성을 더 많이 경험하는 것으로 나타났으나, 이러한 연구들은 대개 청년들을 대상으로 실시한 것들이다. 이와 같은 결과는 다른 연령대와 노년기의 특성 차이로 볼 수도 있지만, 연구 참여자들의 특성일 수도 있기 때문에 조심스럽게 해석되어야 하며, 이를 명확하게 확인하기 위해서는 다양한 연령대의 연구 참여자를 대상으로 종단으로 이루어지는 후속 연구가 필요하다. 남성 중심의 가부장적 시대를 살아온 우리나라 남성 노인의 경우에는 정서를 표현하고자 하는 욕구를 억제할 필요가 없었으나, 여성 노인의 경우에는 사회적 약자로서 자신의 느낌이나 생각을 표현하기 어려운 문화 속에서 이를 억압했을 가능성이 높다. 또한 여성 노인은 남성 노인에 비해 친밀한 대인관계에 대한 욕구가 강하므로 정서 표현으로 인해 관계가 침해당하는 것에 대한 두려움과 걱정 때문에 정서 표현에 대한 양가성을 더 많이 경험할 것으로 예상해 볼 수 있다. 정서 표현에 대한 양가성을 많이 경험하는 것은 궁극적으로 주관적 안녕감을 저하시키는 결과를 가져오고 신체화 장애나 우울장애와 관련될 가능성을 높이므로(Emmons & Colby, 1995; Pennebaker, 1985), 건강하고 행복한 노년기 적응을 돕기 위해서는 노년기의 정서 표현 양가성과 주관적 안녕감 간의 관계를 밝히기 위한 연구들이 지속적으로 실시되어야 할 것이다. 또한 정서 표현 양가성을 많이 경험하는 노인들에게 대인관계에 위협을 받지 않으면서 효과적으로 자신의 정서를 표현하도록 도움을 줄 수 있는 개입 프로그램을 개발하고 지원해 주는 체계적인 시스템이 이루어져야 할 것이다. 최근 노년기의 정서적 특성과 적응 간의 관계를 밝히는 연구들이 증가하고 있으나 다른 연령대에 비해 매우 부족한 실정이라 지속적인 관심과 지원이 필요하다.

유경(2010)의 연구에서 경제적 상태, 건강 상태, 학력 등의 인구통계학적 변인들이 노년기 주관적 안녕감에 미치는 영향을 분석한 결과, 남성 노인은 경제적 상태가 주관적 안녕감에 유의한 영향을 주는 것으로 나타났으나 여성 노인은 인구통계학적 변인들이 정서적 특성에 비해 주관적 안녕감에 유의한 영향을 주지 못하는 것으로 나타났다. 이 같은 결과는 남성 노인에 비해 여성 노인은 정서적 삶의 중요성이 더욱 크다는 점을 시사한다. 여성 노인은 남성 노인에 비해 우울에 취약하고 주관적 안녕감이 낮은 특성이 있으므로 여성 노인의 정서적 삶의 질을 높여 건강하고 행복한 삶을 살 수 있도록 다각적인 지원과 관심이 필요할 것으로 보인다.

노년기에 정적 표현을 많이 하고 부적 표현을 덜 하고 정서 표현에 대한 양가성을 덜 경험하는 것이 주관적 안녕감에 긍정적인 영향을 준다는 유경(2010)의 연구 결과는 앞서 선행 연구 개관에서 밝힌 두 가지의 연구 흐름인 정서 복잡성 연구와 정서 조절 연구 중 후자의 결과들과 더욱 깊은 관련성이 있는 것으로 보인다. 노년기에는 대인관계의 중요성이 증가하기 때문에 이를 위해 대인관계에 위협이 되는 정서의 직접적인 표현은 삼가고 간접적인 방식으로 표현한다고 보는 일련의 노년기 정서 조절 관련 연구(Gross et al., 1997; Kubany et al, 1998; Tiedens, 2001; Timmers, et al., 1998; Zeman & Garber, 1996)는 노인들이 정서 표현에 있어 상황에 따라 중요한 목표를 달성하기 위해 전략적으로 정서 표현을 하거나 또는 정서 표현을 삼가는 특성을 차별적으로 사용할 수 있다는 점도 제안한다. 하지만 이와 같은 설명은 현 상태에서는 연구의 결과를 해석하는 여러 설명 방식 중 하나에 불과하며, 그것이 학문적으로 설득력 있는 이론이 되기 위해서는 양적, 질적 연구들이 지속적으로 축적되어야 할 것이다.

참고문헌

민경환, 유경, 김민희(2004). 노년기 정서적 삶의 특성. 한국발달심리학회 2004 추계 심포지움 자료집[풍요로운 노년기 삶을 위하여-노년기 발달적 변화와 적응(pp. 71-97)].

박기남(2004). 노년기 삶의 만족도의 성별차이. 한국노년학, 24(3), 13-29.

유경(2007). 정서적 특성이 장노년기 주관적 안녕감 유지에 미치는 영향. 서울: 한국학술정보(주).

유경(2010). 노년기 정서 표현과 정서 표현에 대한 양가성이 주관적 안녕감에 미치는 영향. 한국심리학회지: 사회 및 성격, 24(1), 95-109.

유경, 강연욱(2009). 노년기 정서 경험과 대처 양식의 특성: 우울 집단과 정상 집단 비교. 한국심리학회지: 임상, 28(3), 893-910.

유경, 민경환(2003). 노년기 정서 경험과 적응의 특성: 정서최적화. 한국심리학회지: 일반, 22(2), 81-97.

유경, 민경환(2005a). 연령 증가에 따른 정서최적화 특성의 변화: 정서 경험과 사회적 목표 중심으로. 한국노년학, 25(2), 211-227.

유경, 민경환(2005b). 정서 대처양식과 정서 인식이 장노년기 주관적 안녕감에 미치는 영향. 한국심리학회지: 사회 및 성격, 19(4), 1-18.

유경, 강연욱, 이주일, 박군석(2009). 노년기 정서 경험의 변화와 주관적 안녕감:

종단 연구 분석. 한국노년학, 29(2), 729-742.

유주현(2000). 정서 표현에 대한 양가감정과 사회적 지지 및 심리적 안녕감과의 관계. 고려대학교 대학원 석사학위논문.

이승미, 오경자(2006). 정서인식불능, 정서 표현에 대한 양가감정, 정서 표현성이 중년 기혼 여성의 심리적 부적응에 미치는 영향. 한국심리학회지: 임상, 25(1), 113-125.

이주일, 박군석, 유경, 김영범, 장숙랑, 윤현숙, 유희정, 김동현(2008). 성공적인 한국노인의 삶: 다학제간 심층 인터뷰 사례. 서울: 박학사.

이주일, 황석현, 한정원, 민경환(1997). 정서의 체험 및 표현성이 건강과 심리적 안녕감에 미치는 영향. 한국심리학회지: 사회 및 성격, 11, 117-140.

장정주, 김정모(2008). 정서적 자각, 표현 및 정서 표현에 대한 양가성과 대인관계 간의 관계에 대한 연구. 한국심리학회지: 상담 및 치료, 20(3), 697-714.

Adelman, P. K., Antonucci, T. C., Crohan, S. E., & Coleman, L. M. (1989). Empty nest, cohort, and unemployment in the well-being of midlife women. *Sex Roles, 20*, 173-189.

Baltes, P. B., & Baltes, M. M. (1990). *Successful aging: Perspectives from the behavior sciences.* New York: Cambridge University Press.

Baltes, P. B., & Mayer, K. U. (Eds.). (1999). *The Berlin Aging Study: Aging from 70 to 100.* New York: Cambridge University press.

Barret, L. F., Lane, R. D., Sechrest, L., & Schwartz, G. E. (1999). Sex difference in emotional awareness. *Personality and Social Psychology Bulletin, 26*, 1027-1035.

Bell, P. A., & Byrne, D. (1978). Repression-sensitization. In H. London & J. E. Exne (Eds.), *Dimension of personality* (pp. 449-485). New York: Wiley.

Berg, C., Klaczynski, P., Calderone, K., & Strough, J. (1994). Adult age differences in cognitive strategies: Adaptive or deficient? In J. Sinnott (Ed.), *Handbook of adult life span learning* (pp. 371-388). Westport, CT: Greenwood.

Blanchard-Fields, F. (1989). Controllability and adaptive coping in the elderly: An adult developmental perspective. In P. S. Fry (Ed.), *Advances in psychology: Psychological perspectives of helplessness and control in the elderly, 57*, 43-61. Amsterdam: North-Holland.

Blanchard-Fields, F. (1998). The role of emotion in social cognition across the adult life span. In K. W. Schaie & M. P. Lawton (Eds.), *Annual review of gerontology and geriatrics, 17*, 206-237. New York: Springer.

Blanchard-Fields, F., & Irion, J. (1987). Coping strategies from perspective of two developmental markers: Age and social reasoning. *Journal of Genetic Psychology, 149*, 141-151.

Brandstäter, J. (1989). Personal regulation of development: Cross-sequential analyses of development-related control beliefs and emotions. *Developmental Psychology, 25*, 96-108.

Brandstäter, J., & Greve, W. (1994). The aging self: Stabilizing and protective processes. *Developmental Review, 14*, 52-80.

Brandstäter, J., & Rothermund, K. (1994). Self-concepts of control in middle and later adulthood: Buffering losses by rescaling goals. *Psychology and Aging, 9*, 265-273.

Brandstäter, J., & Rothermund, K. (2002). International self-development: Exploring the interfaces between development, intentionality, and the self. In L. J. Crokett (Ed.), *Nebraska Symposium on Motivation: Agency, motivation, and the life course, 48*, 31-75. Lincoln: University of Nebraska Press.

Brandstäter, J., Wentura, D., & Greve, W. (1993). Adaptive resources of the aging self: Outlines of an emergent perspective. *International Journal of Behavioral Development, 16*, 323-349.

Brody, L. R. (1999). *Gender, emotion, and the family*. Cambridge, MA: Harvard University Press.

Camp, C. J., Doherty, K., Moody-Thomas, S., & Denny, N. W. (1989). Practical problem solving in adults: A comparison of problem types and scoring methods. In J. D. Sinnott (Ed.), *Everyday problem solving: Theory and applications* (pp. 211-228). New York: Praeger.

Carstensen, L. L. (1992). Social and emotional patterns in adulthood: Support for socioemotional selectivity theory. *Psychology and Aging, 7*, 331-338.

Carstensen, L. L. (1995). Evidence for a life span theory of socioemotional selectivity. *Current Directions in Psychological Science, 4*, 151-156.

Carstensen, L. L. (1999). A life-span approach to social motivation. In J. Heckhausen & C. Dweck (Eds.), *Motivation and self regulation across the life-span* (pp. 341-364). Cambridge, England: Cambridge University Press.

Carstensen, L. L., Gottman, J. M., & Levenson, R. W. (1995). Emotional behavior in long-term marriage. *Psychology and Aging, 10*, 140-149.

Carstensen, L. L., Graff, J., Levenson, R. W., & Gottman, J. M. (1996). Affect in intimate relationships. In C. Magai & H. McFadden (Eds.), *Handbook of emotion, adult development, and aging* (pp. 227-242). San Diego, CA: Academic Press.

Carstensen, L. L., Pasupathi, M., Mayr, U., & Nesselroade, J. (2000). Emotional experience in everyday life across the life span. *Journal of Personality and Social Psychology, 79*(4), 644-655.

Charles, S. T., Martha, M., & Carstensen, L. L. (2003). Aging and emotional memories: The forgettable nature of negative images for older adults. *Journal of Experimental Psychology, 132*, 310-324.

Charles, S. T., Reynolds, C. A., & Gatz, M. (2001). Age-related differences and change in positive and negative affect over 23 years. *Journal of Personality and Social Psychology, 80*, 136-151.

Coats, H. A., & Blanchard-Fields, F. (2008). Emotion regulation in interpersonal problems: The role of cognitive-emotional complexity, emotion regulation goals, and expressivity. *Psychology and Aging, 23*(1), 39-51.

Cox, T., & McCay, C. (1982). Psychological factors and psycho-physiological mechanism in the etiology and development of cancers. *Social Science and Medicine, 16*, 381-396.

DePaul, B. N. (1992). Nonverbal behavior and self-presentation. *Psychological Bulletin, 111*, 203-243.

Diehl, M., Cole, N., & Labouvie-Vief, G. (1996). Age and sex differences in strategies of coping and defense across the life span. *Psychology and Aging, 11*, 127-139.

Diener, E., Sandvik, E., & Larsen, R. J. (1985). Age and sex effects for emotional intensity. *Developmental Psychology, 21*, 542-546.

Emmons, R. A., & Colby, P. (1995). Emotional conflict and well-being: Relation to perceived availability, daily utilization and observer reports of social support. *Journal of Personality and Social Psychology, 68*, 947-959.

Folkman, S., & Lazarus, R. S. (1980). An analysis of coping in middle-aged community sample. *Journal of Health and Social Behavior, 21*, 219-239.

Folkman, S., Lazarus, R., S., Pimley, S., & Novacek, J. (1987). Age differences in stress and coping process. *Psychology and Aging, 2*, 171-184.

Fridlund, A. J., Newman, L. B., & Gibson, E. L. (1984). Putting emotion in behavior medicine: Discrete-emotion psychophysiology and its relevance for research and therapy. In C. Van Dyke, L. Temoshok, & L. S. Zegan (Eds.), *Emotions in health and illness* (pp. 117-134). New York: Grune & Stretton.

Gross, J. J., Carstensen, L. L., Pasupathi, M., Tsai, J., Skorpen, C. G., & Hsu, A. Y. C. (1997). Emotion and aging: Experience, expression, and control. *Psychology and Aging, 12*(4), 590-599.

Gross, J. J., & John, O. P. (1995). Faces of emotional expressity: Three self-report factors and their correlates. *Personality and Individual Differences, 19*, 555-568.

Gross, J. J., & John, O. P. (2003). Individual differences in two emotion regulation processes: Implications for affect, relationships, and well-being.

Journal of Personality and Social Psychology, 85(2), 348-362.

Gross, J. J., & Levenson, R. W. (1993). Emotional suppression: Physiology, self-report, and expressive behavior. *Journal of Personality and Social Psychology, 64*(6), 976-986.

Heckhausen, J. (1997). Developmental regulation across adulthood: Primary and secondary control of age-related challenges. *Developmental Psychology, 33*, 176-187.

Jensen, R. (1987). Psychological factors predicting the course of breast cancer. *Journal of Personality, 55*, 317-342.

Josephs, S., Williams, R., Irwing, P., & Cammock, T. (1994). The preliminary development of a measure to assess attitudes towards emotional expression. *Personality and Individual Differences, 16*(6), 869-875.

Kennedy-Moore, E., & Watson, J. (1999). *Expressing Emotion*. NY: Guilford Press.

King, A. M. (1993). Emotional expression, conflict over expression, and marital satisfaction. *Journal of Social and Personality Relationships, 10*, 601-607.

King, A. M., & Emmons, R. A. (1990). Individual differences in dispositional expressiveness: Development and validation of the emotional expressivity scale. *Journal of Personality and Social Psychology, 58*, 864-877.

King, A. M., & Emmons, R. A. (1991). Psychological, physical, and interpersonal correlates of emotional expressiveness, conflict, and control. *European Journal of Personality, 5*, 131-150.

Kring, A. M., & Gordon, A. H. (1998). Sex differences in emotion: expression, experience, and physiology. *Journal of Personality and Social Psychology, 74*(3), 686-703.

Kubany, E. S., Bauer, G. B., Muraoka, M. Y., Richard, D. C., & Read, P. (1995). Impact of labeled anger and blame in intimate relationships. *Journal of Social and Clinical Psychology, 14*, 53-60.

Kunzman, U., Little, T. D., & Smith, J. (2000). Is age-related stability of subjective well-being a paradox?: Cross-sectional and longitudinal evidence from the Berlin aging study. *Psychology and Aging, 15*, 511-526.

Labouvie-Vief, G., Hakim-Larson, J., DeVoe, M., & Schoeberlein, S. (1989). Emotions and self-regulation: A life span. *Journal of Adult Development, 2*, 207-222.

Labouvie-Vief, G., Hakim-Larson, J., & Hobart, C. J. (1987). Age, ego, level, and the life-span development of coping and defense processes. *Psychology and Aging, 2*, 286-293.

Labouvie-Vief, G., & Medler, M. (2002). Affect optimization and affect complexity: Modes and styles of regulation in adulthood. *Psychology and Aging, 17*(4), 571-588.

LaFrance, M., & Banaji, M. (1992). Toward a consideration of the gender-emotion relationship. In M. S. Clark (Ed.), *Emotion and social behavior* (pp. 178-201). Newburry Park: Sage.

Lang, F. R., & Carstensen, L. L. (2002). Time counts: Future time perspective, goals, and social relationships. *Psychology and Aging, 17*, 125-139.

Lawton, M. P. (1989). Environmental proactivity and affect in older people. In S. Spacapan & S. Oskamp (Eds.), *The social psychology of aging* (pp. 135-163). Newbury Park: Sage.

Lawton, M. P., Kleban, M. H., & Dean, J. (1993). Affect and age: Cross-sectional comparisons of structure and prevalence. *Psychology and Aging, 8*, 165-175.

Lawton, M. P., Kleban, M. H., Rajagopal, D., & Dean, J. (1992). The dimensions of affective experience in three age groups. *Psychology and Aging, 7*, 171-184.

Lawton, M. P., van Haitsma, K., & Klapper, J. (1996). Observed affect in nursing home residents with Alzheimer's disease. *Journal of Gerontology, Psychological Sciences, 51B*, 3-14.

Lennon, R., & Eisenberg, N. (1987). Gender and age difference in empathy and sympathy. In E. Eisenberg & J. Strayer (Eds.), *Empathy and its development* (pp. 195-217). Cambridge, England: Cambridge University Press.

Lieberman, M . D., Eisenberg, N. I., Crockett, M. J., Tom, S. M., Pfeifer, J. H., & Way, B. M. (2007). Putting feeling into words: Affect labeling disrupts amygdala activity in response to affective stimuli. *Association for Psychological Science, 18*, 421-428.

Magai, C. (2008). Long-lived emotions: A life course perspective on emotional development. In M. Lewis, J. M. Haviland-Jones, & L. F. Barrett (Eds.), *The Handbook of Emotion* (3rd ed., 376-392). New york: The Guilford Press.

Magai, C., & Halpern, B. (2001). Emotional development during the middle years. In M. E. Lachman (Ed.), *Handbook of Midlife Development* (pp. 310-344). New York: Wiley.

Malatesta, C. Z., Flore, M. J., & Messina, J. J. (1987). Affect, personality, and facial expressive characteristics of older people. *Psychology and Aging, 2*, 64-69.

Malatesta, C. Z., & Izard, C. E. (1984). *Emotions in adult development.* Beverly Hills: Sage.

McConatha, T. J., & Huba, H. M. (1999). Primary, secondary, and emotional control across adulthood. *Current Psychology: Developmental, Learning, Personality, Social, 18*, 164-170.

Mongraine, M., & Zuroff, D. C. (1994). Ambivalence over emotional expression and negative life events: Mediators of depressive symptoms in dependent and self-critical individuals. *Personality and Individual Differences, 16*, 447-458.

Monin, J. K., Martire, L. M., Schulz, R., & Clark, M. (2009). Willingness to express emotions to care giving spouses. *Emotion, 9*(1), 101-106.

Mroczek, D. K. (2001). Age and emotion in adulthood. *Current Directions in Psychological Science, 10*, 87-90.

Mroczek, D. K., & Kolarz, C. M. (1998). The effect of age on positive and negative affect: A developmental perspective on happiness. *Journal of*

Personality and Social Psychology, 75, 1333-1349.

Pelletier, K. R. (1985). *Mind as healer, mind as slayer.* New York: Delacarte Press.

Pennebaker, J. W. (1985). Traumatic experience and psychosomatic disease: Exploring the roles of behavior inhibition, obsession and confiding. *Canadian Psychology, 26*, 82-95.

Pennebaker, J. W., Barger, S. D., & Tiebout, A. (1989). Disclosure of trauma and health among Holocaust survivor. *Psychosomatic Medicine, 51*, 577-589.

Prohaska, T. R., Leventhal, E. A., & Keller, M. L. (1985). Health practices and illness cognition in young, middle-aged, and elderly adults. *Journal of Gerontology, 40*, 569-578.

Quayhagen, M., & Quayhagen, M. (1982). Coping with conflict: Measurement of age-related patterns. *Research on Aging, 4*, 346-377.

Riggio, R. E., & Friedman, H. S. (1982). The intercorrelationships of self-monitoring factor personality trait, and nonverbal social skills. *Journal of Nonverbal Behavior, 7*, 33-45.

Schutz, R., & Heckhausen, J. (1996). A life span model of successful aging. *American Psychologist, 51*, 702-714.

Smith, J., Fleeson, W., Geiselmann, B., Settersten, R. A., & Kunzmann, U. (1999). Sources of well-being in very old age. In P. B. Baltes & K. U. Mayer (Eds.), *The Berlin Aging Study: Aging from 70 to 100* (pp. 450-471). New York: Cambridge University Press.

Staudinger, U. M., Marsiske, M., & Baltes, P. B. (1995). Resilience and reserve capacity in later adulthood: Potential and limits of development across the life span. In D. Chicchetti & D. J. Cohen (Eds.), *Developmental psychopathology: Risk, disorder, and adaptation, 23*, 801-847. New York: Wiley.

Sullins, E. S. (1989). Perceptual salience as a function of nonverbal expressiveness. *Personality and Social Psychology Bulletin, 15*, 584-595.

Tiedens, L. Z. (2001). Anger and advancement versus sadness and subjugation: The effect of negative emotion expressions on social status conferral.

Journal of Personality and Social Psychology, 80, 86-94.

Timmers, M., Fischer, A. H., & Manstead, A. R. S. (1998). Gender differences in motives for regulating emotions. *Personality and Social Psychology Bulletin, 24*, 974-985.

Weissman, M. M., Leaf, P. J., Bruce, M. L., & Florio, L. (1988). The epidemiology of dysthymia in five communities: Rates, risks, co-morbidity, and treatment. *American Journal of Psychiatry, 145*, 815-819.

White, L., & Edwards, J. N. (1990). Emptying the nest and parental well-being: An analysis of national parental data. *American Sociological Review, 55*, 235-242.

Zeman, J., & Garber, J. (1996). Display rules for anger, sadness, and pain: It depends on who is watching. *Child Development, 67*, 957-973.

6장 노년기 성격과 적응

유경

1. 노년기 성격의 변화와 안정성

사람의 성격은 일생 동안 안정적인 것인지, 노화 과정을 통해 변화하는 것인지에 대해 많은 연구자가 관심을 가져왔다. 노화에 따른 성격의 변화를 주장하는 학자들도 있지만 몇몇 종단 연구에 의하면 성격은 상당한 안정성을 갖는다.

1) 볼티모어 종단 연구

1959년에 시작된 볼티모어 종단 연구(Baltimore Longitudinal Study)는 성격의 5요인 연구로 유명한 Costa와 McCrae(1984, 1986, 1988)가 참가하여 성격의 안정성을 확인한 종단 연구다. 이 연구에서 성격의 5요인은 외향성-내향성, 성실성, 사회성, 경험에 대한 개방성, 신경증 성향으로 구성되어 있으며, 이 5요인을 측정하는 검사인 NEO-PI(NEO-Personality Inventory; Costa & McCrae, 1988)는 성격을 측정하는 데 가장 광범위하게 사용되고 있다. 이 척도를 사용하여 20~80세의 성인 2,000명을 대상으로 6년마다 성격을 측정하였다. 이 연구에서는 자기 보고뿐만 아니라 타인 보고도 사용하였고, 종단분석과 교차분석 방법을 모두 사용하였으며, 연구 결과를 정확하게 분석하기 위한 시도를 하였다. 그 결과, 남녀 모두 20~30세 사이에 신경증 성향과 외향성이 다소 감소하고 성실성이 다소 증가하는 경향을 나타냈다. 하지만 그 외의 다른 대부분의 특성에서는 연령 증가에 따른 변화가 나타나지 않았다. 즉, 개인의 성격은 상당히 안정적인 것으로 확인되었다.

2) 캔자스시티 연구

캔자스시티 연구(Kansas City Studies)는 1950년대 중반 캔자스시티에 거주한 중산층 백인 남녀(40~90세)를 대상으로 3~4년 동안 진행된 연구로, Neugarten과 그의 연구 팀이 장노년층을 대상으로 하여 노화 과정에서의 성격 변화를 탐색하였다. TAT를 사용하여 응답자들의 무의식적 동기를 분석함으로써 성격의 변화 또는 안정성을 탐색하였다. 그 결과, 나이가 들수록 사람들은 자아 에너지가 감소하고 내향성이 증가한다는 것을 밝혔다. 즉, 노인들은 외부 세계에 자아 에너지 투입을 줄이고 자신의 정서나 신체 기능에 몰두하며 내적 세계에 몰입하는 것으로 확인되었다(김애순, 2002). 하지만 이러한 결과는 노년 연구가 처음 시작되던 시기의 노인의 특성을 보여 주는 것으로 노인의 수동적 특성을 많이 보여 준다. 최근 연구를 통해서는 노년기가 되어도 노인들이 보여 주는 특성은 긍정적이고 적극적이며, 대개 젊은 시절에 나타냈던 특성을 안정적으로 유지한다는 주장이 더 힘을 얻고 있다.

3) 밀스 대학 연구

밀스 대학 연구(The Mills College Study)는 1958~1960년에 밀스 대학 졸업반이었던 엘리트 여성들을 재학 시절 표집하여 검사한 후 그들이 50대 후반에 이를 때까지 연구를 실시한 장기 종단 연구다. 이 연구에서는 캘리포니아 성격검사를 사용하여 태도, 특질, 자아의 발달, 대처 양식의 변화를 연구하였다. 이 연구에 참가한 여성들은 40대 초반에서 50대 초반 사이에 더욱 양성화되고 통합된 자아를 형성해 나갔다. 50대의 여성들은 자기 확신, 인내심, 결단성이 있었고, 자신과 다른 관점에 대해 열린 마음을 갖고 있었으며, 인생의 어느 시기보다 50대를 즐기고 행복해했다. 그들에게도 30대는 혼란스러운 시기로 나타났는데, 직업 세계에서의 위상에 한계가 있었고, 노력에 대한 보상이 만족스럽지 않아 혼란스러워했다. 일부 여성은 이러한 혼란으로 심리적 고통을 겪기도 했지만 일부 여성은 만족스러운 생산적 변화를 이끌어 냈다(김애순, 2002).

이러한 차이는 무엇 때문이었을까? 혼란 속에서도 성공적으로 변화할 수 있었던 원동력은 자기 반영 능력과 경험에 대한 개방성이었다. 즉, 자기 반영 능력이 있는 여성들은 삶을 발전시키기 위한 대처를 했으며, 새로운 경험을 솔직하게 받아들이고 대인관계에 대해 민감하게 대처했다. 그들은 슬픔이나 수치심을 경험하는 것도 인생의 과정에서 겪게 되는 자연스러운 현상이라고 받아들이고 대처함으로써 인생의 혼란과 어려움을 성공적으로 이겨 내는 성과를 얻었다. 하지만 성공적 변화를 이루지 못한 여성들은 자신의 처지에 안주하거나 퇴보하는 경향이 있었으며, 변화에 저항하고 대인관계에서 거부적인 반응을 보였다.

4) Erikson의 이론: 생성감 대 침체, 자아통합 대 절망감

Erikson(1950)의 이론은 개인의 전반적인 성격 발달을 설명하는 이론 중 가장 널리 알려져 있다. Erikson의 심리사회적 발달이론(psychosocial theory of development)은 8단계로 이루어져 있으며, Freud의 심리성적 발달이론(psychosexual theory of development)에 기원을 두고 구성된 이론이지만 자아의 기능을 강조하고 사회적 발달에 초점을 두었다는 점에서 큰 차이가 있다. 또한 발달 단계를 성인기 및 노년기까지 포함하여 설명함으로써 노인 연구의 시초를 마련하였다는 점에서도 차이가 있다.

Erikson의 8단계 이론은 다음과 같이 구성되는데, 1단계인 영아기는 기본적 신뢰 대 불신, 2단계인 2~3세는 자율성 대 수치와 회의, 3단계인 4~5세는 주도성 대 죄의식, 4단계인 6~11세는 근면성 대 열등감, 5단계인 12~20세는 정체감 대 역할 혼미, 6단계인 초기 성인기는 친밀감 대 고립감, 7단계인 성인기는 생성감 대 침체, 마지막으로 노년기인 8단계는 자아통합 대 절망감이다. Erikson이 이 이론을 제안할 당시에는 평균수명이 지금보다 훨씬 짧았고, 노년기를 죽음을 앞둔 8단계에 국한하여 설명하였다. 그러나 최근 의학의 발달과 건강 향상으로 인해 수명이 길어지면서 노년기를 설명하는 데 있어서 7단계의 생성감 대 침체, 8단계의 자아통합 대 절망감을 모두 적용하게 되었다. 특히 노년기에도 건강하고 적극적으로 삶을 살아가는 노인들에게 노년기는 죽음을 준비하는 단계가 아니라 은퇴 후 새로운 생활을 계획하고 실천해 나가는 새로운 계기로 인식되고 있다. 이런 배경 때문에 Erikson의 이론은 최근 새롭게 재조명되고 있다.

중년기에 생성감을 실현한 성인들은 그 결과로 '돌봄(caring)'이라는 중요한 덕목을 경험하게 된다. 돌봄은 이후의 발달 단계인 노년기까지 이어져 노인들로 하여금 자신이 쓸모 있고 중요한 사람이며, 누군가 또는 무엇인가에 공헌하고 있다는 느낌을 갖게 한다. 이러한 느낌을 갖는 것이 바로 성공적인 노화의 중요한 특징이 된다. 61~92세 노인을 대상으로 성공적 노화, 생활 만족도, 생성감의 관계를 연구한 Fisher(1995)는 생성감이 성공적 노화에 기여하고 있으며, 노년기에도 매우 중요한 발달 과업이라는 점을 밝혔다(이은희, 김금운, 한규석, 주리애, 2004).

생성감 욕구, 생성감 능력에 대한 주관적 경험 그리고 생성감 성취를 측정한 연구들은 생성감 욕구는 초기 성인기에 형성되며, 생성감에 대한 확신과 능력은 중년기에 절정에 달하고, 생성감의 실현 또는 달성(성취)은 중년기와 노년기로 갈수록 증가한다는 것을 보여 준다(Peterson & Stewart, 1996; Stewart, Ostreove, & Helson, 1997).

생성감이 낮은 노인과 높은 노인을 비교한 연구에 의하면 노인들의 생성감 표현에 기여하는 중요한 요소들은 Erikson이 말하는 신뢰감, 근면성, 자아통합과 관련된 인생 경험들이다(오경석, 2002). 특히 우리나라 노인들의 경우, 자식들에 대한 기대와 경험 그리고 인생의 시련에 대한 극복이 생성감을 표현하는 중요한 요소라는 것을 보여 준다. 생성감이 높은 노인들은 행복한 어린 시절, 인생에 대한 긍정적 판단, 자신의 능력 발휘와 이에 대한 인정, 시련의 극복, 적극적인 활동 등에서 삶의 만족감이 높다. McAdams, Hart, Maruna(1998)의 연구에서도 생성감이 높은 성인은 가족에 대한 감사와 사랑, 타인의 고통에 대한 인식, 도덕적 안정감을 갖고 있고 고난을 경험하여도 이를 통해 성장하고 배우는 모습을 보인다. 노년기의 생성감은 조부모, 나이 들어 가는 부모, 오랜 친구, 의논의 상대자로서의 역할을 하면서 타인과 가족을 돌보며 충족되는 감정의 경험으로 이어져 궁극적으로 노년기 삶의 만족을 증가시킨다.

Kotre(1984)는 생성감이 표현되는 방식을 개인적 생성감(agentic generativity)과 공동체적 생성감(communal generativity)의 두 가지로 구별할 필요성을 제시하였다. 개인적 생성감은 생성감의 대상이 단순히 자기(self)의 확장이어서 삶의 관심이 여전히 자기에게 있으며, 죽은 후에까지 자신이 기억되는 것에 관심이 있다. 공동체적 생성감은 그 대상이 타인 또는 개인보다 확장된 의미로 개인적 이득을 배제하고 후세대에게 관심의 초점을 돌리는 것이다. 대개 많은 사람의 삶에서 생성감은 개인적인 경향과 공동체적인 경향이 결합되어 나타난다.

생성감이 높은 사람들과 낮은 사람들 간에 생성감에 있어서 개인적인 경향과 공동체적인 경향의 표현 정도가 차이가 있는지 살펴본 Mansfield와 McAdams(1996)에 의하면, 생성감이 높은 사람은 생성감이 낮은 사람보다 공동체적인 경향을 훨씬 더 많이 보이며 개인적인 생성감에서는 생성감이 높은 사람과 낮은 사람 간에 차이가 없는 것으로 나타났다. 생성감이 높은 사람은 개인적 경향과 공동체적 경향이 통합되어 있는 것으로 나타났다. 개인적 경향과 공동체적 경향 중 하나만 매우 두드러진 경우에는 적응에 부정적인 영향을 주는 것으로 밝혀졌다. 예를 들어, 자신의 전문 영역인 무용에 대한 몰두(commitment)로 인해 새로운 예술 형태를 형성해 내고자 하는 자기 실현적인 열정은 컸지만 이를 다른 사람에게 가르쳐 주거나 후세대를 양성하기 위해 기록하거나 전수하지 않은 무용가 Martha Graham은 개인적 생성감을 극도로 추구한 경우로 볼 수 있다. 그녀는 과도한 개인적 생성감 추구로 인해 결과적으로 후세대에 대한 '돌봄'과 '배려'를 경험하기보다는 자신의 아랫사람을 비롯한 타인을 이용하는 자신의 경향을 더욱 악화시켰고, 말년에는 알코올 중독에 빠져서 고립된 생활을 자초하고 비참한 결과를 맞이하게 되었다(이은희 외, 2004).

Morfei, Hooker, Carpenter, Mix, Blakeley(2004)는 미혼의 청년기 자녀를 둔 부모들을 대상으로 그들의 부모 역할, 직업, 자원봉사, 여가 활동에 관한 인터뷰를 통해 이 네 영역에서 나타난 생성감 주제를 개인적 생성감과 공동체적 생성감으로 나눠 심리학적 안녕감과의 관계를 살펴보았다. 연구 결과 어머니들이 아버지들에 비해 공동체적인 생성감을 표현하고 있었으나, 어머니의 공동체적인 생성감 활동은 심리적 안녕감과 부적 상관을 보이는 것으로 나타났다. 이에 대해 연구자들은 여성들의 경우 자신의 삶에서 개인적 경향과 공동체적 경향의 균형을 이루지 못해 자신의 삶의 만족보다 자녀를 비롯한 타인의 안녕에 대한 관심이 과도한 탓으로 설명하고 있다.

앞에서도 언급했지만 Erikson(1950)은 노년기에 해결해야 할 발달 과업으로 자아통합(ego integrity) 대 절망감(despair)을 제안하였는데, 노년기를 쇠퇴의 시기로 보고 일련의 신체적, 사회적 상실(체력, 건강, 직업, 수입원, 배우자, 친척, 친구, 지위 등의 상실)에 대처해야 한다고 설명하였다. 어떤 노인은 자신의 삶이 의미 있고 만족스러웠다고 인식하는 자아통합 특성을 보이기도 하지만, 어떤 노인은 원망과 회한, 자신의 삶에 대한 불만족으로 절망감을 경험하며 그 원인을 타인에게 돌리며 분노하기도 한다.

자아통합 대 절망감 단계에서 성공적으로 발달 과업을 성취하면서 발달하는 미덕은 지혜로, 죽음에 직면했을 때 나타나는 인생 자체에 대한 박식하고 초연한 관심이다. 이러한 지혜는 노년기의 지적인 힘일 뿐만 아니라 중요한 심리적 자원이다. Erikson에 의하면 지혜는 개인이 자신의 삶에 대해 후회 없이, 살아온 그 자체를 모두 받아들이는 것을 포함한다. 지혜는 어떻게 살아야 하는지를 아는 것뿐만 아니라 열심히 살아온 인생의 피할 수 없는 종말로 죽음을 겸허히 받아들이는 것을 의미한다. 지혜는 자기 자신, 자신의 부모, 자신의 인생이 불완전하다는 것을 인정하는 것을 의미한다. 이 같은 사실을 인정하지 못하는 사람은 통합감을 이루기 위해 다른 방법을 찾기에는 시간이 너무 짧다는 사실을 깨닫고 절망감에 빠지게 된다. 이 위기를 성공적으로 해결하기 위해서는 통합감이 절망감보다 물론 낫지만 어떤 절망감은 불가피한 것임을 받아들이는 것이다. Erikson에 의하면 자기 자신의 인생에서 불행과 잃어버린 기회에 대한 비탄뿐만 아니라 인간 존재의 나약함과 무상함에 대한 비탄은 피할 수 없는 것이므로 받아들이는 것이 적응에 도움이 된다(정옥분, 2008).

5) Levinson의 인생의 사계절론

Levinson(1978, 1996)은 40명의 남성과 45명의 여성에 대한 전기적 면담 연구(biographical interview)를 통하여 남성과 여성의 인생 행로가 어떻게 진행되는지를 보여 주는 기념비적 연구를 실시하였다. 전기적 면담 연구는 오랜 기간에 걸쳐 전개되어 온 개인의 삶의 이야기를 통해서 전 생애의 발달을 연구하는 방법이다. 여기에는 연구 관련 주제면담, 임상면담, 친구 사이의 대화 등 모든 면담 방법이 병행되어 사용된다. 1차 연구는 남성들의 인생 행로를 탐색하기 위해 1968년부터 장기 종단 연구를 실시했다. 35~45세 사이의 남성들을 4개의 직업군(기업체 간부, 소설가, 생물학자, 노동자)에서 10명씩 총 40명을 표집하여 10년 동안 추적 연구를 실시하였다. 1986년에 시작된 2차 연구에서는 여성의 인생 행로를 탐색하였는데 가정주부와 경력 여성으로 나누어 연구하였다. 35~45세 사이의 여성들 45명(가정주부 15명, 여성 실업가 15명, 대학교수 15명)을 대상으로 10년간 추적 연구하였다.

Levinson에 따르면 시대와 문화를 초월해서 인생 주기 진행에는 보편성이 있으며, 개인의 독특성은 이러한 보편성을 바탕으로 이루어진다. 그리고 전 생애는 자연의 사계절에 비유되어 네 개의 시대, 즉 성인 이전기, 성인 초기, 성인 중기, 성인 후기로 구분된다. 이 시기는 전환기(transition)와 안정기(settling down period)가 끊임없이 순환하면서 이어져 나간다.

인생 주기의 진행을 삶의 구조가 진화되는 과정으로 보는데, 삶의 구조는 다양한 요소(직업, 결혼, 가족관계, 우정, 여가, 종교 등)로 이루어져 있다. 이러한 구성 요소들은 개인이 인생의 한 시기에서 다음 시기로 넘어갈 때 그 삶 속에서 중요성과 순위가 바뀌게 된다. 예를 들면, 성인 초기와 중기에는 직업, 결혼관계가 삶의 핵심부를 차지하지만, 노년에는 우정, 여가, 종교가 삶의 핵심부로 이동하게 된다. 이러한 이동과 변화는 주로 전환기에 일어나며 안정기에는 새롭게 수정된 삶의 구조 속에서 다시 삶을 시작하게 된다. 인생의 한 시점에서 개인의 삶의 구조는 자아(self)와 세계(world)의 상호작용에 의해 형성된다. 여기서 자아란 개인이 소유하고 있는 다양한 특성(소망, 가치, 사고, 태도, 기대, 동기, 욕구, 감정, 능력)을 의미하고, 세계란 자신이 처한 사회 · 문화적 상황(종교, 인종, 사회계층, 가족, 직업적 환경)을 의미한다. 즉, 나를 둘러싼 세계는 나에게 많은 가능성도 제공하지만 제약도 가한다. 개인의 발달에는 인생의 한 시점에서 어떤 선택을 하는가도 중요하지만 자아와 세계가 어떤 관계에 있는가 하는 관계의 질(quality of relationship)이 더욱 중요하다(김애순, 2002).

인생 주기는 변화와 안정의 시기가 순환하면서 궁극적인 조화를 향해 가는 변화의 과정이다. 이 과정에서 개인의 성장과 발달이 촉진되는 시기는 안정기보다는 전환기다. 여기서 전환기란 기존의 삶의 구조를 수정해서 새로운 구조를 준비하는 변화의 시기로 혼돈과 갈등이 있기 마련이다. 안정기는 수정된 삶의 구조 속에서 새로운 삶을 시작하는 비교적 안정된 시기로 발전을 향한 움직임이 있다. 이 과정에서 전환기의 주요 역할은 이전 시기를 마무리하고 다음 시기를 준비하는 교량 기능이다. 전환기에는 외적 변화는 물론 내적 변화도 많이 일어난다. 우리는 성인기 동안 수차례 전환기를 맞게 되는데, 전환기마다 그 특징이 다르다. 전환기는 내생적 변화(사춘기, 폐경기, 혹은 경력이나 생활의 불만에서 오는 자아의 변화)로 오기도 하고, 외생적 변화(결혼, 취업, 은퇴, 실직 등 외적인 사건)로 오기도 한다. 개인이 이정표적 사건들을 사회적 시계에 따라 적기에 맞이한 경우에는 정상적 전환기를 경험하며 별다른 심리적 고통이나 혼란을 경험하지 않을 수 있다. 하지만 개인이 이정표적 사건들을 적기에 겪지 않거나 혹은 예기치 못한 사건들(이혼, 배우자 사망, 질병, 실직 등)을 경험하게 되는 개인적 전환기에는 심한 정서적 충격이나 고통을 수반하는 위기가 올 수 있다(Levinson, 1996).

우리는 일생을 살아가면서 많은 사건을 경험한다. 그러나 동일한 유형의 사건도 그것을 인생의 어느 시점에 겪는가에 따라 개인이 받는 스트레스나 정서적 고통은 달라질 수 있다. 예를 들어, 65세에 정년퇴직을 경험하는 사람과 40대에 퇴직을 경험하는 사람이 겪는 고통은 큰 차이가 있을 것이다. 그리고 배우자와 50대에 사별하는 경우와 80대에 사별하는 경우도 개인이 겪는 고통과 스트레스는 매우 큰 차이가 있을 것이다. 흔히 전환기에는 이혼, 실직, 직업 전환 등의 사건이 많이 일어난다. 그 이유는 자아의 변화와 같은 내생적 변화가 일어난 상황에서 외적인 문제들이 야기될 경우 심리적 갈등과 고통이 더욱 심화되고 그 해결 결과가 극적으로 나타날 수 있기 때문이다. 따라서 예기치 못한 사건이 특히 발달의 전환기에 겹치게 되면 그 전환기는 심각한 '위기'가 될 가능성이 높아진다고 할 수 있다(김애순, 2002).

Levinson(1996)은 60~65세 이후를 노년기로 구분하고 80세를 전후로 노년기 전기와 후기로 구분한다. 이 시기에는 노화로 인한 신체, 심리, 사회적 변화의 영향이 삶의 모든 영역에 미치어 아무리 건강하고 정력적인 삶을 이끌어 온 사람일지라도 자신의 기력과 역량이 감퇴하고 있다는 사실을 깨닫고 삶의 방식을 조절해야 한다. 대부분 한두 가지의 질병이나 가벼운 손상을 가지고 있는 경우가 보통이며, 배우자 또는 친지들의 죽음으로 인해 상실감을 경험하면서 자신의 죽음이 다가오고 있다는 것을 더욱 절실하게 인식하는 시기이기도 하다.

노년기 전기는 60~80세 시기로 구분되는데, Levinson은 60~65세 사이를 노년의 전환기로 설명한다. 자신이 노인이라는 것을 받아들이고 익숙해질 준비를 해야 하는 시기다. 사회적으로는 가정과 사회에서 힘과 권위가 서서히 감소되면서 막중한 책임과 역할, 권위를 중년에게 물려주고 사회의 중심부에서 물러나게 된다. 개인의 은퇴 시기는 개인의 욕구, 능력의 한계, 생활환경이 반영되어 있다. 하지만 노년은 외적 조건이 갖추어진 한 내적 자원을 보다 창조적으로 활용할 자유가 있는 시기다. 이 시기를 보내는 사람들의 모습은 매우 다양하다. 어떤 사람들은 마치 에너지, 흥미 등의 내적 자원이 모조리 고갈된 것처럼 노화에 위축되어 있거나 삶의 마지막 순간까지 돈, 명예, 권력에 집착하기도 한다. 하지만 자신의 내면의 젊음을 새로운 형태로 유지함으로써 창조적인 모습으로 이 시기를 살아가는 사람들이 있다. 즉, 우리는 주위에서 가끔 연장자로서의 지혜와 연륜을 가지고 상담, 교육, 자원봉사로 지역사회에 기여하는 사람들을 본다.

최근에는 노년기를 '제3의 인생'으로 보고 새로운 계획과 인생 설계를 하는 사람들이 있으며, 부부 중심적인 삶으로 변화하여 행복하고 활기찬 노후를 보내려는 사람들이 증가하고 있다. 하지만 초고령기(80세 이상)가 되면 대부분의 사람이 만성적인 질병이나 다양한 신체적 감퇴로 고통과 불편함 속에서 살아가게 된다. 따라서 생활의 영역이 가까운 친척으로 좁아지며, 자신의 신체적 욕구나 안락함이 주요 관심사가 된다. 흔히 중풍, 치매 등 정신신체적 질환 속에 있는 사람들은 모든 삶의 의미를 잃어버리는 경향이 있다. 그러나 아직 활력이 있다면 사회나 후손에게 지혜와 고상함을 보여 줄 수도 있다. 그리고 인생의 마지막에서 자신의 죽음과 타협하고 마음의 준비를 하는 것이 노년기를 잘 보내는 것이 된다(김애순, 2002).

6) Whitbourne의 정체감 과정 이론

Whitbourne(1996)의 정체감 과정 이론(identity process theory)은 성인기 동안 개인의 정체감이 형성되고 수정되는 과정을 설명했다. Piaget 이론의 '동화(assimilation)'와 '조절(accommodation)' 과정을 사용하여 개인의 정체감이 경험과 상호작용하여 어떻게 변화하는지를 설명하고자 하였다. 청년기까지 형성된 개인의 정체감은 성인기 동안에도 계속적으로 변화하게 된다. 현재의 상황을 해결하기 위해 기존의 정체감을 사용하는 과정은 '동화'에 해당되며, 새로운 상황의 변화에 대처하기 위해 개인의 정체감을 변화시키는 과정은 '조절'에 해당된다. 경험을 주로 정체감 동화에 의존해서 처리하는 사람, 정체감 조절에 의존해서 처리하는 사람, 동화와 조절을 모두 활용하는 균형을 이룬 정체감 과정에 의존하는 사람으로 구분할 수 있다.

정체감 동화 과정에 의존하는 사람은 자기에 대한 견해를 변화시키지 않기 위해 변화를 거부하고 경험에 대한 지각을 왜곡하므로 젊은 세대는 물론 노인 세대의 특성도 이해하려고 하지 않는다. 새로운 경험의 지각을 거부하므로 노화에 따른 신체 기능의 변화도 그 중요성을 부정하며, 노화로 나타난 변화를 단순히 건강과 관련된 일시적인 상태로 귀인하게 된다. 정체감 조절 과정에 의존하는 사람은 사소한 사건이나 경험에 과도하게 반응하고 단지 하나의 상황으로부터 지나치게 광범위하거나 일반적인 결론을 도출한다. 사소한 연령 관련 변화에 대해 과민 반응을 하고 지나치게 일찍 나이를 먹었다고 지각한다. 그러므로 정체감 조절은 발달된 정체감을 지니고 있지 않을 때 일어나기 쉽다. 동화와 조절을 모두 활용하는 균형 이룬 정체감을 지닌 사람은 성인기 동안 불가피하게 일어나는 변화에 관심을 가지고 오랫동안 기능을 유지하려고 노력하며, 그것들을 보상하는 방법을 발견함으로써 변화가 일어날 때 상실에 적응할 수 있다. 자신이 노화하고 있다는 것을 지각하면서도 노화가 매일의 기능이나 미래 계획을 방해하지 않도록 함으로써 동화와 조절 간의 타협을 이룰 수 있다. 성인기 동안의 노화 과정은 개인이 안정된 정체감을 유지하는 데 특별한 도전으로 작용하게 된다. 신체적 노화와 인지적 변화, 유의미한 타인과의 관계 변화 및 사회적 맥락 내에서의 변화에 기인한 사건들은 개인의 정체감에 영향을 주게 되며, 개인은 성인기 동안 노화 과정의 결과로 일어나는 변화들을 정체감 속에 통합하는 방식을 알아내야 한다. 정체감 이론에서 건강한 성인은 정체감 동화와 조절 사이에 균형이나 평형을 유지할 수 있는 사람으로, 연령이 증가하고 상황이 변화하더라도 일관성의 느낌, 일체감을 유지하면서 새로운 경험에 반응하여 변화할 수 있어야 한다.

2. 성공적 노화와 성격 특성

1) Rowe와 Kahn의 성공적 노화 연구

성공적 노화(successful aging)는 노년기 연구에 있어서 매우 중요한 주제 중 하나로 수십 년간 많은 학자의 관심을 받아 왔다. 여러 학자가 성공적 노화에 대한 연구를 실시하였으나 가장 관심을 많이 받은 연구자는 Rowe와 Kahn(1998)이었다. 그들은 미국 맥아더 재단으로부터 연구비를 지원받아 의학, 신경학, 심리학, 사회학 등 여러 분야의 학자들과 약 7년간 노화와 관련된 연구를 수행하였다. 이 연구가 의미를 갖는 것은 성공적 노화를 '결과'가 아닌 '적응하는 과정'으로 이해하고 계속적인 성장 · 발달의 한 부분으로 인식하고 있다는 점이다. 노화는 고통스러운 쇠퇴의 과정이라는 속설에서 벗어나 나이가 들수록 유전적 영향보다는 사회적, 신체적 습관이 신체와 정신의 건강에 점점 더 통합적으로 영향을 미친다고 보고 있다. 즉, 나이가 들어도 노년기에 적극적이고 활기찬 생활을 유지함으로써 보다 건강하고 행복하게 나이 들어 갈 수 있다는 것을 강조한다.

성공적 노화는 개인의 선택과 행동에 따라 변화할 수 있다. 따라서 소극적이며 부정적인 의미의 쇠퇴 과정인 '일반적 노화'에서 '성공적 노화'로 변화하는 것은 개인의 노력에 달려 있다. 어떤 생활 방식을 선택하느냐에 따라 성공적 노화가 결정될 수 있다고 보는데, 식습관, 운동, 정신적인 자극, 자기 효능감, 대인관계 등이 중요한 요소가 될 수 있다는 것이다. 이와 같이 Rowe와 Kahn(1998)의 성공적 노화에 대한 연구는 개인의 선택과 행동을 강조할 뿐만 아니라 노인의 활동에 대한 정의를 보다 현실적으로 구체화하여 그러한 활동에 노인들이 지속적으로 참여하는 것이 중요함을 강조한다(정옥분, 2008).

Rowe와 Kahn(1998)은 성공적 노화의 핵심 개념에 질병 및 장애 예방, 신체적 · 정신적 활동 유지, 적극적 사회 활동 참여라는 세 가지 요소를 포함하고 있다. 이들 요소를 구체적으로 살펴보면, 첫째, 질병 및 장애가 발생하기 전에 정기적인 건강 검진, 식이 요법, 운동 등의 조치를 통해 자신의 건강을 유지하여 질병과 장애를 피해 가는 것, 둘째, 적절하고 규칙적인 운동을 통해 신체적 활동을 유지하고 복잡한 정신적 활동에 계속적으로 참여함으로써 정신적, 신체적 기능을 유지하는 것, 셋째, 잠재력을 넘어서 '인생 참여'라는 실제 활동에 참여하는 것으로 설명할 수 있다. 적극적인 인생 참여는 여러 가지 다양한 형태로 이루어지지만, 성공적 노화의 경우는 다른 사람들과의 관계와 생산적인 행동으로 가장 잘 나타난다. 따라서 사회 활동 참여를 지속하고 타인과의 관계에서 친밀도를 유지하는 것이 무엇보다 필요하다. Crowther, Parker, Achenbaum, Larimore, Koenig(2002)는 성공적인 노화의 중요한 요소로서 '긍정적 영성'을 포함시켰으며, 노인들이 노후에 긍정적 영성을 유지하는 것이 삶을 풍요롭게 할 수 있다고 주장하였다.

성공적인 노화의 세 가지 구성 요소는 위계적인 순서를 이루고 있다. 질병과 장애가 없으면 정신적 · 신체적 기능을 유지하기가 더 쉽고, 정신적 · 신체적 기능을 유지함으로써 적극적인 인생 참여가 가능해진다. 이 세 가지 구성 요소의 결합, 즉 질병과 장애가 없고, 신체적 · 정신적 기능을 유지하며, 인생 참여를 지속하는 것이 성공적인 노화의 개념을 가장 완전하게 나타낸다. 나아가 각 구성 요소는 여러 요인의 결합이다. 질병과 장애를 피하는 것은 질병 자체의 유무뿐만 아니라 질병과 장애에 대한 위험 요인들을 없애는 것을 의미한다. 전반적인 기능 수행을 높은 수준으로 유지하기 위해서는 신체적 능력과 정신적 능력이 모두 필요한데, 이 두 가지 능력은 근본적으로 서로 별개의 독립된 기능이다. 마지막으로, 이 신체적인 능력과 정신적인 능력은 단지 활동의 잠재력일 뿐이다. 이 능력들은 무엇을 할 수 있는가를 말해 줄 뿐, 실제로 무엇을 하는가를 말해 주지는 않는다. 많은 노인은 여러 가지 이유에서 자신이 실제로 할 수 있는 것보다 훨씬 적은 활동을 한다. 성공적인 노화는 잠재력을 넘어서 '인생 참여'라는 실제 활동을 포함하게 된다. 적극적인 인생 참여는 여러 가지 다양한 형태로 이루어지지만, 성공적인 노화의 경우 다른 사람들과의 관계와 생산적인 행동으로 가장 잘 나타난다. 성공적으로 노화하기 위해 가장 중요한 것은 미래 지향적이고 적극적인 인생 참여와 대인 간 교류다(Rowe & Kahn, 1998).

- 질병과 장애 피해 가기 의학은 대부분 예방이 아닌 치료의 차원에서 발전하였으나, 최근 들어 치료뿐만 아니라 예방을 강조하게 되었다. 우리는 질병과 장애에 대한 취약성을 마음대로 통제할 수 없지만, 노화로 인해 발생하는 만성적인 질병의 경우에는 문제의 증후군이 먼저 나타나기 마련이다. 주요 위험 징후는 혈압, 복부 지방, 혈당량의 증가와 폐, 신장, 면역 기능의 저하다. 이러한 현상은 생활 습관이나 식사 습관에 의해 영향을 받기 때문에 미리 예방하기 위해 노력하면 막을 수도 있지만, 대부분의 사람은 이러한 징후를 무시하게 된다는 데 문제가 있다. 예방 차원에서는 혈압의 증가가 '정상' 범위에 있다고 하더라도 정기적인 검사와 함께 우선 식이 요법과 운동 등의 조치를 취해야 한다.
- 정신적 기능과 신체적 기능의 유지 독립적인 삶을 유지하는 것은 많은 노인의 목표다. 독립적인 생활을 유지하기 위해서는 신체적 기

능과 정신적 기능을 유지해야 하는데, 노인들은 기능 수행 능력의 상실과 관련된 사소한 실수(예: 열쇠를 찾지 못하거나 사람의 이름을 기억하지 못할 때)를 할 때마다 치매에 걸린 것은 아닌지, 혼자 살아가는 데 문제가 생기는 것은 아닌지 걱정하게 된다. 하지만 맥아더 연구 결과에 의하면 노인들이 갖고 있는 기능 상실에 대한 공포는 대부분 과장되어 있으며, 또한 기능 상실 중 많은 부분은 예방될 수 있다. 그리고 일부 기능 상실은 회복 가능하다.

- 계속적인 인생 참여 노인 연구에서 한때 각광을 받았던 '사회유리설'은 노인이 되면 사회적 책임이나 의무를 내려놓고 사회적 활동을 하지 않는 것이 더 좋다는 주장을 한다. 하지만 최근 연구 결과에 의하면 노년기에도 지속적으로 사람들과 관계를 맺고 자신이 하고 싶은 사회적 활동을 유지하는 것이 노년기 적응에 도움이 된다. 사람들과의 깊은 유대는 건강과 수명을 증진시키며, 사회 · 정서적 지지를 받는 것은 노년기 행복에 중요한 요소가 된다. 또한 돈을 벌지 않아도 자신의 살림을 꾸려 나갈 수 있고 가족이나 친구를 돌보거나 교회 및 시민 단체에서 자원봉사를 하는 것도 중요한 생산적 활동이 되며, 이러한 활동을 지속하는 것이 성공적 노화에 도움이 된다.

2) Baltes와 Baltes의 SOC 이론

Baltes와 Baltes(1990)는 연령 증가로 인한 쇠퇴와 변화가 우세하게 나타나는 노년기에 성공적 노화를 이루는 과정을 설명하기 위해 '보상이 수반된 선택적 최적화 모형(selective optimization with compensation)'을 제안했다. '성공적 노화'라는 개념에서 '성공'과 '노화'는 상반된 개념처럼 보인다. 즉, 성공은 증가, 획득, 승리, 보상과 같은 개념과 연관되지만,

노화는 상실, 감소, 쇠퇴, 죽음 등과 관련되어 있기 때문이다. 그러나 성공적인 노화 개념은 노년기에도 발달이나 변화를 위한 잠재 능력과 가용 자원이 아직 많이 남아 있음을 뜻한다. 그러므로 이 이론은 개인 간 다양성(inter-individual variability)과 개인 내적 가소성(intra-individual plasticity)에 근거하고 있다.

Baltes와 Baltes(1990)의 성공적 노화이론의 특성에 대한 주요 전제는 다음과 같다. 첫째, 노화에는 개인 간 다양성이 존재한다. 유전적 요인, 인생 전반에 걸친 경험, 병리적 현상 등 개인 간에는 여러 가지 다양성이 존재한다. 둘째, 인생 후기에도 잠재 능력이 많이 남아 있다. 상당수의 노인은 실용적 지능과 관련된 실제적 또는 단편적 지식의 영역에 대한 학습이나 사회적 기능과 관련된 잠재 능력을 유지하거나 활성화할 수 있다(Baltes, Dittmann-Kohli, & Dixon, 1984). 잠재 능력과 가소성에도 한계가 있다. 특히 기계론적 측면의 지능에서 최대 수행 수준의 잠재 능력은 감소한다. 노화 과정에는 질적 차이가 있으며, 연령 증가에 따라 향상되는 것보다는 쇠퇴하는 것이 더 많아지는 경향이 있다. 그러므로 여러 보상 책략을 통해 개인적 통제감이나 자기 효능감 등을 유지할 수 있다. 이와 같은 전제를 바탕으로 Baltes와 Baltes(1990)의 '보상이 수반된 선택적 최적화 모형'은 연령 증가에 따른 가소성과 가소성의 한계가 통합되는 방법을 제시해 준다. 이 원리는 전 생애에 걸쳐서 나타나는 보편적인 적응 과정이다. 그러나 연령 증가로 인한 신체적, 정신적, 사회적 잠재 능력의 상실이 발달적 획득보다 많은 성인 후기에는 특히 중요하며 그 사용 정도도 증가한다. 그리고 선택(selection), 최적화(optimization), 보상(compensation) 책략은 개인마다 공통적으로 갖고 있지만, 그러한 요소들이 개인이 경험하는 개인적, 사회적 환경에 따라 다양하게 현실화되어 나타난다.

선택, 최적화, 보상의 각 요소들의 특징을 살펴보면 다음과 같다. 선택은 연령 증가에 따른 쇠퇴와 감소분이 증가하므로 높은 수행을 유지할 수 있는 몇몇 특정 영역을 선택하고 그 외 다른 영역은 무시하는 책략이다. 또는 목표의 현재 중요도에 따라 우선순위를 정해서 지금 가장 시급하고 중요한 목표를 선택하고 이를 추구하는 책략이다. 즉, 환경적 요구와 개인적 동기, 기술, 생물학적 잠재 능력 등을 모두 고려하여 개인에게 가장 중요하게 생각되는 목표를 선택하여 추구하는 것이 성공적인 적응의 열쇠가 된다. 선택은 특정한 기능 영역에 자원을 집중함으로써 자원의 낭비를 막고 발달적 방향을 인도하는 역할을 하게 되는데, 의도적 선택(Elective Selection: ES)과 상실 기초된 선택(Loss-Based Selection: LBS)으로 구분된다. ES에 비해 LBS는 목표 관련 수단을 상실했을 때 이루어지는 선택으로, 개인의 목표 체계를 재구성하여 현재 개인에게 가장 중요한 목표를 최우선으로 하고 이를 추구하기 위한 준비를 해야 한다. 최적화는 일반적인 잠재 능력을 활성화하고 자신의 효율성을 유지하기 위해 선택한 영역의 수행을 최대화하는 행동이다.

가소성을 검증하기 위한 중재 프로그램 연구들에서 노인들은 자신의 목표 추구를 위해 가장 유리한 상황을 최적화 과정을 통해 유지할 수 있고 그 결과 효율적으로 기능하게 된다는 것이 확인되었다(Baltes & Lindenberger, 1988; Dixon, Hultsch, & Hertzog, 1988). 보상은 생물학적, 사회적, 정신적, 인지적 기능의 상실로 인해 문제 해결 상황에 대한 효율성이 떨어질 때 발달적으로 쇠퇴하여 부족한 부분을 보완하기 위해 특정한 학습 행동이나 다른 방법을 사용하는 책략을 의미한다. 보상이 활성화되는 상황은 환경 조건의 특수성 때문에 자원이 고갈될 때, 동일한 목표에 도달하기 위한 보상의 전략으로 새로운 수단이 요구될 때 그리고 생물학적 노화와 연합된 가소성의 감소와 인생 후기에 다양한 수단이 상실될 때다. 보상 책략의 방법으로는 첫째, 신체적 기능 상실 및 저하로 인해 외부적/기술적 도움을 받을 수 있다. 예를 들어, 보청기, 돋보기, 휠체어, 효율적 시간 관리를 통해 보상받을 수 있다. 둘째, 심리학적 보상 기제로서 기억력 쇠퇴는 장소법과 같은 기억 책략, 기억할 내용에 대한 반복이나 연상법을 사용함으로써 이전의 수행 수준을 유지하도록 할 수 있다. 셋째, 지식에 기반을 둔 실용적 책략을 이용하는 방법이다. 이는 한 문화권 내에서 개인이 평생 동안 발전시켜 온 특정 지식을 의미한다. 여기에는 지혜, 전문 지식 등이 포함된다. 보상은 특정 수단이 가용하지 않을 때 가능한 수단으로 대치하거나 외부적 도움을 요청하여 목표를 이룰 수 있도록 하는 것인데, 보상적 노력이 실패하거나 비용이 이익을 초과하면 목표의 재조정이나 새로운 목표를 찾는 것이 적응적이다. Baltes와 Baltes의 '보상이 수반된 선택적 최적화 모형'에서는 연령 증가에 따라 신체적, 인지적, 사회적 영역 등에서 잠재 능력 등이 쇠퇴하거나 감소하더라도 SOC 책략을 이용하면 현재 상황에서의 가장 효율적인 삶을 유지할 수 있게 된다고 설명한다. 경험적 연구에 의하면 SOC책략을 자주 사용하는 것으로 보고하는 개인들은 성공적 노화의 주관적 지표에서 높은 점수를 받으며, 정적 정서를 부적 정서에 비해 더 자주 경험한다. 또한 만족 지연 능력과 계획 능력도 높고 자기 효능감 수준이 높은 것으로 나타났다.

3) Vaillant의 하버드 성인발달 연구

Vaillant(2002)는 저서 『행복의 조건(*Aging Well*)』에서 나이 들어 가는 것에 대해 오랜 세월을 연구해 온 하버드 대학 성인발달 연구(Study of Adult Development) 결과를 제시하면서 어떻게 살아가는 것이 행복하게 잘 나이 드는 것인지에 대해 설명하고 있다. 하버드 대학 성인발달 연구를 통해 이미 수십 년 전 Vaillant(1977)는 사람들이 성장 · 발달을 이루는 정도는 개인마다 다르다고 보고, 특히 시련이나 위기에 직면한 개인이 나타내는 심리적 적응 방식에서의 발달적 변화에 관심을 가졌다. 연구 초기에는 부적응을 나타내는 연구 참여자의 특성을 밝히는 데 주력했다면, 그들과 함께 연구를 실시하는 Vaillant 자신도 나이가 들면서 인생을 살아가는 데 더 중요한 것, 즉 보다 행복하게 잘 살아가는 데 가장 중요한 미덕이 무엇인지에 대해 깊이 있는 깨달음을 갖고 많은 사람에게 중요한 메시지를 전달하고 있다. 성인발달 연구 대상자들은 노화라는 피할 수 없는 위기를 극복해 나가면서 끊임없이 새로운 삶을 창조해 낸 것처럼 보인다. 연구 참여자들 자신도 그 사실에 놀랐고, 그 모습을 지켜보는 연구진도 놀라기는 마찬가지였다고 한다. 연구 참여자들은 슬픔과 상실, 패배의 순간에도 얼마든지 삶에서 훌륭한 가치를 찾아낼 수 있다고 우리에게 확신을 불어넣어 준다. 그들은 삶이 힘겹다고 해서 기가 꺾이지도 않았다. 2년에 한 번씩 우편으로 설문지를 보내고 연구 참여자들의 답을 분석하는 종단 연구에서 '여러분을 아침에 일어나고 싶게 만드는 가장 중요한 요인은 무엇인가?'라는 질문에 대해 84세의 한 연구 참여자는 '살고, 일하고, 어제까지 몰랐던 것을 배우기 위해서 그리고 내 아내와 소중한 순간을 나누기 위해서'라고 답했다. 연구에서는 이와 같이 나이가 들고 노인이 되는 것은 쇠퇴와 소멸을 의미하는 것이 아니며, 매 순간을 소중히 생각하고 열심히 살아간다면 나이는 중요하지 않으며 현재의 삶을 즐길 수 있게 된다는 것을 밝혔다.

하버드 성인발달 연구를 통해 알아낸 주요 성과는 다음과 같다.

- 우리에게 일어난 나쁜 일들이 우리의 미래를 결정하는 것은 아니다.

행복한 노년은 우연히 만난 주변의 훌륭한 인물들에게서 지대한 영향을 받기도 한다.

- 인간관계의 회복은 감사하는 자세와 관대한 마음으로 상대방의 내면을 들여다볼 때 이루어진다.
- 50세에 행복한 결혼생활을 하고 있다면 80세에도 행복한 노년을 누릴 수 있다. 하지만 놀랍게도 50세에 콜레스테롤 수치가 낮다고 해서 80세에 반드시 건강하고 행복한 것은 아니다.
- 알코올 중독(불행한 유년 시절과는 상관없음)은 분명 실패한 노년으로 이어진다. 알코올 중독은 부분적으로 장차 얻을 수 있을 사회적 지원을 가로막는 요인이 된다.
- 은퇴하고 나서도 즐겁고 창조적인 삶을 누리라. 그리고 오래된 친구를 잃더라도 젊은 친구들을 사귀는 법을 배우라. 그러면 수입을 늘리는 것보다 한층 더 즐겁게 살 수 있다.
- 객관적으로 신체 건강이 양호한 것보다 주관적으로 건강 상태가 좋다고 느끼는 것이 성공적인 노화에 훨씬 더 중요한 요소다. 다시 말해, 스스로 자신이 병자라고 느끼지 않는 한 아프더라도 남이 생각하는 것만큼 고통스럽지 않을 수 있다.

Vaillant(2002)는 행복한 노년기를 보내는 데 무의식적 방어기제(defense mechanism)의 성숙이 중요한 역할을 한다고 설명한다. 투사(projection), 수동공격성(passive aggression), 해리(dissociation), 행동화(acting out), 환상(fantasy)처럼 부정적인 영향을 끼치는 방어기제들이 있는데, 이러한 기제는 성격장애와 관련되기도 한다. 투사가 일어날 경우, 받아들이기 힘든 감정을 다른 사람에게 전가한다. 수동공격성을 가진 사람들은 자기 자신을 향해 매우 도발적인 방식으로 화를 풀기도 한다. 우리가 연극 무대에서 흔히 볼 수 있듯이 고통스러운 감정으로부터 스스로를 분리하거나 불쾌한 상황에서 유쾌한 척 과장하는 배우들의 연기는 매력적으로 보일 수 있다. 그러나 실제 생활에서 이렇게 해리된 모습을 보인다면 비난을 받거나 부적응을 나타내기 쉬울 것이다. 벌컥 화를 내거나 충동적으로 반응하는 등 경솔하게 행동화하면 사려 깊게 생각하거나 솔직한 자신의 감정을 이해하고 표현하지 못하게 된다. 정신분열적 환상은 현실의 인간관계 대신 가상의 친구들에 빠져서 현실과 더욱 멀어지게 만들 수도 있다. 이러한 미성숙한 방어기제의 사용은 단기적으로는 위안을 주지만 장기적으로는 상태를 더욱 악화시키고 부적응을 부추기게 된다.

성숙한 방어기제로는 승화(sublimation), 성숙한 유머(humor), 이타주의(altruism), 억제(suppression) 등이 있다. 건강하고 행복하게 살아가는 노인들은 성숙한 방어기제를 자주 사용하는 것으로 나타나는데, 이를 위해서는 정서의 발달과 수년에 걸친 경험, 다른 사람의 마음을 읽는 능력이 필요하다. 승화는 영혼의 연금술을 발휘하도록 도와준다. 성숙한 예술가들은 유년기의 고통을 작품으로 승화시키기도 한다. 성숙한 유머 감각을 가진 사람들은 고통이 어떤 것인지 정확하게 알고 있다. 그들은 다른 사람에게 불쾌감을 주거나 스스로 불안해하지 않고 자유롭게 자기 감정을 표현할 수 있다. 유머를 구사하려면 카드로 집을 쌓아 올릴 때와 마찬가지로 적절한 순간을 잘 포착해야 한다. 우리는 본 대로 느끼지만 모든 것을 행동으로 옮기지는 않는다. 유머를 잘 이용한다면 고통도 웃음으로 변화시킬 수 있다. 이타주의는 자기가 받고 싶은 것을 다른 사람에게 베풀면서 즐거움을 느끼는 것이다. 예를 들어, 어린 시절 성적 학대를 당한 사람들 중에는 자기도 모르게 다른 사람을 학대하려는 이들이 있는 반면, 미혼모 보호시설이나 학대 피해자를 위한 전화상담을 돕는 이들도 있다. 억제는 이타주의나 승화, 유머와 같은 깊은 인간애와는 관련이 없다. 실제로 전문가들은 억제가 어떤 성과라기보다는 일종의 실패라고 생각한다. 그러나 효과적으로만 사용하면 억제는 균형을 잘 잡은 돛대 역할을 할 수 있다. 모든 제약은 욕망이라는 바람을 덮어 버리는 것이 아니라 적극적으로 욕망을 불러일으킨다. 억제와 억압은 둘 다 지금 당장 마음에서 욕망을 떨쳐 내게 해 주지만, 시간이 흘러 때가 이르렀을 때 욕망을 되살릴 수 있는 것은 억제뿐이다. 따라서 Freud는 욕구를 망각(억압)하는 것이 아닌 연기(억제)하는 것이 성숙의 증거라고 설명했다. 이 네 가지 성숙한 방어기제는 성숙뿐만 아니라 미덕과도 연관된다. 이타적으로 행동하고(이타주의), 예술적 창조로 갈등을 해소하거나 쇳조각을 황금으로 변화시키며(승화), 밝은 면만 보려고 인내하거나(억제), 지나치게 심각한 태도를 취하지 않는(유머) 행동이 모두 미덕에 포함된다. 실제로 이 네 가지 방어기제는 매우 의식적으로 노력해야만 갖출 수 있는 것처럼 보인다. 마음속 이야기를 털어놓기 전에 겉치레뿐인 허영을 가볍게 웃어넘길 수 있을 만한 자제력이 있다면 인생은 훨씬 수월해질 것이다.

하버드 졸업생 집단의 경우, 건강한 노화를 예측하는 요소로 일곱 가지가 제안되었다(Vaillant, 2002).

- 비흡연 또는 젊은 시절에 금연 성공　담배를 많이 피웠는지의 여부는 건강한 신체적 노화에 중요한 영향을 끼친다. 하버드 집단의 경우, 행복하고 건강한 삶을 살아온 이들과 조기 사망자들을 비교해 볼 때 담배를 30년 동안 하루 한 갑 이상 꾸준히 피어 온 비율은 1:11 정도로 나타났다. 그러나 45세 이전에 담배를 끊으면 20년 동안 하루 한 갑 정도 담배를 피웠던 경우라 하더라도 70세나 80세까지 심각한 영향을 끼치지는 않았다.
- 적응적 방어기제(성숙한 방어기제)　행복하고 건강한 노년을 약속하는

가장 강력한 요소는 적응적 방어기제였다. 일상생활에서 성숙한 방어기제라고 하면 소소하게 불쾌한 상황에 부딪히더라도 심각한 상황으로 몰아가는 일 없이 긍정적으로 전환할 수 있는 능력을 일컫는다. '행복하고 건강한 삶'을 살아가는 노인들은 대부분 성숙한 방어기제를 사용하고 있었지만, '불행하고 병약한 삶'을 살아가는 노인들은 성숙한 방어기제를 사용하는 경우가 드물었다.

- 알코올 중독 경험 없음 알코올 중독은 노년의 정신사회적 건강은 물론 신체 건강을 좌우하는 결정적인 요소다. 알코올 중독은 알코올로 인해 배우자나 가족, 직장 동료와의 관계 또는 사회질서나 건강에 심각한 문제를 야기했는가의 관점에서 평가된다. 알코올 중독 연구에서는 주로 알코올 소비량에 초점을 두는 경우가 많았으나, 음식을 많이 먹는다고 반드시 비만이 되는 것이 아니듯 알코올 소비량이 곧 알코올 중독을 결정하는 기준이 될 수는 없다. 하버드 성인 연구에서 보면, 알코올 중독은 과중한 스트레스로 인한 결과라기보다는 오히려 그 자체가 스트레스를 불러일으키는 원인으로 작용했다. 또한 알코올 중독은 자살, 살인, 암, 심장질환, 면역 체계 약화를 유발하므로 알코올 중독으로 인한 사망률이 간경변이나 자동차 사고로 인한 사망률보다 높다고 볼 수 있다.
- 적정 체중, 안정적 결혼생활, 운동 비만은 흡연만큼 신체 건강에 악영향을 미친다. 행복한 결혼생활과 규칙적인 운동은 신체 건강은 물론 심리사회적 건강까지 좋은 영향을 끼친다.
- 교육 연수 교육 연수가 건강한 노화에서 큰 비중을 차지하는 이유는 사실 사회적 계급이나 지적 능력 같은 요소 때문이 아니다. 노년의 신체 건강에 영향을 끼치는 교육의 요소는 IQ나 유년 시절 가정의 소득이 아니라 '자기 관리'와 '인내심'이다. 건강과 교육의 연관

성에 대해서는 두 가지 설명이 가능하다. 첫째, 어느 정도 앞일을 생각할 줄 아는 사람이라면 가능한 한 교육을 많이 받고 싶어 하며 자기 관리에 충실하다. 둘째, 사람들은 교육을 받음으로써 자기 삶의 진로를 스스로 결정할 수 있다고 믿는다. 교육을 많이 받을수록 개인의 행동이 어떠한 결과를 가져올지에 대해 훨씬 잘 이해하게 된다.

4) 우아한 노년: 노트르담 수녀회 연구

Snowdon(2001)은 역학 연구자였으나 노트르담 수녀회 연구를 통해 알츠하이머병 연구의 세계적인 권위자가 되었다. 1986년부터 미국 만카토 수녀원에서 연구를 시작하여 100여 년간 기록된 수녀원의 방대한 기록 자료, 수녀들의 개인사(personal history)를 포함한 여러 가지 개인 정보를 수집하고 기억검사, 지능검사 등 여러 검사를 75~106세의 수녀 678명을 대상으로 실시하여 자료를 축적하였다. 이 연구는 종단 연구로 마지막에 죽음에 이를 때까지 검사를 실시하고 뇌를 기증받아 사후에는 뇌 해부까지 하였다. 이 연구는 종단 연구를 통해 노화 과정을 밝혔을 뿐만 아니라 알츠하이머병의 발병 원인과 진행 과정을 확인할 수 있는 기념비적 연구로 평가받고 있다. 연구 대상 수녀들은 약 85% 이상이 학사학위를 갖고 있었으며 그중 45%는 석사학위를 갖고 있었다. 그들은 19세기 초에 태어난 여성들 중 학력이 높은 편이었다.

수녀를 대상으로 하는 연구에는 장점이 있는데 수녀들은 생활양식이 유사하기 때문에 질병이나 건강 관련 요인을 비교하는 데 좋다. 동일하게 모든 수녀는 금연을 하며, 독신(출산 경험이 없음)이고, 하는 일이나 수입이 유사하고, 평생 동안 비슷한 의료 혜택을 받으며, 건강에 이로운 생활 습관을 갖고 있다는 점이 있어서 비교연구가 수월하다. 또한 수녀들은 종신 서약을 하고 수녀회에 몸담고 있기 때문에 종단 연구 시 피험자 탈락의 문제가 매우 적다는 장점이 있다.

노트르담 수녀회 연구에서는 교육과 건강의 관련성을 확인하고 다양한 검사를 개발하여 연구에 적용하였다. 특히 검사의 경우 질문지에 근거한 질문도 했으나 행동에 중점을 두고 실제 수행을 평가하는 검사도 다수 포함하였다. 또한 알츠하이머병에 대한 연구에 있어 많은 결실을 거두었는데, '뇌의 예비능' 가설을 확인하기 위해 뇌 해부도 실시하였다. 뇌의 예비능 가설은 알츠하이머병을 앓고 있는 환자들의 장애 정도가 단순히 알츠하이머병으로 뇌가 얼마나 심하게 손상을 받았느냐를 반영하는 것이 아니라고 주장한다. 오히려 임신 기간과 성장 과정에서 뇌의 발달이나 뇌 구조의 강약에 의해 영향을 받을 수 있다는 것이다. 뇌가 강할수록 예비능이 높아 알츠하이머병으로 인해 조직에 심각한 구조적 손상이 발생해도 증상은 나타나지 않을 수 있다. 이러한 뇌는 유연성 또는 적응성이 뛰어나다고 보며, 효율적인 뇌에서는 신경세포 사이에 새로운 연결이 형성되어 어느 정도까지는 알츠하이머병 손상을 입은 부위의 주변을 메워 보충할 수 있다고 설명한다. 노트르담 수녀회 연구에서는 이 가설을 확인하기 위해 수녀들의 뇌를 사후 기증받기로 하였고, 90% 이상의 수녀가 기꺼이 연구를 위해, 후세를 위해 사후 뇌 해부에 동의를 하였다. 이러한 특성은 다른 사람을 가르치고 돕는다는 노트르담 수녀회의 전통과 부합하며 수녀들의 생산성을 보여 주는 예다.

연구 결과에서는 건강하게 장수하는 수녀의 특성을 밝혔다. 첫째, 그들은 교육 수준이 높았고, 둘째, 건강하고 적극적인 생활 습관을 갖고 있었다. 셋째, 사용하는 단어나 문장이 단순하기보다는 복잡하였다. 복잡한 문장이 반드시 좋은 것은 아니지만 건강한 수녀들이 사용하는 어휘는 다소 높은 수준이었고, 이는 그들이 어린 시절 독서를 많이 했다는 것을 보여 주는 증거였다. 어휘력과 독해력은 어린 시절에 발달하며, 이러한 능력의 개발은 성장 과정에서 매우 중요하다. 뇌는 평생 변하고 성장하기 때문이다. 넷째, 즐겁고 행복하게 식사를 하는 습관은 건강에 긍정적인 영향을 주는 것으로 나타났다. 다섯째, 긍정적인 정서를 자주 경험하는 것은 건강한 노년에 중요한 영향을 주는 것으로 확인되었다. 수녀들의 자전적 일화를 서술한 글을 분석한 결과 9만 단어 중 1,598개의 단어가 감정과 관련된 단어였으며, 그중 84%는 긍정적인 정서, 14%는 부정적 정서와 관련되는 것으로 나타났다. 만족, 행복, 열중, 사랑, 감흥과 같은 긍정적인 정서를 자주 표현하는 수녀들은 고령에도 신체적, 정신적 건강을 유지하는 확률이 높았다. 긍정적인 정서를 가장 적게 사용한 집단과 가장 많이 사용한 집단의 평균 수명 차이는 6.9세였으며, 사망률도 2배나 차이 나는 것으로 확인되었다. 여섯째, 깊은 영성은 삶을 긍정적으로 바라보게 하고, 우리가 경험하게 되는 슬픔과 고통의 충격을 완화시켜 준다. 기도와 명상은 건강에 장기간 긍정적인 영향을 주며, 아플 때 병이 빨리 치유될 수 있도록 영향을 미치기도 한다. 마지막은 공동체의 힘인데, 도구적, 정서적 지지를 서로 주고받으며 공동체 생활을 하는 것은 적응을 도와주며 주요 사망 원인이 되는 질병에 의한 사망률을 낮춰 준다.

고귀하게 다른 사람들을 위해 자신을 희생하는 종교인의 삶은 그 자체로도 우아한 노년이지만, 후세 사람들을 위해 기꺼이 자신을 내놓는 용기를 갖고 그것을 실행에 옮기는 수녀들의 모습이야말로 진정으로 우아한 노년의 모습이라 할 수 있겠다.

5) 성공적인 한국 노인의 삶: HAS 사례

한림 노화 연구(Hallym Aging Study: HAS)는 한림대학교 고령사회연구소에서 실시한 연구로, 우리나라 노인들을 대상으로 성공적 노년을 보내는 집단과 성공적 노년을 보내지 못하고 있는 집단을 구분하여 각 집단 간의 차이를 의학, 심리학, 사회학, 사회복지 측면에서 비교 분석한 연구다. 이 연구에 참여한 사람들은 서울과 춘천에 거주하는 45세 이상의 성인이었으며, 2003년에 실시한 1차 조사에 참여한 2,529명 가운데 2005년에 반복 실시한 2차 조사에도 참여한 1,805명이 연구조사 대상이었다. 이 중 2005년 당시 65세 이상인 노인들로 연구 대상을 좁혀 선발된 1,405명 가운데 의학, 심리학, 사회학 영역 각각에서 선정한 성공적 노화의 기준에서 공통적으로 상위에 포함되는 성공 노화 집단 84명(31.6%)과 세 영역의 기준에서 모두 하위에 포함되는 비성공 노화 집단 69명(25.9%)을 선발하여 면접 연구를 실시하였다.

면접 대상자의 집을 방문하여 전문조사 요원들이 일대일 심층면접을 진행하였다. 심층면접 내용은 모두 녹음되었고 그중 일부는 참여자의 동의하에 녹화되었다. 최종적으로 성공 노화 집단 49명, 비성공 노화 집단 37명이 심층면접에 참여하였다. 이 연구에서 성공 노화 집단의 분류에 사용된 각 학문 영역별 기준은 다음과 같다. 첫째, 의학 영역에서는 성공 집단은 질병이 하나도 없고 활동장애가 없는 집단으로 구분하였고, 비성공 집단은 만성질환이 하나라도 있거나 활동장애로 거동이 불편한 노인들을 포함하였다. 둘째, 심리학 영역에서는 노인용 주관적 안녕감 척도인 PGCMS(Philadelphia Geriatric Center Morale Scale; Lawton, 1976) 총점이 56점 이상(상위 34.2%)인 노인을 성공 집단으로 구분하였고, 44점 이하(하위 32.5%)인 노인은 비성공 집단으로 구분하였다. 셋째, 사회학 영역에서는 사회 활동 6개 영역(종교모임, 동창회/향우회/종친회, 자원봉사/시민단체, 노인정/노인회관, 이익옹호 단체, 여가/문화/스포츠 관련 단체) 가운데 2~5개 영역에서 활발한 활동을 하는 노인을 성공 집단으로 구분하였고, 아무 영역에도 참여하지 않는 노인은 비성공 집단으로 분류하였다. 그리고 한 가지 영역에서만 활동하는 노인 집단은 분류 과정에서 제외하였다(이주일 외, 2008).

우리나라 노인들이 '성공적 노화'에 대해 갖고 있는 생각을 분석하였는데, 그 결과 성공적 노화는 신체 및 정신적 건강과 더불어 경제적 요인이 뒷받침되어야 하는 복합적 요인들로 설명할 수 있는 개념으로 나타났다. 전체적으로 성공적 노화를 위해서 필요한 요건으로는 첫째, 노인 자신의 '신체적 건강' 유지 및 증진, 둘째, 노인 자신의 생활 유지와 자녀들을 포함한 가족 구성원의 행복 증진 및 관계성 유지에 필요한 '경제적 요인', 셋째, 다른 세 가지 요인의 원인과 결과 요인으로 작용하게 되는 자녀들의 안정이나 행복 및 부부간의 금슬이 포함된 '가정의 안정', 마지막으로 노인 자신의 마음이 평안하고 즐거우며 활기찬 상태를 유지하는 '정신 건강' 요인이 제안되었다. 성공적 노화를 경험하기 위해 이루어야 할 조건들에 대해 응답한 내용을 성공 집단과 비성공 집단으로 구분하여 살펴보면, 성공 집단은 자녀들의 안정이나 행복을 가장 중요한 요소로 꼽았고, 자녀의 행복 요인은 자신의 정신 건강과 금전적 여유와 밀접한 관련이 있는 것으로 응답했다. 비성공 집단은 금전적 요인을 가장 중요한 요건으로 응답했다.

의학, 심리학, 사회학 전문가들의 분류 기준에 따른 성공 집단과 비성공 집단의 분류는 노인들이 자기 평가를 한 결과와 유사했다. 즉, 자신의 인생에 대한 전반적인 만족도와 평가에 대해 성공 노화 집단의 노인들은 70% 이상이 긍정적으로 평가하였으며, 비성공 노화 집단의 노인들은

70% 이상이 부정적으로 평가하였다.

성공 집단과 비성공 집단의 일상을 비교한 결과 큰 차이점이 나타났는데, 성공 집단의 노인들은 비교적 이른 시간에 잠자리에 들고 일찍 일어나서 아침 식사 전에 규칙적으로 하는 일이 있다고 응답하였다. 이러한 규칙적인 생활 습관과 적극적인 활동은 삶의 만족도를 높여 주는 것으로 나타났으며, 그들은 은퇴 후에도 여전히 자신의 일을 갖고 있는 경우가 많았다. 종교 활동을 통해 사람들을 만나면서 사회적 활동을 유지하는 경우도 많았는데, Crowther 등(2002)이 주장한 바와 같이 종교 활동은 노인의 삶에 있어서 긍정적 요소를 강화해 주고 부정적 요소는 최소화해 주는 역할을 한다는 것을 이 연구에서도 확인할 수 있었다. 성공 집단과 대조적으로, 비성공 집단은 하루 일과에 대해 특별히 하는 일 없이 시간을 보낸다는 응답이 많았고, 기상과 취침 시간이 일정하지 않았다. 비성공 집단은 일상생활이 불규칙하고 건강이 좋지 않은 경우가 많아 자신의 의지대로 다양한 일을 할 수 없다는 제약 때문에 불편함과 무료함을 호소하는 경우가 많았다. 성공 집단의 경우에도 TV 시청은 노인들의 일상에서 중요한 일과였지만, 밤늦게까지 오래 시청하지 않고 주로 선호하는 프로그램을 시청하는 것으로 나타났다. 하지만 비성공 집단의 경우에는 아침에 일어나 특별하게 하는 일이 없으므로 늦게까지 TV 시청을 하다가 수면의 방해를 받는 경우가 많았고, 24시간 지속적으로 TV를 켜 놓고 생활하는 경우도 있었다. TV를 오래 시청할수록 움직임은 줄어들고 타인과의 상호작용도 감소하여 건강에 악영향을 줄 수 있으므로, 노인들이 TV 외에 다른 것에 관심을 가질 수 있도록 하는 데 주위의 도움이 시급하다는 것을 확인할 수 있었다.

노인들의 주요 활동을 집단별로 구분해서 살펴본 결과, 성공 집단은 농사, 사업 또는 자신의 일을 한다는 응답이 51.92%로 나타났다. 특히 농사를 짓는 경우가 많았는데, 그 이유가 소득 때문인 경우도 있었으나 노후에 소일거리를 하고 또 수확물을 주변과 나누면서 기쁨을 느끼려고 농사를 짓는다는 응답이 많았다. 그 외에 동창회, 종친회, 종교 단체 등에 정기적으로 참석해서 친목 활동도 많이 하며 모임의 총무나 회장 등의 책임을 맡고 있는 경우가 많았다. 성공 집단은 노년기에도 활발한 사회활동을 유지하고 있었고 대부분 상당한 시간을 투자하는 적극적인 활동을 하고 있었으며, 자신이 그 활동에 참가하는 이유와 목적을 구체적으로 설명할 수 있었다. 반면 비성공 집단은 응답자의 40.54%가 특별한 활동을 하고 있지 않다고 응답했다. 그들은 특별한 활동에 참가하고 있지 않거나 혹은 참가하고 있어도 그것의 가치나 중요성을 인지하지 못하는 경우가 있었다. 성공 집단과 비성공 집단은 실제 활동하는 시간의 비율이나 활동 참가 자체에 차이가 있었으나, 더 중요한 것은 자신이 하고 있는 일이나 활동에 대한 노인들의 태도와 생각에 더 큰 차이가 있었다는 점이다. 활동 자체가 수준이 높고 의미가 있는 것이라기보다는 무엇을 하든지 자신이 하는 일에 있어서 그 의미와 가치를 높이 생각하며 열심히 참여하고 즐기려는 태도가 행복한 노년기를 보내는 데 더 중요한 것으로 보인다.

참고문헌

김애순(2002). 성인발달과 인생설계. 서울: 시그마프레스.

오경석(2002). 노인의 생성감과 인생 이야기. 한국노년학, 21, 59-71.

이은희, 김금운, 한규석, 주리애(2004). 노인의 안녕감에 미치는 생성감의 역할. 한국노년학, 24(3), 131-152.

이주일, 박군석, 유경, 김영범, 장숙랑, 윤현숙, 유희정, 김동현(2008). 성공적인 한국 노인의 삶: 다학제간 심층 인터뷰 사례. 서울: 박학사.

정옥분(2008). 성인 · 노인 심리학. 서울: 학지사.

Baltes, M. M., & Baltes, P. B. (1990). Psychological perspectives on successful aging: The model of selective optimization with compensation. In P. B. Baltes & M. M. Baltes (Eds.), *Successful aging: Perspectives from behavioral sciences* (pp. 1-34). UK: Cambridge University Press.

Blates, P. B., Dittmann-Kohli, F., & Dixon, R. A. (1984). New perspectives on successful intelligence in adulthood: Toward a dual-process conception and a model of selective optimization with compensation. In P. B. Baltes & O. P. H. Brim (Eds.), *Life-span developmental behavior, 6*, 33-76. FL: Academic Press.

Baltes, P. B., & Lindenberger, U. (1988). On the range of cognitive plasticity in age as a function of experiences: 15 years of intervention research. *Behavioral Therapy, 19*, 282-300.

Costa, P. T., & McCrae, R. R. (1984). Personality as a lifelong determinant of well-being. In C. Malatesta & C. Izard (Eds.), *Affective processes in adult development and aging*. Beverly Hills, CA: Sage.

Costa, P. T., & McCrae, R. R. (1986). Personality stability and its implications for clinical psychology. *Clinical Psychology Review, 6*, 407-423.

Costa, P. T., & McCrae, R. R. (1988). Personality in adulthood: A six-year longitudinal study of self-report and spouse ratings on the NEO personality inventory. *Journal of Personality and Social Psychology, 54*, 853-863.

Crowther, M. R., Parker, M. W., Achenbaum, W. A., Larimore, W. L., & Koenig, H. G. (2002). Rowe and Kahn's model of successful aging revisited: Positive spirituality-The forgotten factor. *The Gerontologist, 42*, 613-620.

Dixon, R. A., Hultsch, D. F., & Hertzog, C. (1988). The Meta-memory in adulthood (MIA) questionnaire. *Psychopharmacology Bulletin, 24*, 671-688.

Erikson, E. H. (1950). *Childhood and society*. New York: Norton.

Fisher, B. (1995). Successful aging, life satisfaction, and generativity in later life.

International Journal of Aging and Human Development, 41, 239-250.

Kotre, J. (1984). *Outliving the self: Generativity and the interpretation of lives.* Baltimore: The Johns Hopkins University Press.

Levinson, D. J. (1978). *The seasons of a man's life.* New York: Knopf.

Levinson, D. J. (1996). *The seasons of a woman's life.* New York: Knopf.

Mansfield, E., & McAdams, D. (1996). Generativity and themes of agency and communion in adult autobiography. *Personality and Social Psychology Bulletin, 22*, 721-731.

McAdams, D., Hart, H., & Maruna, S. (1998). The anatomy of generativity. In D. McAdams & Ed de St. Aubin (Eds.), *Generativity and adult development.* Washington: American.

Morfei, M., Hooker, K., Carpenter, J., Mix, C., & Blakeley, E. (2004). Agentic and communal generative behavior in four areas of adult life: Implications for psychological well-being. *Journal of Adult Development, 11*, 55-58.

Peterson, B., & Stewart, A. (1996). Antecedents and contexts of generativity motivation at midlife. *Psychology and Aging, 10*, 20-29.

Rowe, J. W., & Kahn, R. L. (1998). *Successful aging.* New York: Pantheon.

Snowdon, D. (2001). *Aging with grace.* New York: Bantam.

Stewart, A., Ostreove, J., & Helson, R. (1997). Middle-aging in women: Patterns of personality change from the 30s to 50s. *Journal of Adult Development, 8*(1), 23-37.

Vaillant, G. (1977). *Adaptation to life.* Boston: Little Brown and Company.

Vaillant, G. (2002). *Aging well.* Boston: Little Brown and Company.

Whitbourne, S. K. (1996). Psychological perspectives on emotions: The role of identity in the aging process. In C. Maggai & S. H. McFadden (Eds.), *Handbook of emotion, adult development, and aging.* San Diego: Academic Press.

7장 노년기 삶과 생산적 노년[2]

이주일

1. 일과 노년기의 삶

1) 일의 의미

일은 개인에게 어떤 의미를 주는가? 우리는 자신이 원하는 일자리를 얻기 위해 많은 세월을 투자한다. 농업사회에서 산업사회로 진입하고, 정보화, 지식화 사회로 나아갈수록 일자리를 얻는 데 필요한 지식과 기능을 익히기 위해 우리가 투여하는 시간은 오히려 점점 더 많아지고 있다. 물론 많은 사람이 일자리를 갖기 전에는 그것을 얻기 위해 그렇게 노

2) 이 글은 필자가 2011년 한국심리학회 연차 학술발표 논문집에 발표한 「노인의 일과 행복–생산적 노년을 중심으로」란 논문을 이 책의 취지에 맞게 재정리한 것임.

력을 하다가도, 일단 일자리를 얻고 나면 그 일에서 스트레스를 받고 일자리에서 벗어나고 싶은 마음을 가지게 되는 것도 사실이다. 그러나 나이가 들어 일을 그만두는 순간부터 우리는 또한 심한 정체감의 혼란을 겪고, 일을 하지 못하는 자신의 삶이 무의미하다는 느낌을 갖게 되면서 마음의 병뿐만 아니라 신체적인 건강을 해치게 되기도 한다.

Warr(1987)에 따르면 우리는 일을 함으로써 다음 아홉 가지의 기회를 얻게 된다.

첫째, 통제의 기회다. 통제감이란 개인이 자신의 행동을 스스로 결정하고, 선택한 대로 결정 사항을 실천할 수 있는 기회를 가지며, 그 행동의 결과를 예측할 수 있는 가능성을 말한다. 원하는 일을 할 수 있을 때 개인은 자신의 삶을 스스로 통제할 수 있다는 기분을 갖게 된다.

둘째, 기술 사용의 기회다. 인간은 누구나 자신이 가지고 있는 능력과 잠재력을 발휘하고자 하는 욕구를 가지고 있다. 우리는 누구나 대학을 졸업한 후에는 전공과 관련된 분야에서 일을 하고자 하고, 대학에서 익힌 기술을 계속해서 사용하고 더 발전시키고 싶어 한다. 개인이 하는 일은 개인에게 이런 기회를 제공해 준다.

셋째, 목적의식과 사명감을 느낄 기회다. 일을 가지게 되면 개인은 자

[그림 7-1] 일하는 노인

신이 하는 일을 통해 자기 삶에 대한 목적의식을 느낄 수 있고, 자신이 이런 목적을 달성하기 위한 사명을 가지고 활동하고 있다고 느끼게 된다.

넷째, 일을 통해 다양한 환경을 경험하게 될 기회다. 개인이 처한 환경은 개인이 가지는 직업에 따라 천차만별일 것이다. 어떤 사람은 자신이 무슨 일을 해야 할지는 명확하지만 매일 반복된 일을 하거나 규칙적인 일을 하면서 살아갈 수 있다. 반면 또 어떤 사람은 매일 새로운 것을 준비하고 돌발적인 상황에 대처해야 할 수도 있다. 어느 경우든 간에 개인은 자신이 하는 일을 통해 다양한 환경을 경험하게 된다.

다섯째, 일은 자신을 둘러싼 환경을 명료하게 이해할 수 있게 해 준다. 앞서 이야기한 다양성을 경험하는 것이 개인에게 필요하지만, 이런 다양성과 변화 가능성이 개인의 능력 범위를 초과하게 되면 이는 개인에게 스트레스를 주고 때로는 개인을 무기력하게 만든다. 개인이 규칙적이고 정규적으로 할 일을 가지고 있으면 자신에게 어떤 사건이 발생하고, 자신이 그 사건에 어떻게 대처할지가 보다 명확해진다.

여섯째, 일은 개인에게 생활과 활동에 필요한 돈을 벌 수 있게 해 준다. 금전 자체가 주는 영향력의 절대 가치는 제한되어 있고 개인에 따라 금전적 가치의 무게가 다른 것은 분명하지만, 금전은 개인이 하고자 하는 많은 활동을 제약하기도 하고 그 방향을 결정하기도 하는 것 또한 사실이다.

일곱째, 일은 어느 정도 개인에게 신체적 안전을 보장해 준다. 대개의 경우 우리의 직장은 우리가 안전하게 일할 수 있는 환경을 제공해 준다. 이런 환경이 뒷받침되지 않으면 우리는 어떤 불안전한 환경하에서 일하게 될지 모른다.

여덟째, 일은 대인 간 접촉의 기회를 마련해 준다. 인간은 혼자서는 살 수 없는 사회적 존재다. 아무리 독립적인 사람이고 재산이 많고 뛰어난 사람이라고 하더라도 자신이 이루어 낸 성과를 공유하고 함께할 수 있는 사람이 없다면 쓸쓸하고 외로울 것이다. 일을 통해서 우리는 이런 대인 간 접촉의 기회를 가지는 것이다.

아홉째, 일은 가치 있는 사회적 지위를 부여해 준다. 나이가 들고 사회 경험이 누적되면서 어느 정도 우리의 기본적인 욕구가 충족되면 주위로부터의 인정 및 자기 자신으로부터의 인정이 중요해진다. 사회생활에서 타인들로부터 받는 인정의 지표는 그 사람이 받게 되는 사회적 지위로 표현된다. 일은 사람들에게 이런 지위를 부여해 준다. 노년기의 일이란 단순히 직장을 가지는 것을 넘어서서 무언가 할 일이 있다는 보다 포괄적인 의미로 해석해야 할 것이다.

2) 노년기 삶에 일이 주는 의미

나이가 들면서 사람들은 어떤 생활을 원하게 되는가? 구체적으로 어떻게 생활하는 것이 개인이 바라는 삶이고, 개인의 행복을 결정해 주는 것일까? 노년이 되어서 개인이 어떻게 처신해야 행복한지, 특히 노인의 활동을 바라보는 세 가지 이론적 입장이 있다.

첫째는 활동이론이다. 이 입장은 나이가 들어서도 활발하게 움직이고 적극적으로 사회생활에 참여해야 하며, 자신의 일을 가져야 한다는 것을 강조한다(Cavan, Burgess, Havighurst, & Goldhammer, 1969). 돈을 버는 일을 하든, 봉사 활동을 하든 자신의 역할을 하고 활동적으로 움직이는 사람이 건강하고 행복하다는 입장이다.

둘째는 분리이론이다. 이 입장은 나이가 들면 젊을 때 하던 일들의 많은 부분을 자신의 삶에서 내려놓고(분리하고) 자신이 좋아하는 몇 가지 생활에 국한된 활동을 해야 한다는 입장이다(Cumming, Dean, Newell, &

McCaffrey, 1960). 이 입장은 자신이 그동안 담당해 왔던 주도적인 일을 젊은이들에게 물려주고, 주요한 지위에서도 물러나 편안하고 여유로운 생활을 하는 것이 노인들이 할 일이며, 이런 삶을 사는 사람들이 행복하다고 본다.

세 번째는 연속성 이론이다. 이 입장은 개인에게는 활동을 많이 하느냐 적게 하느냐가 중요한 것이 아니라 젊은 시절부터 하던 일들을 어떻게 연속적으로 연계해서 계속 할 수 있느냐가 중요하다는 입장이다(Neugarten, Havighurst, & Tobin, 1968). 젊어서 뚜렷한 일을 하지 않고 가정에 머무르거나 일시적인 직무를 수행하던 사람은 나이가 들어서도 그렇게 생활하는 것이 편하고, 젊어서 매우 활동적이고 다양한 활동 영역에 관여하던 사람은 노후에도 그런 생활을 하는 것이 행복하다고 보는 입장이다. 이 세 가지 입장 중 어느 것이 올바른 입장일까? 이는 물론 개개인마다 다를 것이며, 그중의 하나를 선택하는 것도 개인의 몫이라 할 수 있을 것이다.

은퇴란 개인이 공식적으로 담당하고 있던 일자리에서 물러나는 것을 말한다. 나이가 들어 은퇴를 하게 되면 앞서 이야기한 일의 의미 중 많은 부분이 개인으로부터 사라지게 된다. 물론 은퇴 후의 삶이 만족스럽고 행복한지의 여부는 개인에 따라 다를 것이다. 행복한 노년을 예측하기 위해 방금 설명한 세 가지 이론적 입장을 가지고 비교해 본다면, 어떤 사람은 은퇴 이전처럼 활발하게 활동하고 움직이기를 바랄 것이고, 어떤 사람은 은퇴한 이후에는 모든 일에서 물러나 조용하게 자신의 삶을 관조하면서 살기를 바랄 것이고, 또 어떤 사람은 자신이 젊어서 하던 일을 지속하면서 은퇴 이후의 삶을 이어 가고자 할 것이다. 따라서 할 일을 가진다는 것이 노인에게 주는 의미는 개인이 자신이 하는 일을 어떻게 바라보느냐에 따라 달라질 것이다.

한편, 노인이 되어서도 단순히 개인적으로 행복한 노년기를 보내는 것을 넘어서, 노년기의 삶이 개인적인 행복이나 만족에 그치지 않고 사회적인 가치를 창조하는 데 기여할 수 있고 또 기여할 수 있도록 해야 한다는 입장이 있다. 이 입장은 앞의 세 이론 중에서 활동 자체가 노인에게 주는 이점을 수용하는 이론으로, 노인이 하는 활동 중에 사회적 가치 창조에 기여할 수 있는 활동이 많다고 보고 이런 활동을 하는 노인들을 지칭하는 개념으로 생산적 노년(productive aging)이라는 개념을 제시하였다(Caro, Bass, & Chen, 1993). 생산적 노년은 노년기 삶이 의미 있으려면 생산적 활동에 참여해야 한다는 것을 강조한다.

2. 생산적 노년이란 무엇인가

1) 생산적 노년의 정의

Caro 등(1993)이 처음 제안한 생산적 노년이란 "(개인에게 그 활동의 대가가 주어지는지의 여부와 상관없이) 사회적으로 가치 있는 제품이나 서비스를 산출하는 데 기여하거나, 이를 산출하는 데 필요한 역량을 개발하기 위한 노인의 활동"을 말한다. 이들은 생산적 노년에 포함되는 활동 내용을 다음 네 가지로 한정하였다. 첫째는 일자리에 참여하는 것과 같이 유·무급의 일을 하는 것이다. 둘째는 최근 들어 증가하고 있는 자원봉사 활동에 참여하는 것이다. 자원봉사에 참여하는 것도 반드시 무급이어야 할 필요는 없으며, 각자의 여건에 따라 다양한 활동이 이에 포함될 수 있을 것이다. 셋째는 가족의 일을 도와주는 활동이다. 손자녀를 돌본다거나 몸이 불편한 배우자를 돌보아 주는 것들이 이에 해당된다. 넷째는 자신의 경력을 보다 발전시키기 위해 다양한 자기계발 활동에 참여하는 것이다. 단순한 취미 강좌에 참여하는 것부터 정기학위 취득을 위해 학교에 들어가는 것까지 다양한 활동이 이에 포함될 것이다.

생산적 노년을 어떻게 정의하고 그 속에 어떤 활동들을 포함시켜야 할지에 대해서는 학자 간에 다양한 견해차가 발생할 수 있다. 급여가 주어지는 일을 하는 것, 자원봉사 활동을 하는 것, 가족을 지원해 주는 활동을 하는 것 이외에도 Butler와 Gleason(1985)은 가능하면 자신을 독립적으로 활동할 수 있도록 유지해 주는 활동도 생산적 노년에 포함시켜야 한다고 주장한다. Herzog, Kahn, Morgan, Jackson, Antonucci(1989)는 생산적 노년의 내용 속에 노인의 가사 활동을 포함시켰다. 노인들의 생산적 활동에 가사 활동을 포함시킨 것은 성공적 노년 연구의 선도적 역할을 하고 있는 Rowe와 Kahn(1998)의 연구에서도 마찬가지였다.

가사 활동과 자기 건강 증진을 위한 활동 등을 생산적 노년의 요소로 포함시킬 것인지 여부는 이런 활동이 주는 가치에 관한 관점에 따라 달라지는데, Caro 등(1993)은 특정 활동들이 사회적으로 필요한 가치를 창출해 주는가 하는 점을 기준으로 판단하여 생산적 노년의 하위 요소에서 가사활동이나 건강증진 활동 등은 제외하였다. 그들이 보기에 가사 활동은 사회적 가치를 창조하는 활동이라기보다 개인생활을 유지하기 위한 소모적 활동일 뿐이기 때문이다. 물론 이런 입장에 반대하는 이견이 있을 수 있다. 더욱이 가사 활동을 생산적 노년의 하위 영역에서 제외한다면 많은 여성 노인의 활동 내용이 생산적 노년에서 제외될 수도 있어 성차별적이라 할 수도 있을 것이다.

노인들이 생산적 노년을 보낼 수 있도록 하는 데는 여러 가지 요인이 작용을 한다. Caro 등(1993)은 생산적 노년이 가능하도록 하는 선행 변인들에 대한 개념적 모델을 제시하였다. 이 모델에 따르면 생산적 노년은 환경적인 요소, 상황적인 요소, 개인적인 요소 및 사회정책적인 요소에 의해 영향을 받는다. 첫 번째로, 환경적 요소란 경제, 문화, 세계적인 격변, 정치 발전, 인구학적 변화 등 개인을 둘러싼 거시적인 환경 요인을 말한다. 고령 인구가 증가할수록 일하는 노인이 많아질 수밖에 없다. 고령화가 일찍부터 시작된 유럽이나 일본 등에서는 노인이 일하는 것을 보는 것이 어려운 일이 아니며, 최근 들어 우리나라에서도 일하는 노인들을 다양한 장면에서 볼 수 있다. 두 번째로, 상황적 요소란 역할, 책임, 주변 상황, 사회경제적 위치, 교육 수준, 조직 상황 및 전통, 지역사회적 특성, 가족 상황, 현재 건강 상태 등 개인을 둘러싼 미시적인 개인 외적 요인을 말한다. 예컨대, 교육 수준이 높은 사람들일수록 노후가 되어서도 일하기를 바랄 것이다. 세 번째로, 개인적 요소란 동기, 욕구, 태도, 적성, 습관, 성별, 민족, 유전적 특성, 신체적 특성 등으로 개인별로 가진 개인 내적인 특성 차이를 말한다. 외향적이거나 개방성이 강한 사람들은 노후가 되어서도 보다 활동적이고 새로운 분야에 도전하고자 하는 모습을 보여 줄 것이다. 마지막으로, 사회정책적 요소란 정부나 고용정책, 법률, 연금제도, 세금제도 등의 제도나 정부 정책을 말한다. 최근 우리나라에서도 시행되어 일할 의욕을 가진 사람들을 일터로 불러오는 역할을 하는 노인 일자리 창출 사업 등이 그 예가 될 수 있을 것이다.

노인들이 생산적 활동에 참여하는 것이 올바른가 혹은 바람직하지 않은가에 대해서는 학자에 따라 견해가 엇갈린다. 앞서 설명한 활동이론에서는 노인의 사회적 일자리 참여를 강조하고 많은 사회정책가가 이 입장을 채택하고 있지만 이에 대한 반론도 제기되고 있다. 비판적 노년학(radical gerontology)이라 불리는 입장은 생산적 노년이라는 개념이 자유시장주의와 경제적 논리에서 나타난 것으로 사회적 불평등을 노년으로까지 연장한 것에 불과하다는 입장을 보인다(Marshall & Tindale, 1978).

즉, 노인들에게 일자리를 주는 것이 노인들로 하여금 늙어서까지 일하도록 하려는 데 불과하다는 것이다. 다시 말해, 사회제도적으로 일하지 않아도 노후를 즐기고 삶을 풍요롭게 살 수 있는 사회를 만들어야지 늙어서도 일할 수밖에 없는 사회를 만드는 것은 문제라는 지적이다. 이처럼 도대체 어떤 것이 생산적 노년이고 누구를 위한 생산적 노년인가, 또한 생산적 노년으로부터 이득을 얻는 사람은 누구인가라는 말로 '생산적' 노년에 대한 비판을 제기하고 있다.

2) 생산적 노년이 노인에게 주는 긍정적인 의미

생산적 노년에 관한 사회정치적인 비판이 있을 수 있지만, 생산적 노년이 가지는 유의미성에 대한 시각을 노인들 자체에서 찾아볼 필요가 있다. 다시 말해, 생산적 노년의 이념이 노인들을 일하게 만들어 사회 전체적으로 안게 될 부담을 줄여 주는 측면이 있고, 다소 이런 의도를 달성하기 위해 제기되었다는 것을 수용하더라도 노인들이 생산적 활동을 하는 것 자체는 그들의 삶에 긍정적인 영향을 미치는 요소 또한 많다. 앞서 일이 개인에게 주는 의미를 살펴보면서 개인이 일을 한다는 것은 개인의 삶의 선택의 폭을 넓혀 주고 개인의 인생을 풍요롭게 만들어 주는 장점이 있다는 것을 들었는데, 이는 노인들에게도 적용될 수 있을 것이다.

(1) 일을 하는 것이 주는 긍정적인 의미

우선 생산적 노년의 구성 요소 중 첫 번째 요소인, 일을 하는 것이 노인들에게 주는 긍정적인 효과를 살펴보자. 최근 들어 우리나라에서는 노인들에게 일자리를 주기 위한 다양한 활동이 이루어지고 있다. 일자리 창출 사업은 노인들에 대한 차별로 인해 노인들에게 주어지지 않는 일자리를 개선하기 위해 제도적으로 노인들에게 일을 주고자 하는 사업이다. 보건복지부에서 발간한 『2009년 노인일자리 사업 종합안내』에 따르면 노인 일자리 사업은 크게 공공 분야와 민간 분야로 나뉘어 진행된다. 공공 분야에서 이루어지는 사업은 공익형, 교육형, 복지형으로 나뉘는데, 공익형에는 아동 안전보호나 초등학교 급식도우미를 하는 미래세대 지원사업, 환경 개선보호나 문화재 관리지원 활동을 하는 지역사회관리 지원사업, 공공질서계도 사업 등이 있다. 교육형에는 학습지도 강사 파견, 문화재나 자연환경 전문해설 및 안내 지원, 해외이주자 지원 등의 지역특화 사업 등이 해당된다. 복지형에는 노노케어 사업이나 생활시설 이용자 돌봄 지원을 하는 소외계층 돌봄 지원 사업, 주거환경개선 사업 등이 해당된다. 민간 분야에서 진행되는 인력 파견형 사업에는 시험감독관, 주례사, 주유원, 가사도우미, 농어촌 일손도우미 파견 등이 해당된다. 시장형에는 식품, 특산품, 공산품 제작 및 판매 등의 제조 및 유통 사업, 택배, 세차 등의 서비스 사업 등 다양한 형태의 직무 창출이 해당되고, 창업에 대한 지원을 하는 창업 모델형도 해당된다(김진욱, 손지윤, 2009). 이런 사업들은 다양한 형태로 노인들이 할 수 있는 일자리를 만들어 내고 이런 활동에 참여하고자 하는 노인들에게 일정 부분의 비용을 지원해 주는 형태로 이루어진다.

노인 일자리 창출 사업에 참여하는 사람들에 대한 만족도 조사 결과는 대부분 긍정적이고, 참가 노인들은 계속해서 이런 활동들에 참여하기를 원하며 경제적 지원이 끝난 후 자원봉사 형태를 통해서라도 해당 활동을 계속하고자 한다는 것을 보여 주고 있다(김진욱, 손지윤, 2009). 일자리 창출 사업이 아니더라도 노인들이 직업을 가지고 일을 계속할 수 있게 하는 다양한 활동이 있으며, 이렇게 일을 하는 노인들은 그렇지 않은 노인들에 비해 활발하고 건강하며 행복한 모습을 보이는 것을 볼 수 있다(이주일 등, 2011).

(2) 자원봉사 활동의 의미

노인이 수행하는 두 번째 생산적 활동으로 자원봉사 활동이 노인들에게 주는 의미를 살펴보자. 미국 사회에서는 자원봉사 활동을 크게 종교적인 뿌리를 가지고 있는 것과 지역사회 봉사 서비스 전통으로 시작한 것으로 대별한다(Ellis & Noyes, 1990). 한국 사회에서도 이와 비슷하게 오랜 과거부터 진행되어 온, 전통적인 지역사회 중심으로 형성된 봉사 활동과 비교적 최근 들어 종교단체를 중심으로 진행되는 봉사 활동으로 대별할 수 있을 것이다. 봉사 활동은 주로 무보수로 시행되던 것이었는데, 최근 들어 많은 이런 활동이 유료로 전환되며 상업화되고 있다. 가장 대표적인 사업으로 노인요양사업을 들 수 있다.

우리나라도 2008년부터 노인요양보험이 시작되면서 많은 요양시설이나 노인요양 보호사업의 유료화 전환이 이루어지고 있다. 그러나 여전히 많은 봉사 활동이 무료로 진행되고 있으며, 사회에서 봉사 활동이 필요한 영역은 매우 다양하며 여전히 많은 일손을 필요로 하고 있다. 최근 들어 여성 인력의 노동 참여와 유료 고용 상태에서의 조기 퇴직이 증가하고 평균 수명도 길어지면서 건강한 노인 세대가 증가하게 되었는데, 이런 현상이 봉사 활동의 영역과 양적인 증가를 가져왔다(Morris & Caro, 1996). 그러나 어떤 사람들이 자원봉사 활동에 더 많이 참여하는지, 자원봉사 활동에 참여하는 것은 개인에게 어떤 의미를 주는지 등에 대한 체계적인 분석은 많이 이루어지지 않은 편이다.

개인의 자원봉사 활동 참여를 설명하려는 이론적인 시도들도 나타나고 있는데, 이 중 연속성 이론은 젊은 시절의 봉사 활동 참여 경험을 강조한다. 즉, 젊은 시절에 봉사 활동에 참여해 본 사람이 나이가 들어서도 봉사 활동에 참여하게 된다는 것이다(Fisher & Schaffer, 1993). 이런 결과는 최근 우리 사회에서도 중고등학생들에게 봉사 활동을 강조하고 대학에서도 장학생을 선정하거나 졸업 학점으로 개인의 봉사 활동을 강조하는 것이 의미 있는 활동이라는 것을 시사해 준다.

일본의 경우는 노인들이 다양한 영역에서 자원봉사 활동에 참여하면서 개인적인 삶의 의미도 깊어지고 삶을 보다 풍요롭고 다양하게 만들어 준다는 보고가 있다(김윤정, 장세철, 2009). 이런 자원봉사 활동에는 상대적으로 건강하며 고학력인 사람들이 보다 적극적으로 참여하고 있음을 알 수 있는데, 우리나라도 점차 고학력 · 고소득층의 고령자 연령층이 증가하고 있는 것에 맞추어 그들의 자원봉사 활동을 북돋아 주기 위한 다양한 활동을 시행할 필요가 있다고 하겠다.

(3) 가족지원 활동이 주는 의미

다음으로 생산적 노년의 세 번째 영역인 가족에 대한 지원이 고령자층의 삶에 주는 의미다. 가족에서 이루어지는 노령층의 생산적 활동의 많은 부분은 비공식적으로 이루어진다. 아픈 배우자나 자녀를 정기적으로 돌보거나 맞벌이하는 자녀를 대신하여 손자녀를 돌보는 활동 등은 이 사회를 위해 굉장히 유의미한 활동이지만 많은 부분이 비공식적으로 이루어진다. 이런 가족도우미 행동은 자녀 돌보기, 금전적 및 물질적 자원의 제공, 가사 지원, 정서적 지원 등 다양한 형태를 띤다(Eggerbeen & Hogan, 1990). 한 연구에 따르면 성인 자녀의 부모가 자신의 자녀나 손자녀에게 제공해 주는 도움은 그들이 인생 후반기에 받게 되는 부양의 양보다 더 많다(Rossi & Rossi, 1990).

많은 부모가 자녀들을 기꺼이 도와주려 하고, 주도적으로 도움을 제공하고 있으며, 가까운 친척, 친구, 이웃이 도움을 청할 때에도 많은 비공식적인 장기적 돌봄을 제공해 준다. 한국 사회는 서구 사회보다 가족에 의한 부양가족의 돌봄이 더 보편화되어 있고 또 이를 당연시 여긴다. 최근 들어 맞벌이 부부가 증가하면서 이런 가족 내 부양의 형태는 여러 형태로 갈등을 야기하기도 하고, 가족의 부담이 되기도 한다. 우리나라 처럼 자식의 효가 당연시되고, 역으로 어린 자식에 대한 돌봄은 부모가 하는 것이 당연하다고 여기는 사회에서는 가족 간의 지원 활동이 당연하게 여겨지기도 한다. 하지만 가족에 대한 지원이라는 것이 어느 한쪽의 무한한 희생이 요구되는 것이고, 각자의 입장에서 볼 때 그 보상이 공정하게 이루어지지 않는 것이라는 점에서 보다 심도 있게 연구될 필요가 있으며, 제도적으로도 바람직한 개선책의 모색이 필요하다고 할 것이다. 즉, 가족에 대한 지원 활동이라는 생산적 노년 활동은 노인층에게 가족에서의 존재 의미를 부여해 주는 것이기도 하지만 거꾸로 굉장한 부담으로 작용하는 것이기도 한 영역이라고 할 수 있을 것이다.

(4) 경력개발 활동이 주는 의미

고령층이 참여할 수 있는 네 번째 생산적 노년 활동인 경력개발 활동이 노인에게 주는 의미를 살펴보겠다. 노인의 교육 참가는 크게 두 가지 형태로 구분될 수 있다(Bass & Caro, 2001). 즉, 활동 참여 자체가 목적인 표현적인 교육 활동과 교육 자체가 아닌 또 다른 목적을 위해 교육에 참여하는 수단적인 교육 활동이다. 표현적인 교육 활동의 예로는 노인들에게 개인적 성장의 기회를 제공해 주는 많은 대중교육 프로그램을 들 수 있다. 노인대학이나 기타 많은 성인교육 기관에서 제공하는 교육 프로그램들이 이에 해당된다. 수단적인 교육 활동이란 학점이나 자격증을 부여하는 공식적인 교육으로 직업교육 센터나 대학 등에서 제공해 주는 교육 프로그램을 말한다. 노인들은 이곳에서 취득한 자격증이나 학점 이수를

[그림 7-2] 실버 리더십 과정에 참여한 노인

통해 직업을 새로 구하거나 다른 일자리를 얻게 된다.

많은 노인이 교육에 참여하고 싶어 하나 참여를 저해하는 여러 가지 장애 요인이 존재한다. Cross(1981)는 이런 장애 요인을 상황적 장벽, 성향적 장벽, 제도적 장벽으로 구분한다. 즉, 경제적 상황이나 지리적 위치와 같은 여러 가지 환경적 요인이 참여를 저해하는 상황적 장벽, 교육 참여나 새로운 배움을 꺼리고 새로운 사람을 만나는 것을 싫어하는 성격 등의 개인차로 인한 성향적 장벽, 대학이나 기관의 유연성 결여로 인해 교육을 받기가 어렵거나 개인들의 참여를 제한하는 제도적 장벽이다. 그러나 노인복지 기관이나 대학 등에서 시행하는 세대통합 프로그램이나 리더십 과정에 참여한 노인들을 보면 교육에 대한 열의가 높고, 이런 교육을 통해 기능 향상이 이루어진다는 결과들을 보여 준다. 이런 결과들은 노인들도 현상 유지만이 아니라 자기계발을 갈망한다는 것을 보여 준다.

교육에 참가한 노인들은 다양한 긍정적인 효과를 보여 주었는데, 노인에 대한 취업교육은 노인들의 생활 만족도, 노인에 대한 태도, 주관적 삶의 질에 긍정적인 영향을 주었고(김수영, 2007), 세대통합 프로그램의 참여는 노인들의 자기 통제감을 향상해 주었다(이승자, 2007). 본 연구자가 진행한 실버 리더십 프로그램에 참가한 노인들은 교육 참가 소감에서 자신에 대한 자신감, 효능감이 커졌고, 주위 사람들을 더 포용하게 되었으며, 남에 대한 배려심이 높아지고 삶에 대한 의미감이 높아졌다는 보고를 하였다.

3. 노화와 생산성 간의 관계

1) 나이듦의 의미

전반적으로 노화는 생산성이나 수행을 저하시킨다는 것이 일반적인 가정이다. 그러나 이런 가정은 노화를 어떻게 정의하고 생산성 또는 수행을 어떻게 정의하느냐에 따라 달라질 수 있다(Cleveland & Lim, 2007). 노화라는 것은 우선 생물학적 나이 또는 법적인 나이로 측정될 수 있다. 보통 우리는 나이를 측정할 때 이런 생물학적 나이만을 고려하는데, 이런 객관적인 나이 외에도 주관적이며 개인적이고 지각된 연령이 있을 수 있다. 예컨대, 자신이 얼마나 젊거나 나이 들어 보이는지에 대해 개인이 지각하는 나이는 "당신은 젊은 나이, 중년 나이, 늙은 나이, 아주 늙은 나이 중 어디에 속한다고 생각하십니까?"(Barak & Stern, 1986), "귀하는 귀하의 실제 나이에 비해 더 늙었음, 비슷함, 더 젊음 중 어디에 속한다고 생각하십니까?"(Baum & Boxley, 1983)와 같은 질문을 통해 측정된다. 자신의 나이에 대한 지각은 자신의 건강이나 외모 및 정신적 활력에 대한 개인의 해석을 말한다.

이런 주관적 차원의 연령 측정 외에도 맥락에 따른 연령 측정이 있을 수 있다. 이는 조직이나 집단 또는 동료 집단 차원과 비교해서 연령을 측정하는 것으로, 지각된 상대적인 나이 측정을 말한다(Cleveland & Shore, 1992). 이런 측정에는 업무 집단 구성원과 비교해서 구성원 개인의 연령 지각이 어떠한지, 자신의 상사와 비교해 볼 때 자신의 나이에 대한 지각이 어떠한지, 특정 집단이나 경력 단계에 비추어 볼 때 자신의 나이에 대한 지각이 어떠한지 등이 포함된다.

이런 여러 입장은 연령을 측정하는 방법을 사용하는 데 있어 단순히 연대기적인 나이 측정에 의지할 필요는 없다는 것으로, 객관적이고 절대적인 나이보다 주관적이며 상대적인 나이가 더 중시되는 현 시대를 반영하는 측정 방법일 수 있다. 다시 말해, 물리적이고 절대적인 나이보다 본인이 지각하는 나이가 무엇인지가 중요할 수 있다는 것으로, 노화를 결정짓는 것이 절대적인 나이가 아니라 본인이 자신의 나이를 어떻게 지각하느냐에 따라 달라질 수 있다는 것을 강조한다.

2) 생산성 및 수행의 의미

나이에 대한 측정과 더불어 또 한 측면에서는 생산성이나 수행에 대한 정의를 다양화해야 한다는 논의가 제기되고 있다. Cleveland와 Lim(2007)은 수행 및 생산성의 영역을 과제 수행, 맥락 수행, 반생산적인 수행 및 적응적인 수행으로 구분한다. 과제 수행이란 기존에 주로 수행 영역을 정의하면서 사용하였던 영역으로 직무와 직간접적으로 관련되는 과제 수월성, 커뮤니케이션의 수월성, 감독과 관리 및 행정 영역에서의 수월성 등을 말한다(Campbell, McCloy, Oppler, & Sager, 1993).

이에 비해 맥락 수행이란 더 많은 노력을 보여 주는 것, 개인적인 규칙을 잘 지키는 것, 동료나 팀의 성과를 도와주는 것 등으로 조직시민 행동, 역할 외 행동 등으로 불리는 것들이다(Borman & Motowidlo, 1993; Smith, Organ, & Near, 1983). 최근 Borman, Penner, Allen, Motowidlo (2001)는 도움 주기, 동기 부여하기, 협조하기, 배려해 주기와 같이 조직 내 다른 사람에게 도움이 되는 개인적 지원 행동(personal support behavior), 조직에 대해 우호적으로 말하기, 충성심을 표현하기, 조직의 규칙과 절차 준수하기와 같은 조직 차원의 지원 행동(organizational support), 과제 완수를 위해 여분의 노력을 기울이기, 주도적으로 행동하기, 자기계발 활동에 참여하기와 같은 성실한 주도적 행동(conscientious initiative)을 조직시민 행동으로 정의하였다. 이런 행동 차원에서 보여 주는 수행을 맥락 수행이라고 할 수 있을 것이다.

세 번째 차원의 직무 수행인 적응적 수행(adaptive performance)은 개인이 갑작스럽게 발생하는 사건이나 새로운 상황 및 환경적인 요구에 맞추어 자신의 행동을 적절하게 변화시키는 수월성을 말한다(Pulakos, Arad, Donovan, & Plamondon, 2000). 이런 활동들에는 변화하는 환경 조건에 맞추어 업무 과제, 기술, 절차 등을 학습하는 것들이 포함된다. 요즘과 같이 기술 발달이 빠르고 일하는 방법이 개선되고 업무 내용 또한 변하는 상황에서는 새로운 것에 대해 학습하고 적응하는 능력이 조직의 수행과 직결되는 요소라고 할 수 있을 것이다.

네 번째 수행 차원은 반생산적인 수행 차원 또는 조직 일탈 행동이다. 이는 조직의 규범을 깨뜨리거나 자발적으로 조직 및 조직 구성원의 복지와 생명을 위협하는 행동으로 정의된다(Robinson & Bennett, 1995). 결근, 이직, 절도나 폭력 행동, 다른 사람의 안위를 훼손시키는 행동 등이 이에 해당된다.

3) 나이와 생산성 간의 관계

위와 같이 조직에서의 수행 차원과 연령 개념을 다양화하면 노화는 바로 생산성 저하란 공식은 통하지 않게 된다. 오히려 연령이 증가할수록 더 생산적인 부분이 있으며, 생산성을 결정하는 데 있어 연령 자체가 장애 요소가 되는 것만은 아니라는 것을 알 수 있을 것이다. 예를 들어, 나이가 들수록 더 많은 지식과 업무 경험이 쌓이게 되어 정보 처리과정에서 나타나는 연령과 관련된 쇠퇴를 보상할 수 있다(Warr, 2001). 또한 연령과 과제 수행의 주관적 평가 간에 약하나마 정적인 상관관계가 나타나기도 한다(Stern & McDaniel, 1994). 최근 들어 주관적인 연령 지각과 수행 간의 관계에 대한 연구들도 다수 시행되었는데, 연구 결과, 자신의 연대기적 나이보다 더 늙었다고 지각하는 간호사들은 과제를 수행하기 위해 더 열심히 일하였고(Iskra-Gotec, 2002), 자신을 실제보다 더 젊다고 지각하는 종업원은 여러 가지 업무 요구를 충족하는 데 더 유능하였으며, 자신을 신체적으로 더 젊다고 생각하는 종업원은 더 열심히 노력하지 않았다(Kaliterna, Larsen, & Brkljacic, 2002).

맥락 행동 차원에서 이루어진 연구 결과를 보면 나이 든 사람들과 젊은 사람들 간에는 조직시민 행동의 예언변인에 차이가 나타났다. 젊은 사람들의 경우는 직무 만족, 조직 몰입, 경영층에 대한 신뢰와 같은 맥락적인 변인들이 조직시민 행동을 예언해 주었으나, 나이 든 사람들의 경우는 이런 맥락적인 요인보다 도덕적 판단과 같은 성향적 요인이 조직시민 행동을 설명해 주었다(Wagner & Rush, 2000). 조직시민 행동을 유발하는 데 있어 연령은 조절 변수로 작용하기도 하는데, 이런 이유는 연령에 따라 조직시민 행동을 유발하는 이유가 다르기 때문이라고 할 수 있다(Cleveland & Lim, 2007). 또한 나이가 들어 갈수록 성실성과 친화성 점수가 늘어가는 데 비해 경험에 대한 개방성은 줄어들기 때문이기도 하다(Warr, 2001).

수행의 세 번째 차원인 적응적 수행과 연령 간의 관계에 대해서는 성공적인 노년을 변화에 성공적으로 대응하는 것으로 보는 최근의 성공적 노년에 대한 개념화와 더불어 주목할 사항이다(Baltes & Baltes, 1990; Hansson, DeKoekkoek, Neece, & Patterson, 1997). Hassonson 등(1997)은 성공적인 노년을 일에서의 기능이나 위치 상실에 대해 심리적으로 적응하도록 기획하는 것, 기능 저하를 막도록 기획하는 것, 상실된 기능을 회복하도록 기획하는 것, 나이에 따른 불가피한 손실에 대해 대안적인 보상물을 개발하는 것으로 보았다. 이런 연구자들은 사람들이 연령 증가와 더불어 적응적인 수행을 더 많이 보인다는 것을 보여 주었다. 이 결과는 나이가 들수록 적응이 어렵고 변화를 꺼린다는 일반적인 시각과는 반대되는 결과라고 할 수 있다.

또한 노화와 조직 일탈 행동 간의 관계에 대한 연구들은 연령이 증가할수록 사람들은 조직에 훨씬 긍정적인 행동을 보일 수 있다는 것을 보여 준다. 예를 들어, 남성 근로자의 경우 자발적인 결근은 연령 증가와 부적인 상관관계를 나타냈고(Warr, 1994), 종업원이 통제할 수 있고 피할 수 있는 결근도 연령과 부적인 상관을 보여 주었다(Thompson, Griffiths, & Davison, 2000). 연령과 이직 간의 관계도 −.20∼−.25의 부적인 상관을 보여 주었다(Beehr & Bowling, 2002). 또한 연령과 절도 행동 간의 상관은 −.21로 나타났다(Lau, Au, & Ho, 2003). 이런 결과들은 나이 든 근로자들이 젊은 근로자들보다 반생산적인 업무 행동을 나타낼 가능성이 더 적음을 보여 준다.

노화와 직무 만족, 직무 몰입, 조직 몰입 및 직무 동기화 등의 직무 태도 변인 간의 관계를 살펴본 최근 연구들은 노화와 직무 태도 간의 관계가 정적이라는 것을 보여 준다. 예컨대, 근로자의 연령과 직무 만족 간에는 정적인 상관이 나타났다(Rhodes, 1983). 또한 직무 만족을 보다 세분화하여 일에 대한 의미감 같은 내재적인 만족과 급여나 승진 같은 외재적인 만족에 따라 연령과 직무 만족 간의 관계에서 차이가 나타날 수 있다는 것도 발견되었는데, 이런 연구에서는 연령과 정적 관계를 가지는 것은 내재적인 직무 만족뿐이지 외재적인 직무 만족은 그렇지 않다는 결과가 도출되었다(Kacmar & Ferris, 1989). 이 연구는 나이가 들수록 직무에 대한 의미감을 더 느끼게 되지만 승진이나 급여 등과 같은 외적인 만족감은 떨어진다는 것을 시사한다.

최근에는 연령과 직무 만족 간의 관계가 선형적이지 않고 U자형을 지닌다는 연구 결과도 나타났다(Clark, Oswald, & Warr, 1996). 즉, 경력 초기에는 직무 만족이 떨어져서, 약 31세 정도에 이르러 바닥에 다다르다가, 60대까지는 다시 선형적으로 직무 만족도가 증가한다는 것이다. 물론 이와 같은 결과는 직무 지위 상승과 같이 경력 단계가 달라져서 나타날 수도 있고, 연령 집단의 차이로 인해 나타날 수도 있다.

연령에 따라 조직 몰입의 차이가 나타나기도 하는데, 최근 한 연구는 조직 몰입의 원천들이 연령에 따라 차이가 난다는 것을 보여 주었다(Finegold, Mohrman, & Spreizer, 2002). 이 연구에서는 전반적으로 고령자들의 조직 몰입도가 높았는데, 고연령층에게는 직무 안정성 요인이 조직 몰입에 중요하게 작용한 데 비해 저연령층에게는 일-가정 균형이 조직 몰입에 중요한 요소로 작용하였다. Cleveland와 Shore(1992)는 지각된 연령, 상대적 연령과 같은 다양한 연령 측정치와 직무 몰입 간의 관계를 살펴보았다. 자신이 소속된 집단 내 다른 사람들과 비교해 볼 때 나이가 더 들었고 또한 자신이 나이가 더 많다고 느끼는 고령층이 직무 몰입도와 조직 몰입도가 가장 높았고, 자신의 집단에 있는 다른 사람들보다 나이가 더 들었지만 자신을 젊은 근로자처럼 지각하는 근로자들이 가장 부정적인 태도를 보였다.

이상의 결과들을 종합해 보면, 연령과 생산성 및 직무 성과, 직무 태도 간의 관계는 상당히 복잡하다는 것을 알 수 있을 것이다. 즉, 과제에 따라 나이 든 사람들이 과제 수행에 더 능한 경우도 있으며, 자신의 연령을 어떻게 지각하고 있느냐에 따라 직무 태도나 업무 수행이 달라질 수도 있는 것이다. 따라서 나이가 들수록 생산성은 떨어지고 새로운 업무에 적응하지 못하고 변화에도 뒤처진다고 생각하는 것은 개인차를 무시한 일반화일 수 있으며, 노인에 대한 일반적인 편견이 불러온 가정일 뿐일 수도 있다.

우리나라에서도 최근 들어 노인들이 보여 주는 생산적 활동을 노인들의 삶의 질이나 성공적인 노화와 관련짓는 연구들이 진행되기 시작했다. 이 연구들의 결과를 보면 노인의 경제 활동 참여는 삶의 만족도를 높여 주었고(권중돈, 조주연 2000), 심리적 안녕감에 긍정적인 영향을 미쳤으며(윤순덕, 한경혜, 2004), 급여를 받는 경제 활동은 성공적인 노화와 긍정적인 관계가 있었다(홍현방, 2005). 노인 일자리 사업에 참여하는 노인들은 그 사업에 참여함으로써 잡념 감소, 성취감을 통해 찾아오는 마음의 안정, 삶의 의욕 증가, 숙면 등을 통한 체력 증가, 고정 수입의 증가, 가족관계의 긍정적인 변화, 일에 대한 만족 증가 등을 보였고, 이로 인해 삶의 만족도가 높아졌다(안효철, 2005). 또한 일자리 사업을 통해 사회적 관계망이 넓어지고 그 결과 건강 수준이 향상되고 우울 수준이 낮아지며 생활 만족도가 증가하였고(최은희, 2007). 경제 활동을 하는 노인들은 그렇지 않은 노인들에 비해 성공적 노화 수준이 높은 것으로 나타났다(강지애, 2007).

그러면 생산적 활동은 어떤 작용을 통해 개인에게 긍정적인 영향을 미치게 되는 걸까? 남기민과 최화강(2009)에 따르면 생산적인 활동은 그 자체로도 성공적인 노화에 영향을 주지만 구성원의 임파워먼트를 향상시켜 성공적 노화를 가져오게 한다. 여기서 임파워먼트란 힘을 얻고, 힘을 개발하며, 힘을 활성화하고 가능케 하며 힘을 획득하는 과정을 말한다. 임파워먼트란 개인적 차원에서는 자신의 삶에 대한 통제감, 자존감 등 자신에게 영향력을 발휘하는 힘을 말하고, 대인적 차원에서는 다른 사람과의 관계에서 효율적으로 상호작용하고 다른 사람을 수용하고 고려할 수 있는 상호관계에 영향력을 발휘하는 힘을 말한다. 그리고 조직 및 사회구조적 차원에서는 자신의 변화를 통해 사회구조에 적응하기도 하지만 사회구조를 변화시키기도 하는 개인의 힘을 말한다. 다시 말해, 생산적 활동에 종사하는 것은 개인의 이런 임파워먼트를 키워 주어 개인이 성공적인 노년을 보낼 수 있게 하는 데 기여하는 것이다. 이런 결과는 일자리 참여가 개인의 자아존중감에 미치는 효과를 직접 분석한 김소향과 이신숙의 연구(2009)에서도 발견되었다. 일자리에 참여하는 노인들은 자존감과 생활 만족도가 더 높게 나타났고, 건강이나 연령과 같은 변수보다도 노인의 일자리 참여가 개인이 자아존중감을 느끼는 데 있어 더 많은 영향을 주는 것으로 나타났다.

4. 생산적 노년 활동의 측정 및 행복지수와의 관계

1) 생산적 노년의 측정

지금까지 논의한 생산적 노년은 어떻게 측정할 수 있을까? 이주일, 강연욱, 김지현, 유경(2011)은 Caro 등(1993)의 정의에 따라 생산적 노년의 영역을 네 가지로 나누어 생산적 노년을 측정하는 도구를 개발하였다.

이주일 등(2011)이 개발한 생산적 노년 척도의 첫째 차원은 할 일을 가지는 것으로, '정기적으로 할 일이 있고 자신의 삶에 대해 목표를 가지고 있으며 이 목표를 달성하기 위해 자기 조절을 하는 활동'을 말한다. 이는 단순히 급여가 주어지는 일을 한다는 것에만 국한되지 않고, 삶의 목표를 가지고 있고 할 일을 가지고 있다는 것으로 그중의 일부 내용으로 급여가 주어지는 일을 가지는 것이 포함된다.

생산적 노년의 두 번째 차원은 경력개발 활동(career-related education)으로, '자신의 경험을 활용하고 능력을 향상하기 위해 하는 제반 활동들'로 정의된다. 여기에는 새로운 것을 배우기 위해 교육을 받거나 외부 강의에 참가하거나 구체적으로 자격증을 받기 위해 노력하는 적극적인 활동에서부터 독서나 TV를 통한 자기계발이나 자신이 가진 능력을 활용하기 위해 활동하는 다소 소극적인 활동들까지 포함된다.

생산적 노년의 세 번째 차원은 가족에 대한 지원 활동(assistance within families)으로, '자신의 주위 사람들이 제 역할을 할 수 있도록 지원해 주고 도와주는 활동들'로 정의된다. 이 차원은 배우자나 손·자녀 또는 부모를 돌보거나 도와주는 역할을 하는 활동들인데, 물질적인 도움뿐만 아니라 정서적인 도움의 영역 등도 포함된다.

생산적 노년의 네 번째 차원은 자원봉사 활동을 하는 것(volunteering)으로, '사회에 도움이 되는 활동을 함으로써 사회가 건강하게 유지되도록 하는 활동'으로 정의된다. 이 차원은 자신이 가진 지식이나 지혜를 지역사회에 도움이 되도록 활용하는 것으로서 구체적인 봉사 활동에서부터 자신이 가진 지식이나 지혜, 경험을 활용하여 지역사회에 도움을 주는 활동들도 이 차원에 포함된다.

이상의 네 가지 차원은 총 20개 항목으로 구성되어 있는데, 이주일 등

〈표 7-1〉 생산적 노년 척도와 바람직한 노년 정도에 관한 세대 간 차이

	생산적 노년 항목	바람직한 노년 정도					전체	F
		20~34세	35~49세	50~64세	65~74세	75세 이상		
	요인 1. 목표추구 활동하기(전체)	3.52a	3.54a	3.51a	3.33b	3.15b	3.39	12.30***
1	인생에서 성취해야 할 목표가 있다.	3.61ab	3.67a	3.66a	3.46ab	3.37b	3.55	3.91**
2	매일 또는 매주 해야 할 일들이 있다.	3.68ab	3.69ab	3.79a	3.57ab	3.50b	3.65	3.12*
3	인생에서 이루고자 하는 목표를 위해 하는 일이 있다.	3.58a	3.63a	3.60a	3.30b	3.22b	3.46	7.77***
4	연금이나 자식이 주는 용돈 외에 수입이 생기는 일이 있다.	3.46a	3.48a	3.42a	3.05b	3.02b	3.29	8.07***
5	정기적으로(주급/월급) 급여가 주어지는 일에 종사한다.	3.23a	3.22a	3.09a	2.73b	2.61b	2.98	11.18***
	요인 2. 경력개발 활동하기(전체)	3.16a	3.12a	3.02a	2.74b	2.63b	2.93	12.19***
6	새로운 것을 배우기 위해 교육에 참여한다.	3.30a	3.30a	3.16a	2.81b	2.69b	3.05	12.46***
7	독서나 TV 등의 교육 프로그램을 활용해서 새로운 것을 배우려고 한다.	3.34a	3.29a	3.30a	2.94b	2.66b	3.10	15.09***
8	자신의 발전에 도움이 되는 강의나 특강을 수강하고 있다.	3.15a	3.11ab	3.02abc	2.82bc	2.65c	2.95	6.59***
9	자신이 가지고 있는 능력을 활용하기 위한 활동을 한다.	3.36a	3.38a	3.28a	2.93b	2.84b	3.15	9.86***
10	간병인, 요리사 등의 자격증을 따기 위해 공부를 한다.	2.53a	2.65ab	2.32abc	2.19c	2.31bc	2.40	4.71***
	요인 3. 가족지원 활동하기(전체)	3.22a	3.22a	3.18b	3.00a	3.05a	3.13	2.87*
11	일을 하는 자녀들의 가사를 도와준다.	3.04a	3.04a	3.03a	2.79a	2.90a	2.96	1.91
12	자녀들의 고민이나 인생 상담을 한다.	3.23ab	3.41a	3.42a	3.11b	3.26ab	3.29	3.34**
13	가족(자녀나 손자녀, 또는 부모)을 돌보는 활동을 한다.	3.26a	3.14a	3.06a	2.97a	3.06a	3.10	1.87
14	가족(자녀나 손자녀, 또는 부모)이 하는 일을 도와준다.	3.30a	3.21a	3.17a	3.12a	3.06a	3.17	1.39
15	형편이 어려운 가족(자녀나 손자녀, 또는 부모)에게 금전적으로 도움을 준다.	3.25a	3.27a	3.21ab	3.02ab	2.94b	3.14	3.95**

요인 4. 자원봉사 활동하기(전체)		3.16a	3.12a	3.00ab	2.85b	2.77b	2.98	6.62***
16	정기적 또는 비정기적으로 자원봉사 활동을 하고 있다.	3.11a	3.06a	2.87ab	2.81ab	2.73b	2.91	4.01**
17	사회를 위해 자신이 가지고 있는 전문 지식이나 경험을 활용한다.	3.21a	3.25a	3.14ab	2.90bc	2.80c	3.06	6.27***
18	자신이 가진 기술이나 재능을 다음 세대에게 전해 주는 활동을 한다.	3.14a	3.19a	2.96ab	2.78b	2.67b	2.94	7.69***
19	동네나 지역을 위한 봉사 활동(눈 치우기, 길거리 청소, 교통정리 등)을 한다.	3.03ab	3.18a	2.95ab	2.79b	2.75b	2.94	5.04***
20	선거나 지역의 중요 행사 등에 관심을 가지고 적극적으로 참여한다.	3.13a	3.14a	3.11a	2.98a	2.88a	3.05	1.95
전체 점수		3.25a	3.26a	3.18a	2.95b	2.90b	3.11	11.16***

주: *=.05, **=.01, ***=.001, abc = Turkey 사후 분석 결과에 따른 .05 수준에서 동일 집단을 나타냄.
출처: 이주일 외(2011).

(2011)은 20대에서부터 80대 이상에 이르기까지 다양한 사람이 포함된 1,000명의 표본을 대상으로 이 20개 항목이 바람직한 노년 상태를 나타내는 정도를 측정하였다. 그 측정 결과는 〈표 7-1〉과 같다.

위 연구에서 생산적 노년을 측정하는 각 문항이 노인이 되었을 경우 바람직한 노년 상태를 나타내는지에 대해 세대에 따른 차이가 있는지를 알아본 결과, 다섯 가지 연령 간격으로 나눈 모든 세대에 걸쳐 성공적인 노년을 보내는 데 중요하다고 여기는 활동은 ① 인생에서 성취할 목표가 있는 것, ② 매일 해야 할 일이 있는 것, ③ 인생목표를 위해 하는 일이 있는 것, ④ 연금, 용돈 외에 수입이 생기는 일이 있는 것, ⑤ 자녀들 고민이나 인생상담을 해 주는 것, ⑥ 가족이 하는 일을 돕는 것으로 나타났다.

노년기 이전 세대(65세 이전)만이 성공적인 노년에 중요하다고 언급한 활동은 ① 정기적으로 급여가 주어지는 일을 하는 것, ② 새로운 것을 배우기 위해 교육에 참여하는 것, ③ 교육 프로그램을 활용해서 새로운 것을 배우는 것, ④ 자신의 발전에 도움이 되는 강의나 특강을 수강하는 것, ⑤ 자신의 능력을 활용하는 활동을 하는 것, ⑥ 일하는 자녀의 가사 일을 돕는 것, ⑦ 사회를 위해 자신이 가지고 있는 전문 지식이나 경험을 활용하는 것, ⑧ 중요 행사에 적극적으로 참여하는 것 등으로 나타났다.

예비 노인 세대(50~65세 사이)는 노인 세대보다 성공적인 노년에 대한 인식에서 젊은 세대의 특징과 유사한 특징을 보여 주었다. 즉, 측정한 20개 활동 영역 중 6개 항목에서 노인 세대와 달리 젊은 세대와 동일한 인식을 보여 주었다. 예비 노인을 제외한 젊은 세대(50세 이전)만이 성공적인 노년을 위해 중요한 것으로 언급한 활동은 ① 정기적, 비정기적으로 자원봉사 활동을 하는 것, ② 동네나 지역을 위한 자원봉사 활동을 하는 것, ③ 자신의 재능을 다음 세대에 전해 주는 것으로 나타났다. 노인전기 세대(65~75세)와 노인후기 세대(75세 이후)는 대부분의 활동 영역에서 서로 차이를 보여 주지 않았다. 구체적으로 전기 노인과 후기 노인 간에 성공적인 노년을 보는 인식에서 차이를 보인 영역은 하나도 없었다.

위 연구 결과는 젊은 세대일수록 다양한 영역에서 생산적 활동을 하는 것을 중요시 여기는 데 비해 노인 세대는 할 일을 가지는 것과 자녀를 위한 지원 활동을 하는 것에 국한해 바람직한 노년을 규정하는 것을 보여준다. 즉, 젊은 세대일수록 할 일을 가지는 것과 가족을 지원하는 활동뿐만 아니라 새로운 것을 배우는 것과 봉사 활동을 하는 것이 노후를 잘 보내는 데 중요하다고 인식한다는 것을 알 수 있다.

2) 생산적 노년과 주관적 행복 간의 관계

생산적 활동을 하는 것이 삶의 만족과 어떤 관련이 있고, 생산적 활동을 하는 것과 개인의 성격은 어떤 관계가 있을까? 직접 이 관계를 알아본 것은 아니지만 이주일 등(2011)은 생산적 활동을 하는 것이 바람직한 노년에 중요한 정도와 외향성, 성실성, 개방성 등을 표현하는 것이 생산적 노년 활동을 중요하게 인식하는 정도 간의 관계를 알아보았고, 생산적 노년이 만족감과 어떤 관련성이 있는지를 분석하였다(〈표 7-2〉 참조).

가족지원 활동을 하는 것이 노년기에 중요하다고 보는 것은 삶의 만족과 유의미한 관련이 없었으나, 할 일을 가지는 것, 경력개발 활동을 하는 것, 사회봉사 활동을 하는 것이 중요하다고 인식하는 것은 삶의 만족과 유의미한 관련이 있었다. 외향적인 행동을 하는 것, 성실하게 행동하는 것, 개방적으로 행동하는 것은 네 가지 생산적 활동 차원을 중요하게 여기는 것과 모두 유의미하게 높은 상관관계를 보여 주었다. 이 결과는 외향적이며 개방적이고 성실한 행동을 하는 것이 중요하다고 볼수록 일을 하고, 자기계발 활동을 하고, 가족에 대한 지원 활동을 하고, 사회봉사 활동을 할 가능성이 크다는 것을 말해 준다. 또한 노년이 되어서도 할 일

〈표 7-2〉 생산적 노년 및 성격의 중요성 인식, 만족도 간의 관계

변인	1	2	3	4	5	6	7	8
1. 목표추구 활동	1							
2. 경력개발 활동	.665	1						
3. 가족지원 활동	.446	.507	1					
4. 사회봉사 활동	.575	.703	.644	1				
5. 외향적인 행동을 하는 것	.426	.443	.413	.525	1			
6. 성실하게 행동하는 것	.421	.411	.357	.484	.699	1		
7. 개방적으로 행동하는 것	.467	.553	.406	.580	.742	.719	1	
8. 주관적 안녕감	.195	.081	.028	.109	.170	.176	.097	1
9. 삶의 의미감	.266	.180	.112	.194	.264	.271	.176	.610

* 가족지원과 삶의 만족감을 제외하고 모든 상관계수는 p=.05 수준에서 유의미함.
* 삶의 만족을 제외하고 나머지는 각 내용이 노후를 바람직하게 보내는 데 대한 중요성 인식 정도임.

출처: 이주일 외(2011).

을 가지고 있고, 자기계발 활동을 계속해서 하며, 사회봉사 활동을 하는 것과 같이 생산적인 활동을 하는 것을 중요하게 여길수록 삶의 만족도가 높아질 가능성이 있음을 보여 주는 결과라고 하겠다.

홍향아(2011)는 50세 이상 퇴직자 204명을 대상으로 이주일 등(2011)이 개발한 생산적 노년 척도와 심리적 행복감을 나타내는 변인들 간의 관련성을 조사하였다. 이 연구에서 가족지원 활동하기를 제외하고 목표추구 활동하기, 경력개발 활동하기, 사회봉사 활동하기의 생산적 노년은 주관적 안녕감, 욕구 충족도, 정적 정서 및 주관적 건강 상태와 유의미한 정적인 관련성을 보여 주었다. 가족지원 활동하기는 욕구 충족도를 제외하고는 다른 행복지수를 나타내는 변인들과 유의한 관련성을 보이지 않은 점이 주목할 만하다(〈표 7-3〉 참조).

필자가 현재 연구 중인 또 다른 데이터에 대한 분석은 생산적 노년과 행복도 간의 관계를 직접 보여 준다. 이 분석에서는 실제로 시니어 센터나 노인복지기관에서 시행하는 일자리 창출사업에 참여하고 있는 노인

〈표 7-3〉 생산적 노년과 안녕감 결과변인 간의 관계

변인	1	2	3	4	5	6	7	8
1. 목표추구 활동	1							
2. 경력개발 활동	.322	1						
3. 가족지원 활동	.115	.273	1					
4. 사회봉사 활동	.119	.524	.340	1				
5. 주관적 안녕감	.254	.207	-.001	.089	1			
6. 욕구 충족도	.382	.359	.329	.312	.582	1		
7. 정적 정서	.314	.196	.032	.259	.065	.181	1	
8. 부적 정서	-.016	.036	.071	.079	-.510	-.305	.147	
9. 주관적 건강 상태	.253	.158	.102	.150	.347	.338	.109	-.151

*연구 참여자: 50세 이상 퇴직자 204명; 참여자 평균 나이: 64.8세

* r=.150 이상 시 $p < .05$ 수준에서 유의미함.

출처: 홍향아(2011).

〈표 7-4〉 생산적 노년과 안녕감 변인 간의 관계

변인	1	2	3	4	5	6	7
1. 목표추구 활동	1						
2. 경력개발 활동	.649	1					
3. 가족지원 활동	.539	.489	1				
4. 사회봉사 활동	.592	.662	.512	1			
5. 주관적 안녕감	.158	.183	.052	.102	1		
6. 직무 만족	.148	.098	.085	.136	.107	1	
7. 죽음에 대한 두려움	−.099	−.115	.063	−.071	.026	−.301	1

*r=.099 이상이면 $p < .05$ 수준에서 유의미, n=65세 이상 노인 471명

280명과 이런 일자리 창출사업에는 참여하지 않고 복지기관 등에 다니며 노년을 보내는 노인 191명을 합하여 총 471명의 65세 이상 노인을 대상으로 생산적 노년과 주관적 안녕감, 직무 만족 및 죽음에 대한 두려움 간의 관련성을 조사하였다. 앞에 소개한 다른 연구들에서와 마찬가지로 이 데이터에서도 목표추구적 활동하기와 경력개발 활동하기, 사회봉사 활동하기는 유의하게 행복지수들과 긍정적인 관련성을 가지는 것으로 나타났다. 그러나 가족지원하기 활동은 어떤 변인과도 유의한 관련성을 보여 주지 못하였다.

5. 생산적 노년과 미래사회

1) 생산적 노년에 대한 비판

지금까지는 노인이 된 후에도 이 사회에 생산적으로 기여하는 활동을 하는 것이 바람직하다는 입장을 살펴보았다. 그러나 이 주장은 과연 바람직한 입장인가? 여러 연구 결과는 생산적인 활동에 종사하는 것이 노

인들 자신에게 긍정적인 결과를 가져온다는 것을 보여 주고 있다. 그러나 이 입장만을 수용해서 노인들이 행복해지기 위해서는 모든 노인이 계속해서 직업을 가지거나 활발한 사회봉사 활동을 해야 한다고 주장할 수는 없다.

이 장을 끝내면서 과연 노인들이 나이가 들어서, 죽을 때까지 활동을 해야 하는가에 대해 비판적인 입장을 가지고 있는 의견을 좀 더 살펴보고 논의해 보고자 한다. Moody(2001)는 1990년도 후반 들어 유럽을 중심으로 생산적 노년의 개념이 대두된 이유를 사회구조적인 요인과 이념적인 요인으로 나누어 살펴보았다. 그의 견해에 따라 먼저 사회구조적인 요인을 살펴보면, 건강 유지 비용의 증가, 젊은 노인들의 건강 상태의 증진, 이민이나 문화적 다양성 등으로 인한 노인 집단의 다양성 증가, 노인 집단의 교육 수준 증가, 인구 고령화와 베이비 붐 세대의 은퇴, 젊은 노동자의 감소에 따른 노동 인력의 감소, 은퇴 후 혜택의 축소, 조건부 비정규직 일자리의 증가, 다양한 고용 형태를 가능하게 하는 정보 기술의 발전 등이 있다. 이념적인 요인으로는 세대 간 형평성 논쟁의 여파, 각 공공 영역에 대한 민영화 논의, 사회적 안전망 확충의 요구, 젊은 세대에 충만한 자유주의와 개인주의의 만연, 젊은 층의 사회적 연대감의 축소로 노인 부양 의지의 감소, 전통적인 영향력의 감소, 포스트모더니즘의 증가를 들 수 있다. 이런 요인들의 결과로 노인들에게 계속하여 일할 것을 권유하거나 강요하는 분위기가 증가하게 되었다는 것이 Moody가 주장하는 요지로서, 그는 생산적 노년이란 개념은 일정 부분은 사회가 노령층에 대한 복지를 담당해야 할 부분을 노인들 스스로에게 떠넘기려는 시도로 나타나게 되었다는 것이다. 다시 말해, 사회가 책임져야 할 노인 부양이나 노인의 사회적 참여의 의무를 도외시하고, 젊은 세대가 감수해야 할 노인 세대에 대한 부양과 지원 서비스를 노인 스스로에게 떠맡기려는 시도로 생산적 노년의 개념이 대두되었다는 비판이다.

Taylor와 Bengtson(2001)도 생산적 노년 운동이 가져온 이점과 문제점을 지적하며 사회제도적 개선이 필요함을 지적하고 있다. 그들이 제시한 생산적 노년 연구와 개념들이 가져다준 긍정적인 측면은 ① 생산적이라는 용어가 노화에 대한 건강하고 희망적인 접근을 가능하게 해 준 점, ② 생산적인 노년을 통해 노인이 사회에 기여할 수 있는 바가 무엇인지를 수량화할 수 있게 해 주었다는 점, ③ 생산적인 노년이라는 개념적 접근을 통해 이론적 접근을 사회정책적으로 실천 가능하게 만들어 준 점, ④ 성공적인 노년의 관점을 개인적인 문제로 다루지 않게 만들어 준 점이다. 반면 부정적인 측면으로는 ① 생산적인 노년의 개념이 너무 유동적이어서 연구자에 따라 달리 사용하고 있다는 점, ② 개념 정의가 불명확하여 용어를 둘러싼 기본 전제들을 잘 살펴보아야 한다는 점, ③ 생산적 노년이 경제 조건, 사회문화적 영향, 역사적 맥락과 같은 보다 광의의 사회적 힘들에 영향을 받는다는 점, ④ 모든 조건을 포괄하려는 대이론을 지향한다는 점 등을 들고 있다. 생산적 노년이란 개념이 가진 긍정적인 측면에 더 방점을 두고 있기는 하지만, 그들은 더 나아가 생산적 노년 개념이 가지고 있는 역설적인 측면을 함께 고려해야 한다는 견해인 것이다.

그들의 논의를 요약하면, 생산적 노년을 통해 노인 세대가 이 사회를 위해 기여하는 바가 있으며, 노인의 생산적 활동이 참여하는 노인들에게도 긍정적인 효과를 가져다주는 것 또한 확실하지만, 이 개념은 생산적이지 않은 삶을 사는 사람들, 더 나아가 생산적인 삶을 선택할 수조차 없는 사람들의 삶은 무시하거나 병적인 것으로 간주하는 경향이 있다는 것이다. 우리 사회에서도 일을 하고 싶지만 할 수 없거나, 하고 싶은 일을 선택할 수조차 없는 소외된 영역에 있는 많은 노인이 있다. 지역적인 한계, 성별 차이로 인한 한계, 교육적인 한계로 인해 자신이 원치 않은 노후를 보내야 하는 사람들이 많이 있는 것이다. 그들에 대한 배려나 고려 없이 일괄적으로 생산적 노년을 요구하는 것은 잘못일 수도 있는 것이다.

2) 생산적 노년에 대한 사회제도적 준비

최근 들어 생산적 노년, 성공적 노년을 다루는 시각이 노인들을 지나치게 수동적인 존재로 본다는 것에 대한 반성을 토대로 노인을 보다 주체적인 존재로 보는 시각이 대두하고 있다. 일례로, 노인의 주체적 삶을 강조하는 활동적 노년(active aging)에 대한 운동이 일찍부터 노인 문제를 연구해 온 서유럽을 중심으로 대두되고 있다. 활동적 노년은 노인들이 주체적으로 삶을 살 수 있게 하는 토대로 참여, 건강, 안전을 강조하며 활동적인 참여 자체가 노인의 삶을 담보하는 기초적인 토대라는 것을 강조한다.

그러면 생산적 노년을 촉진시키기 위해서는 어떤 정책들을 고려해야 할 것인가? 이런 정책적인 고려도 노인들의 고용을 촉진시키기 위한 정책, 자원봉사 활동을 촉진시키기 위한 정책, 가족에 대한 지원에 초점을 둔 정책, 경력 개발에 초점을 둔 정책으로 나누어 볼 수 있을 것이다(Bass & Caro, 2001).

(1) 노인고용 촉진 방안

노인들의 고용을 촉진시키기 위한 정책을 먼저 살펴보자. Bass, Quinn, Burkhauser(1995)는 전통적인 은퇴 이후에도 계속해서 일하기를 원하는 노인들을 위해 다음과 같은 열 가지 정책이 필요하다는 제안을 하였다. ① 일하는 시간에 따라 급여와 복리후생을 받는 부분 근로 고용 기회를 늘려 줄 것, ② 고령자를 고용한 고용자에 대한 건강보험료를 삭감해 줄 것, ③ 65세 이상 노인이 사회보장 적립금을 활용할 수 있게 할 것, ④ 자식이 없는 저소득 고령 노동자에 대한 세금 감면 혜택을 줄 것, ⑤ 고령자에 대한 재훈련을 시행하는 고용자에 대한 세금 혜택을 줄 것, ⑥ 고령자에 대한 정부의 고용교육을 확대할 것, ⑦ 업무와 관련된 교육 경비를 지급하는 고령 노동자에 대한 세금감면 혜택을 줄 것, ⑧ 고용자 지불연금을 나이와 연계시키는 법률을 제정할 것, ⑨ 고령자의 재교육과 재고용을 장려하는 법안을 제정할 것, ⑩ 연령차별 금지법을 제정할 것.

은퇴 이후에도 일을 할 수 있는 기회를 넓히기 위해 국가나 지방자치단체 또는 고용주가 할 수 있는 다양한 활동이 있을 것이다. 위에 제시한 것은 이 부분에 대한 최소 정책들이라고 할 수 있을 것이다.

(2) 자원봉사 활성화 방안

자원봉사에 관한 정책은 자원봉사 활동이 자생적으로 일어나서 유지되도록 하는 것이 필요하다. 일본이나 미국 같은 국가의 경우 기존의 각종 자원봉사 기구가 제 역할을 하도록 지원해 주는 다양한 제도와 정책을 가지고 있다. 자원봉사 활동은 수혜자뿐만 아니라 시혜자에게도 많은 의미를 주는 활동이다. 김윤정과 장세철(2009)의 분석에 따르면, 우리나라의 경우 자원봉사 활동은 환경보전 및 범죄예방 부문이나 복지시설에서 하는 활동이 대부분으로 활동 영역이 상당히 제한적인 데 반해, 일본의 경우는 상당히 다양한 영역에서 자원봉사 활동을 하고 있다. 일본에서는 다양한 노인클럽을 중심으로 '노인에 의한, 노인을 위한 봉사'를 강조하고, 지역사회를 위한 다양한 봉사 활동을 하고 있다(김윤정, 장세철, 2009). 이 연구에서 일본 노인들이 참여하는 자원봉사 활동 내용을 보면 50% 이상이 노인 돌봄 서비스, 지역 축제나 도시 꾸미기 사업에 참여하고 있지만 그 외에도 아동보육 활동, 취미 활동, 국제교류 활동 등 다양한 영역에 참여하고 있음을 알 수 있다.

김윤정과 장세철(2009)에 따르면 일본 노인들이 자원봉사 활동에 참여하게 되는 계기는 주변 사람들의 권유, 자발적인 참여, 지역사회에 공헌하고자 하는 동기, 기존 자원봉사자에 대한 감동 등이었다. 이 연구자들은 자원봉사 활동이 본인들의 삶에 미친 영향에 대한 사례 분석을 하였는데, 노인 참여자들은 자원봉사 활동이 '삶의 진정한 의미 발견' '사회적 관계의 확장' '노후의 삶을 의탁하기 위한 준비 과정' '인생 공부의 장으로서의 역할' 등을 하게 만들어 주었다는 응답을 하였다.

이 연구자들은 한국에서 노인들의 자원봉사 활동을 보다 강화하기 위한 방안으로 자원봉사자들이 첫째, 자원봉사 활동의 주체가 되어 봉사 활동을 즐길 것, 둘째, 자원봉사에 필요한 교육과 강습을 통해 자신들이 성장하도록 노력할 것, 셋째, 가족의 지지를 얻도록 노력할 것, 넷째, 친한 친구와 그룹을 만들어 지역사회에서 자원봉사 활동을 할 것을 권유한다. 이들은 또한 지역사회나 국가 기관에 대한 제언으로는 첫째, 자원봉사자들이 스스로 자원봉사 활동을 선택할 수 있도록 봉사 활동에 대한 권한을 부여할 것, 둘째, 자원봉사자가 봉사 활동의 주인의식을 가질 수 있도록 지원을 해 주고 필요한 교육이나 제도적 뒷받침을 해 줄 것, 셋째, 노인이 거주하는 지역사회에서의 연대감을 통해 자원봉사를 할 수 있는 조직을 구성할 것을 권유하고 있다. 이들은 특히 자신이 살고 있는 지역 내에서 할 수 있는 활동을 하거나 할 것을 강조하고 있는데, 이는 필자가 경험한 미국 등에서 이루어지는 다양한 지역 내 봉사 활동(예: 아동을 대상으로 하는 축구교실, 외국인에게 언어 가르치기 등)을 보더라도 상당히 유용한 방법이라 하겠다. 이 외에도 우리나라에서 자원봉사 활동이 보다 다양하고 체계적으로 이루어지려면 어떤 대책이 필요할지를 적극적으로 생각해 볼 필요가 있을 것이다.

(3) 노인의 가족지원 활동에 대한 지원 방안

한국 사회에서도 점차 맞벌이 부부가 증가하게 되면서 많은 가정에서 아이를 가진 여성이 육아와 일을 병행하고 있는 경우가 늘고 있다. 또한 젊은 사람들은 부모와 함께 살기보다 부모와 분가해서 따로 살고 있는 경우가 많아졌다. 일하는 여성들 중 많은 사람이 자신의 아이에 대한 양육을 시부모나 친정 부모에게 의지하고 있다. 그러다 보니 노인이 되어 손자녀를 돌보거나, 자신보다 더 나이 드신 부모님을 모시고 사는 경우가 많이 발생하고 있다.

손자녀를 돌보거나 연로하신 부모를 돌보는 것이 즐거운 일일 수도 있고 집안을 활기차게 할 수도 있지만, 많은 경우 체력의 한계에 부딪히고 경제적으로도 힘든 경우가 있다. 따라서 가족 내 지원에 초점을 둔 정책으로 손자녀를 돌보거나 부모님을 돌보는 젊은 노인들을 위한 다양한 정책이 있을 수 있다. 고령 노인을 위한 일일 보호 지원 서비스나 손자녀들에 대한 탁아 지원 서비스 등이 활발하게 이루어질 필요가 있을 것이다. 또한 가족에 대한 지원 활동을 하는 노인들에 대한 각종 정책이 필요할 것이다. 가족 내 지원 활동이 중요한 생산적 노년의 한 축이라면, 이런 활동을 강화하거나 제도적으로 뒷받침하기 위해서는 어떤 활동이 필요한지를 적극적으로 생각해 볼 필요가 있을 것이다.

(4) 노인의 경력개발 지원 방안

새로운 것을 배우고 새로운 취미생활을 하는 것은 사람들에게 또 다른 활력을 불어넣어 줄 수 있다. 노인이 되어서 젊은 시절에 배우지 못하였거나 글을 몰라 한이 되었던 것을 풀기 위해 새로운 것을 배우려 하고 글

읽는 법을 익히려 한다거나, 사진 등에 취미를 붙이고 사진을 찍으러 다니고 새로이 블로그 활동을 하는 등 다양한 면에서 새로운 지식을 익히고 활용하려는 노인들이 많아지고 있다. 따라서 노인들이 이런 활동에 적극적으로 참여하고 활동할 수 있도록 하는 제도적 뒷받침이 필요할 것이다.

다음 장에서는 이 장에서 언급한 생산적인 노년의 의미를 좀 더 확장해서 활동적인 노년에 대해서 보다 심도 깊게 살펴보고자 하는데, 이런 활동이 가능하도록 다양한 경력개발 활동과 관련된 정책을 시행할 수 있을 것이다. 예를 들어, 평생학습기관 등을 통한 노인들에 대한 교육, 복지기관이나 노인 센터 등을 통한 노인 리더십 교육이나 세대통합 프로그램 등도 필요할 것이고, 노인들이 가지고 있는 지식이나 경험을 사회에 환원하는 방법을 지원하는 것도 필요할 것이다. 이를 통해 자원봉사 활동과 연계해서 개인이 하고자 하는 자원봉사 활동 영역에 대한 교육을 시행하고, 동료들과 관계를 형성하게 하는 장을 만들어 주어 자연스럽게 봉사 활동과 연계되도록 할 수 있을 것이다. 일전에 방영했던 노인들을 대상으로 한 〈청춘합창단〉이라는 프로그램은 그들의 열정이 젊은이들 못지않음을 여실히 보여 주고 있으며, 활동적인 노인을 위한 사회제도적인 준비가 절실함을 보여 준다.

참고문헌

강지애(2007). 노인의 생산적 활동이 성공적 노화에 미치는 영향. 대구대학교 신학대학원 석사학위논문.

강현옥, 황혜원(2009). 직업활동 참여노인의 생활만족도에 영향을 끼치는 요인에 관한 연구. **노인복지연구**, 44, 89-110.

권중돈, 조주연(2000). 노년기 삶의 만족도에 영향을 미치는 요인. **한국노년학**,

20(3), 61-76.
김소향, 이신숙(2009). 노인일자리사업 참여여부에 따른 노인의 자아 존중감과 생활만족도에 관한 연구. 한국노년학, 29(1), 309-327.
김수영(2009). 노인일자리사업 참여노인 사전교육의 효과성. 노인복지연구, 43, 331-352.
김윤정, 장세철(2009). 일본 노인의 자원봉사 경험에 관한 사례연구. 일본어 문학, 43, 279-300.
김진욱, 손지윤(2009). 노인일자리사업 참여만족도와 참여지속의사에 관한 연구: 공공분야 노인일자리 사업 참여자를 중심으로. 한국노년학, 29(4), 1295-1311.
남기민, 최화강(2009). 취업노인의 생산적 활동요인과 성공적 노화간의 관계-임파워먼트의 매개효과를 중심으로. 노인복지연구, 45, 347-371.
보건복지가족부(2009). 2009년 노인일자리 사업 종합안내.
안효철(2005). 사회적 일자리 창출 사업에 참여하는 노인들의 삶의 질에 관한 연구. 서강대학교 신학대학원 석사학위논문.
윤순덕, 한경혜(2004). 농촌노인의 생산적 활동과 심리적 복지. 한국노년학, 24(2), 57-77.
이승자(2007). 아동노인간 세대공동체 교육 프로그램의 효과에 관한 연구. 한서대학교 대학원 석사학위논문.
이주일(2009). The relationship between personality and productive activities, and generation differences in successful ageing. 2009년 제73회 일본 심리학회 학술발표논문집.
이주일(2013). 안전애착, 5요인 성격, 미래시간 관점이 생산적 노년에 미치는 영향. 한국심리학회지: 산업 및 조직, 26(2), 341-370.
이주일, 강연욱, 김지현, 유경(2011). 생산적 노화에 대한 세대간 인식차 및 생산적 노화 척도의 타당성 분석. 한국심리학회지: 산업 및 조직, 24(1), 1-27.
최은희(2007). 노인일자리사업이 참여자의 삶의 질에 미치는 영향 연구: 사회적 자본의 매개효과를 중심으로. 연세대학교 대학원 박사학위논문.
홍향아(2011). 퇴직시기에 대한 주관적 판단에 따른 삶의 질 수준에 현재 경제활동 참여의 조절효과. 한림대학교 대학원 석사학위 청구논문.
홍현방(2005). 생산활동 수준이 성공적인 노화에 미치는 영향. **한국노인복지연구, 29**, 203-235.

Baltes, P. B., & Baltes, P. B. (1990). Psychological perspectives on successful ageing: The model of selective optimization and compensation. In P. B. Baltes & M. M. Baltes (Eds.), *Successful ageing: Perspectives from the behavioral sciences* (pp. 1-34). New York: Press Syndicate of the University of Cambridge.

Barak, B., & Stern, B. (1986). Subjecting age correlates: A research note. *Gerontologist, 26*, 571-578.

Bass, S. A., & Caro, F. G. (2001). Productive ageing: A conceptual framework. In N. Morrow-Howell, J. Hinterlong, & M. Sherraden (Eds.), *Productive ageing: Concepts and challenges*. Baltimore & London: The Johns Hopkins University Press.

Bass, S. A., Quinn, J. F., & Burkhauser, R. V. (1995). Toward pro-work policies and programs for older americans. In S. Bass (Ed.), *Older an active: How Americans over are contributing to society* (pp. 263-294). New haven: Yale University Press.

Baum, S. K., & Boxley, R. L. (1983). Age identification in the elderly. *Gerontologist, 23*, 532-537.

Beehr, T. A., & Bowling, N. A. (2002). Career issues facing older workers. In M. D. Dunnette, & L. M. Hough (Eds.), *Handbook of Industrial and Organizational Psychology, 2*(2nd ed., pp. 271-326). Palo Alto, CA: Consulting Psychologists Press.

Borman, W. C., Penner, L. A., Allen, T. D., & Motowidlo, S. (2001). Personality predictors of citizenship performance. *International Journal of Selection and Assessment, 9*, 52-69.

Borman, W. C., & Motowidlo, S. (1993). Expanding the criterion domain to include elements of contextual performance. In N. Schmitt & W. C. Borman Associates (Eds.), *Personnel selection in organizations* (pp. 71-98). San Francisco: Jossey-Bass.

Butler, R. N., & Gleason, H. P. (1985). *Productive ageing.* New York: Springer.

Campbell, J. P., McCloy, R. A., Oppler, S. H., & Sager, C. E. (1993). A theory of performance. In N. Schmitt & W. C. Borman Associates (Eds.), *Personnel selection in organizations* (pp. 35-70). San Francisco: Jossey-Bass.

Caro, F. G., Bass, S. A., & Chen, Y. P. (1993). Introduction: achieving a productive ageing society. In S. A. Bass, F. G. Caro, & Y. P. Chen (Eds.), *Achieving a productive ageing society.* Westport, CT: Auburn House.

Cavan, R. S., Burgess, E. W., Havighurst, R. J., & Goldhammer, H. (1969). *Personal adjustment in old age.* Chicago: Science Research Associates.

Clark, A., Oswald, A., & Warr, P. (1996). Is job satisfaction U-shaped in age? *Journal of Occupational and Organizational Psychology, 68*, 57-81.

Cleveland, J. N., & Lim, A. S. (2007). Employee age and performance in organizations. In K. S. Schultz & G. A. Adams (Eds.), *Ageing and work in the 21st century.* Mahwah, NJ: Lawrence Erlbaum Associates.

Cleveland, J. N., & Shore, L. M. (1992). Self- and supervisory perspectives in age and work attitudes and performance. *Journal of Applied Psychology, 77*, 467-484.

Cross, K. P. (1981). *Adults as learners.* San Francisco: Jossey-Bass.

Cumming, E., Dean, L. R., Newell, D. S., & McCaffrey, I. (1960). Disengagement: A tentative theory of aging. *Sociometry, 23*, 23-35.

Eggerbeen, D. J., & Hogan, D. P. (1990). Giving between generations in American families. *Human Nature, 1*, 211-232.

Ellis, S., & Noyes, K. (1990). *By the people: A history of Americans as volunteers.* San Francisco: Jossey-Bass.

Finegold, D., Mohrman S., & Spreizer, G. M. (2002). Age effects on the predictors of technical workers' commitment and willingness to turnover.

Journal of Organizational Behavior, 23, 655-674.

Fisher, L. R., & Schaffer, K. B. (1993). *Older volunteers: A guide to research and practice*. Newbury Park, CA: Sage.

Greenleaf, R. K., Spears, L. C., & Vaill, P. B. (1998). *The power of servant leadership*. SF: Berrett-Koehler Publishers, Inc.

Hansson, R. O., DeKoekkoek, P. D., Neece, W. M., & Patterson, D. W. (1997). Successful aging at work: Annual Review, 1992-1996: The older worker and transitions to retirement. *Journal of Vocational Behavior, 51*, 202-233.

Herzog, A., Kahn, R., Morgan, R., Jackson, J., & Antonucci, T. (1989). Age differences in productive activities. *Journal of Gerontology: Social Sciences, 44B*, 129-138.

Iskra-Gotec, I. (2002). Personal age and assessment of work stress in Polish nurses. *Experimantal Aging Research, 28*, 51-58.

Kacmar, M., & Ferris, G. R. (1989). Theoretical and methodological considerations in the age-job satisfaction. *American Sociological Review, 48*, 78-90.

Kaliterna, L., Larsen, Z. P., & Brkljacic, T. (2002). Chronological and subjective age in relation to work demands: Survey of croatian workers. *Experimental Aging Research, 28*, 39-49.

Lau, V. C., Au, W. T., & Ho, J. M. C. (2003). A qualitative and quantitative review of antecedents of counter productive behavior in organizations. *Journal of Business and Psychology, 18*, 73-99.

Marshall, V. W., & Tindale, J. A. (1978). Notes for a radical gerontology. *International Journal of Ageing and Human Development, 9*(2), 163-175.

McCrae, R. R., & Costa, P. T. (2002). *Personality in adulthood: A five factor theory perspective*. New York: The Guilford Press.

Moody, H. R. (2001). Productive ageing and ideology of old age. In N. Morrow-Howell, J. Hinterlong, & M. Sherraden (Eds.), *Productive ageing: Concepts and challenges*. Baltimore & London: The Johns Hopkins University Press.

Morris, R., & Caro, F. G. (1996). Productive retirement: Stimulating greater efforts to meet national needs. *Journal of Volunteer Administration, 14*(2), 5-13.

Neugarten, B. L., Havighurst, R. J., & Tobin, S. S. (1968). Personality and patterns of aging. In B. L. Neugarten (Ed.), *Middle age and aging*. Chicago: University of Chicago Press.

Pulakos, E. D., Arad, S., Donovan, M. A., & Plamondon, K. E. (2000). Adaptability in the workplace: Development of a taxonomy of adaptive performance. *Journal of Applied Psychology, 85*, 612-624.

Rhodes, S. R. (1983). Age-related differences in work attitude and behavior: A review and conceptual analysis. *Psychological Bulletin, 93*, 328-369.

Robinson, S. L., & Bennett, R. J. (1995). A typology of deviant workplace behaviors: A multidimensional scaling study. *Academy of Management Journal, 38*, 555-572.

Rossi, A., & Rossi, P. (1990). *Of human bonding: Parent-child relations across the life course*. New York: Aldine de Gruyter.

Rowe, J. W., & Kahn, R. L. (1998). *Successful ageing*. New York: Pantheon.

Smith, C. A., Organ, D. W., & Near, J. P. (1983). Organizational citizenship behavior: Its nature and antecedents. *Journal of Applied Psychology, 68*, 655-663.

Sterns, H. L., & McDaniel, M. A. (1994). Job performance and the older worker. In S. Rix (Ed.), *Older workers: How do they measure up? An overview of age differences in costs and performances* (pp. 27-51). Washington, DC: American Association of Retired Persons.

Taylor, B. A., & Bengtson, V. L. (2001). Sociological perspectives on productive ageing. In N. Morrow-Howell, J. Hinterlong, & M. Sherraden (Eds.), *Productive ageing: Concepts and challenges*. Baltimore & London: The Johns Hopkins University Press.

Thompson, L., Griffiths, A., & Davison, S. (2000). Employee absence, age, tenure: A study of nonlinear effects and trivariate models. *Work & Stress, 14*, 16-34.

Wagner, S. L., & Rush, M. C. (2000). Altruistic organizational citizenship behavior: Context, disposition, and age. *Journal of Social Psychology, 14*, 379-391.

Warr, P. B. (1987). *Work, unemployment and mental health*. Oxford: Clarendon Press.

Warr, P. B. (1994). Age and employment. In H. Triandis, M. Dunnette, & L. Hough (Eds.), *Handbook of Industrial and Organizational Psychology, 4* (2nd ed., pp. 485-550). Palo Alto, CA: Consulting Psychologists Press.

Warr, P. B. (2001). Age and work behavior: Physical attributes, cognitive abilities, knowledge, personality traits, and motives. *International Review of Industrial and Organizational Psychology, 16*, 1-36.

8장 노년기 삶과 활동적 노년

이주일

1. 활동적 노년의 의미

1) 활동적 노년의 정의

노인이 되어서도 적극적으로 사회 활동에 참여하여 주도적인 역할을 하는 것을 성공적인 노년의 한 지표로 보는 것은 Rowe와 Kahn(1998)의 성공적인 노년에 관한 선구적인 연구 이래 많은 사람이 수용하는 가설이다. 노년기에 할 수 있는 사회 활동에는 어떤 것들이 있을까? 박경혜와 이윤환(2006)은 윤종율(2005)의 구분을 따라 첫째, 가족, 친구, 이웃, 친척 등과의 잦은 접촉을 통한 대인접촉 사회 활동, 둘째, 물건이나 서비스를 창출해 내는 생산 활동, 셋째, 새로운 지식이나 기술을 습득하는 교육 및 지적인 활동, 넷째, 각자 취향에 맞게 참여하는 순수한 여가 활동으로 구분하였다. 이 분류에서는 앞서 설명한 생산적 노년의 범주와 달리 여가 활동이나 신체적인 운동과 같은 취미 활동도 포함된다. 당연히 여성 노인들의 가사 활동도 이에 포함된다. 또한 노인의 사회 참여 유형을 나누고자 한 이소정(2009)은 우리나라 노인들에 대한 실증적 조사를 통해 사회 참여 유형을 자원봉사 중심형, 종교 중심형, 직업 중심형, 경로당 중심형으로 나누었고, 정병은과 이기홍(2009)은 노후를 잘 보내는 노인들이 보여 주는 사회 활동의 유형을 측정한 결과를 토대로 노인의 활동 유형을 관계적 활동과 생산적 활동으로 구분하였다.

활동적인 노년(active aging)은 앞서 살펴본 생산적인 노년(productive aging)보다 폭넓은 개념이다. 생산적인 노년은 노인의 활동이 가져오는 사회적인 가치 창조에 주안점을 두는 개념인 데 비해, 활동적인 노년은 반드시 사회적 부를 창출할 것을 전제로 하지 않으며, 노인의 활동 자체가 노인에게 주는 긍정적인 효과에 보다 초점을 두는 개념이다. 또한 나이가 들어도 바쁘게 하루를 보내고, 다양한 활동에 참여하고, 적극적이면서 주도적으로 하루를 보내는 것이 건강하고 행복한 노년에 필요하다는 것을 강조하는 입장이다. 굳이 사회적 부를 창출하는 활동이 아니더라도 다양한 활동을 하면서 다양한 사회관계를 맺어 가는 삶이 행복한 삶이라는 인식을 기본 바탕으로 하고 있다.

WHO(2002)에서 정의한 바에 따르면 활동적 노년이란 "노인이 되어서도 삶의 질을 누릴 수 있도록 건강, 참여, 안전의 기회를 최적화해 주는 과정(the process of optimizing opportunities for health, participation, and security in order to enhance quality of life as people age)"을 지칭한다. 서구 유럽에서는 이미 국가 정책적인 차원에서 활동적인 노년을 강조하고 있고, 이에 대해 상당한 노력을 기울이고 있다. 이들 국가에서는 노인들의 활동적인 사회 참여를 독려하기 위한 다양한 지원을 하고 있고, 이를 정책적으로 뒷받침하고 있다. 위의 정의에서 활동적 노년이란 사람들이 전 생애에 걸쳐 자신이 누릴 수 있는 신체적, 사회적, 정신적 복지의 가능성을 깨닫게 하고 사회에 참여하도록 해 주는 것으로, 이를 위해 개인이 필요로 할 때 적절히 보호해 주고 안전과 보살핌을 제공하는 것이다. 여기서 활동적이란 말은 나이가 들어서도 사회적, 경제적, 문화적 및 시민 활동에 계속해서 참여하는 것으로서, 단순히 신체적으로 활동적이 된다거나 노동력에 참여하는 것에만 국한되는 것은 아니다. 일에서 은퇴하거나 병에 걸렸거나 신체적인 장애를 가지고 있는 노인들도 자신의 가족, 동료, 지역사회 및 국가에 기여할 수 있으므로 그들도 자신의 수준에 맞게 사회의 일원으로 참여할 수 있도록 해야 한다는 것이다.

이와 더불어 활동적인 노년 운동은 건강하게 사는 수명을 늘리고 나이 든 후의 삶의 질을 확장해 주는 것을 목표로 한다. WHO의 정의에서 말하는 건강이란 신체적, 정신적, 사회적으로 잘 지내는 것을 의미하는 것이다. 이를 위해 노인들의 자율성과 독립성을 유지할 수 있도록 하는 것이 활동적 노년을 추진하는 지역사회나 국가 정책의 핵심 개념이 된다. 마찬가지로 안전이란 심리적 및 신체적으로 구속당하거나 위협받는 바 없이 편안하게 자신의 일상을 영위할 수 있도록 하는 것을 말한다.

2) 노인의 사회 활동에 관한 법적 근거

노인의 사회적 활동에 대한 법적인 근거는 우리나라 법령에도 나와 있는데, 「노인복지법」 제2조는 기본이념으로 3개 항을 구비하고 있다. 먼저 제1항에서는 "노인은 후손의 양육과 국가 및 사회 발전에 기여하여 온 자로서 존경받으며 안정된 생활을 받는다."라며 안전한 조건을 갖출 것을 규정하고 있다. 제2항에서는 "노인은 그 능력에 따라 적당한 일에 종사하고 사회적 활동에 참여할 기회를 보장받는다."라며 사회적 참여의 기회 제공을 규정하고 있다. 제3항에서는 "노인은 노령에 따르는 심신의 변화를 자각하여 항상 심신의 건강을 유지하고, 그 지식과 경험을 활용하여 사회의 발전에 기여하도록 노력하여야 한다."라고 규정하여 건강 유지의 필요성을 담고 있다.

이와 더불어 제4조는 복지 증진의 책임을 규정하고 있는바, 국가, 지방자치 단체 및 노인 관련 사업 경영자가 제2조의 기본이념을 책임지도록 하고 있다. 이를 위해 제14조 제1항에서는 "국가 또는 지방자치단체는 노인에게 적합한 직종의 개발과 그 보급에 노력하여야 한다.", 제2항에서는 "국가 또는 지방자치단체는 근로능력이 있는 노인에게 일할 기회를 제공하도록 노력하여야 한다."라고 규정하여 사회의 의무를 상기시켜 주고 있다. 그 외에도 주택이나 노인복지시설 및 여가시설 등에 대한 규정을 통해 노인들이 적극적이고 활동적으로 사회생활에 참여할 수 있도록 사회가 노력해야 한다는 내용을 규정하고 있다. 이런 규정들에서는 노인들의 사회 참여를 진작시키기 위해 사회적으로 적극적인 노력을 해야 할 것을 명시하고 있으며, 경제적인 활동만이 아니라 여가와 취미를 즐기기 위해 다양한 활동에 종사할 수 있도록 사회 시스템을 정비할 것을 요구하고 있다.

2. 활동적 노년의 효과

1) 활동적 노년이 노인의 삶에 미치는 영향

노인들이 활동적인 생활을 하는 것은 성공적인 노년과 어떤 관련이 있을까? 의학적인 차원에서 다양한 신체적 활동을 하는 것이 건강에 좋다는 것은 노인만이 아니라 젊은이에게 권장되는 사항이기도 하다. 건강한 사람이 활동을 더 많이 하는지, 활동을 많이 하는 사람이 더 건강한지를 분석하기 위해 박경혜와 이윤환(2006)은 3년간의 종단적 연구 자료를 분석하였다. 그들의 연구에서는 연구 1차 연도에 측정한 사회적 활동 정도가 3차 연도의 신체 기능에 미치는 효과를 분석하였는데, 연령, 성, 교육 수준, 수입과 같은 인구학적 변인들과 건강에 대한 주관적인 인식, 인지적인 건강 상태, 만성질환 개수, 운동 빈도와 같은 건강 관련 변수들을 통제한 후에도 그 효과가 유의한 것으로 나타났다. 그들이 측정한 사회 활동은 친척, 친구, 이웃과의 접촉 빈도와 종교 및 문화 활동 지표들이었다. 이 연구 결과는 주위 사람들과 접촉 빈도가 높고 종교 모임에 참석하고 영화, 운동경기 및 전시회, 음악회 등에 참가하는 횟수가 많을수록 신체적 기능 또한 좋아진다는 것이다.

노인이 되어 주요 사회생활 무대에서 은퇴하게 되면 역할을 상실함에 따라 노인들은 외로움을 겪게 되고, 사회 관계망을 잃게 되면서 절망감, 무력감 등의 부정적인 심리적 상태에 처하게 될 뿐만 아니라, 이로 인해 피로, 면역력 저하, 약물이나 알코올 중독과 같은 신체적으로도 부정적인 상황에 처하게 될 수 있다(McInnis & White, 2001). 그러나 노인이 되어서도 적극적으로 다양한 여가 활동에 참여하고 사람들을 만나서 활동적으로 사는 사람들은 이런 부정적인 상황에 덜 처할 수 있을 것이다. 김상대(2009)는 노인들의 활동적인 여가 참여는 개인이 수행해야 할 사회적 역할 중 시민 역할 참여를 더 많이 하도록 하였고, 교우 역할에서도 상실감 극복과 삶에 대한 질적 가치를 제고해 주었으며, 신체 상태 및 기능 향상에도 긍정적으로 영향을 미친다는 것을 발견하였다. 즉, 활동적인 여가에 참여하고 있는 노인들이 그렇지 않은 노인들에 비해 역할 상실감을 덜 느끼고 있었고, 자신의 삶에 대한 질적 가치 인식도 더 높은 것으로 나타났다.

과거의 농경사회나 농촌사회에서는 노인들이 주도적으로 자신의 생활을 계획하고 지역 공동체 사회를 운영해 나가는 데 있어서도 중심적인 역할을 수행하였다. 그러나 산업사회, 정보화 사회로 변모하면서 노인들은 사회에서나 가정에서 자신의 역할을 수행할 기회가 점점 줄어들고 있다. 이는 노인들이 주도적으로 자신의 삶에 참여하여 활동할 기회가 줄어든다는 의미다. 따라서 현대사회에 걸맞는 노인들의 사회 활동 참여방안이 모색되어야 할 필요가 있다.

2) 노인의 활동 유형과 삶의 질

노인의 사회적 활동은 다양한 형태로 이루어진다. 그러면 노인들에게는 어떤 사회적 활동이 가장 의미 있을까? 개인이 원하는 사회 활동을 하게 될 경우, 개인에게 중요한 사회 활동에 참여하게 될 경우, 단순한 참여보다 적극적으로 참여가 이루어질 경우, 개인에게 깊은 의미를 주는 활동에 참여하게 될 경우, 개인은 이러한 참여 활동으로부터 더 큰 만족을 경험하게 될 것이다.

조용하(2009)의 연구에서는 65세 이상 여성 노인들을 대상으로 사회단체 활동, 교육문화 활동, 가족공동 활동, 감성 활동, 단순소일 활동으로 나누어 사회 활동을 측정하고, 이런 사회 활동과 삶의 만족 수준과의 관련성을 조사하였다. 그 결과, 이들 모든 사회 활동이 삶의 만족도와 정적인 관련성이 있는 것으로 나타났다. 하지만 이 중에서 단순소일 활동보다 사회단체 활동을 할 경우에 만족도가 더 높았으며, 교육문화 활동을 하는 경우가 가족공동 활동이나 단순소일 활동보다 만족도가 더 높았다.

조용하(2009)의 연구에서는 삶의 만족도에 영향을 주는 참여 활동에는 어떤 것들이 있는지도 분석하였는데, 사회 참여 활동에서는 자원봉사 활동, 종교단체 활동, 사교단체 활동, 노인단체 활동(단, 부적 영향)이 만족도에 유의미한 영향을 주었다. 교육문화 활동 중에서는 평생학습 활동, 레포츠 활동, 문화예술 활동이 삶의 만족도에 유의한 영향을 주었고, 가족 공동체 지향 활동 중에서는 가족 대화와 유아 돌봄, 요리 및 집안 가꾸기, 가족 나들이와 외식이 유의한 영향을 미쳤고, 감성 활동 중에서는 묵상하기와 글짓기가 유의한 영향을 미쳤다. 그리고 단순소일 활동으로 분류된 활동 중에서는 정기 간행물 구독과 인터넷 하기가 유의한 영향을 미치는 것으로 나타났다. 이 결과들은 사회 활동에 참여하고 그 빈도가 높을수록 개인은 삶의 만족도를 더 많이 느낀다는 것을 시사해 준다.

위에서 언급한 사회 활동 참여 유형 중, 가족공동 활동이나 단순소일 활동보다 교육문화 활동이나 사회단체 활동에 참여하는 것이 만족도에 더 많은 영향을 미쳤다는 것에 주목할 필요가 있다. 이 결과는 집, 직장, 공공 영역에 있을 때 노인들이 겪는 정서 경험에 어떤 차이가 있는지를 비교한 한경혜와 손정연(2009)의 연구와 비교하면 재미있는 결과라 할 수 있다. 그들의 연구에서 참여자들은 집이나 직장에 있을 때보다 공공 영역에 있을 때 긍정적인 정서를 더 많이 경험하였다. 그런데 이 차이가 여성에게서만 나타났다. 즉, 남성들은 차이가 나타나지 않았지만 여성들은 집이나 직장에 있을 때보다는 공공 영역에 있을 때 긍정적인 정서를 더 많이 느끼는 것으로 나타났다. 또한 여성 노인은 집에 있을 때보다 공공 영역에 있을 때 긍정적인 정서를 더 많이 느꼈는데, 남성 노인은 집 영역 에서 긍정적인 정서를 더 많이 경험하였다. 부정적인 정서의 경우에도 여성은 활동 공간이 집일 때 남성 노인보다 부정적인 정서를 더 많이 경험한 반면, 공적인 영역에서는 부정적인 정서를 덜 느꼈다. 반면 남성은 집보다는 공적인 영역에서 부정적인 정서를 더 많이 느끼는 것으로 나타났다. 한경혜와 손정연(2009)의 연구는 여성들은 집에서 가정사를 다루고 뒤처리를 해야 하는 일에 대해 부정적으로 느끼고 문화생활이나 사회단체 봉사와 같은 외부 활동을 할 때 긍정적인 정서를 느끼는 반면, 남성들은 밖에서의 생활보다 집에서의 생활에서 만족감을 더 느낀다는 것을 말해 준다. 이 결과는 나이가 들어 가면서 남성 노인은 더욱더 부인이나 집에 의존하려 들고, 여성 노인은 집이나 남편보다 친구나 사회생활에서 더 의미를 찾으려 한다는 것을 의미하는 것으로 시사하는 바가 크다고 하겠다.

정병은과 이기홍(2009)는 노후를 잘 보내는 사람들이 사회 활동을 하는 것에 대해 어떻게 생각하는지를 조사하였다. 그들은 사회 활동으로 종교 모임, 연고 모임, 자원봉사, 취미 활동, 배움학습, 경제 활동, 소일거리를 제시하고 이런 활동을 하는 것이 노후를 잘 보내는 사람의 특성을 얼마나 잘 대변하는지를 조사하여 예비노인(50~64세), 전기노인(65~74세), 후기노인(75세 이상)으로 나누어 비교해 보았다. 모든 참여자가 사회 활동을 하는 것이 '노후를 잘 보내는 사람들'의 특징을 잘 나타낸다고 응답하였다(5점 척도에서 종교모임 3.23에서 소일거리 3.94까지 응답함). 모든 연령층에서 여러 가지 사회 활동 중에 소일거리를 가지는 것을 가장 중요한 것으로 응답하였고, 종교 모임은 상대적으로 중요성이 낮은 것으로 나타났다.

앞에서도 살펴보았듯이 노인들이 참여할 수 있는 활동들은 다양하며, 사회적 참여가 노인들의 삶에 긍정적인 영향을 준다는 것은 많은 사람이 주장하는 바다. 그러면 이런 사회적 참여는 어떤 기제를 통해 개인들의 삶의 만족도를 키워 주는가? 권현수(2009)는 노인들의 사회 참여가 우울증과 주관적인 건강 상태에 영향을 주게 되어 삶의 만족도를 키워 준다는 가설을 검증하였다. 즉, 사회적 참여를 하게 되면 우울감을 줄여 주어 삶의 만족도를 올려 주고, 또한 주관적인 건강 상태를 좋게 만들어 주어 삶의 만족도를 높여 준다는 가설을 검증하였다. 이 연구에서 사회적 참여는 종교 활동, 친목 활동, 동창회 활동과 같은 활동들이었다. 권현수(2009)의 연구에서 사회 참여는 주관적인 건강 상태를 좋게 만들어서 삶의 만족도를 키워 주는 것으로 나타났다. 그러나 사회적 참여는 우울증을 낮추는 데 영향을 주었지만, 우울감이 낮아져서 삶의 만족도를 높이는 것은 아닌 것으로 나타났다. 여기서 사회적 활동은 한 인간이 개인의 삶의 전 과정을 통해 자신의 행동 반경을 가족 이외의 다른 구성원들로 확산시키면서 자신의 관계망을 넓혀 가고 이를 바탕으로 다양한 역할을 수행하면서 사회 구성원으로서의 자신의 몫을 담당하게 하는 것이다(조용하, 2009; Palmore, 1981). 따라서 사회적 활동을 통해 사람들은 개인 내적으로는 긍정적인 자아상을 개발하고 유지할 수 있게 되며(Lemon, Bengtson, & Peterson, 1972), 개인 외적으로는 자신의 생활에 규칙성을 부여해 줄 수 있고, 신체를 활용하여 움직일 기회를 증가시킬 수 있고, 시간을 다양하게 활용할 수 있게 된다. 이 모든 사항이 맞물려 선순환하게 되면서 개인의 삶의 질 또한 향상되는 것이다.

3) 노인의 사회 활동 참여 조건

노인들의 사회 활동 참여를 조장하는 조건에는 어떤 것들이 있는가? 우리나라 노인들의 사회 활동 유형을 조사한 이소정(2009)에 따르면 연령, 성별, 교육 연수, 혼인 상태, 노후 준비, 거주 지역, 노인 개인의 용돈 수준, 이전 종사 직종 등이 노인들의 사회 참여 유형과 관련이 있었다. 정병은과 이기홍의 연구(2009)에서도 건강과 재정 상태, 성별, 연령, 거주지, 배우자 유무, 가족 형태 등이 사회 활동 참여와 관련이 있었다.

노인들이 보여 주는 사회 활동 참여 유형에 따라 차별적인 인구학적 특성을 가질 것이라는 가설을 분석한 이소정(2009)에 따르면, 자원봉사 중심형 사회 활동은 교육 수준이 높고 사무 서비스직 종사자들이 많았으나, 종교 중심형 사회 활동은 전문직 이상 상위 계층과 사무 서비스직이 많이 참여하는 것으로 나타났다. 즉, 고위 전문직 직업 계층에 속하는 노인보다 중상위층 노인이 사회봉사 활동을 더 많이 하는 것으로 나타났다. 직업 중심형 사회 활동은 남성이며 배우자가 있는 경우에 많이 참여하는 것으로 나타났다. 반면 교육 수준이 낮고 농어촌 지역에 거주하는 노인의 경우 지역사회 내의 경로당을 중심으로 한 사회 활동에 머무르는 경향이 나타났다. 위 결과는 특히 직업 계층이 고위 전문직 이상일 경우와 노후 준비가 이루어졌을 경우 사회 참여 활동을 할 가능성이 더 많다는 것을 보여 주었다.

물론 위에서 살펴본 개인 외적인 특성들이 개인의 사회 활동 참여에 영향을 주겠지만, 개인이 사회 활동을 적극적으로 하느냐 하는 것은 여러 가지 개인 내적인 특성에 의해서도 영향을 받을 것이다. 즉, 개인의 욕구나 인생의 목표, 성격, 의지 등에 따라 노인들의 사회 참여 유형 또한 달라질 것이다. 이 부분들에 대한 연구는 이제 막 시작되어서, 노인들의 사회 참여를 높여 주는 사회적 여건의 조성과 더불어 개인이 가진 어떤 특성들이 노인들의 사회적 참여를 키워 주는지에 대한 연구가 필요하리라고 본다. 이주일(2013)에 따르면 안전애착, 5요인 성격, 미래시간 관점과 같은 심리적 요인들이 노인의 봉사 활동, 자기계발 활동 등과 관련이 있었다.

3. 활동적인 노인의 특징

1) 인생 후반기의 의미와 활동적인 노인의 행동 특성

생물학자인 최재천(2005)은 인간의 평균 수명이 100세가 되는 현대사회에서 개인은 전반기 50년의 번식기(reproductive period)와 후반기 50년의 번식후기(post-reproductive period)로 나누어 인생을 살게 된다고 인생 단계를 구분하였다. 다분히 생물학 전공인 자신의 주특기를 살린 분류법이기는 하지만 상당히 의미 있는 구분이다. 그는 지금까지 평균 수명이 길지 않았던 과거의 많은 사람이 삶의 초점을 주로 번식기에 두고 번식후기는 단순히 '잉여의 시기' '덤의 시기'로 여겨 왔지만, 평균 수명이 100세에 육박하는 현대에서는 인생후기를 단순히 전기에 기생하는 덤의 시대로 보아서는 안 되며 '인생 이모작'을 꿈꾸는 것이 중요하다고 주장한다.

번식기의 주요 인생 목표가 직업을 가지고, 자식을 낳고, 소득을 올리는 등 한 개체로서의 삶을 살아가는 데 주된 초점이 주어지는 것이었다면, 번식후기의 삶은 부정적인 측면에서 보자면 직업을 잃고, 생산 능력을 잃게 되고, 때로는 배우자가 사망하거나 자식들과도 떨어져 고독하게 사는 시대라 할 수 있을 것이다. 그러나 번식후기에 대한 이런 부정적인 시각을 뒤집어 긍정적인 측면에서 바라보면, 이 시기는 긴 여정을 거치고 마침내 얻게 된 자신만의 시간을 누리는 시기라고 할 수도 있다. 나이 듦을 고통과 무기력이 아닌 기쁨으로 묘사한 Trafford(2004)는 이 시기를 다음과 같이 기술한다.

> 그 시기는 잘했든 못했든 성인기의 주된 과제를 마쳤을 때 찾아온다. 애들은 다 성장했다. 결혼생활이 지속되고 있거나 아니면 재혼을 했을 수도 있다. 직장에서의 목표를 어느 정도 달성했거나 또는 실패로 마쳤을 수도 있다. 주택 자금은 다 갚았고 이력서도 다 채워졌다.

이와 같이 번식후기의 삶을 긍정적인 측면에서 바라보자면, 비로소 얻게 된 자신만의 시기이며 모든 것으로부터 자유로워진 시기이며 따라서 자신이 진정 하고 싶은 일을 할 수 있는 시기인 것이다. 다만 이는 번식후기의 긍정적인 측면을 바라볼 수 있는 사람들에게만 해당하는 말이다.

나이가 들어서도 활기찬 사람들은 어떤 사람들인가? 일찍이 고령사회를 경험하고 있는 일본은 고령자들이 건전한 사회 활동을 할 수 있도록 다양한 제도를 운영하고 있다. 다양한 자원봉사 활동 기구, 지방자치 단체 등에서 필요한 다양한 활동에 참여할 기회의 부여(교통 단속, 주차 단속, 간단한 청소 업무 참여 등) 등을 통해 많은 노인이 사회에 참여할 기회를 제공해 준다. 요즘엔 우리 사회에도 자주 볼 수 있는 일이기는 하나, 일본의 대형 건물이나 공공시설에 가 보면 청소를 하거나 건물 안내를 하는 노인들을 자주 볼 수 있다. 그러나 이런 제도적인 대비도 중요하지만 개인 자신의 참여가 중요하다.

일본의 유명한 정신과 의사이며 다양한 책의 저술가이기도 한 마츠가와 프레테이(2008)는 『나이 60에도 노망이 드는 사람과 80에도 치매와는 거리가 먼 사람(60歳でボケる人80歳でボケない人)』이라는 대중을 위한 의학 도서에서 나이가 들어도 젊음을 유지하는 비결과 젊어도 노인 같은 사람을 잘 구분하고 있다. 그는 나이가 들어도 활기찬 삶을 사는 사람들의 특징을 ① '지성(知性)'이 넘쳐 흐르는 사람, ② 위트와 유머 센스가 있는 사람, ③ 주머니 돈이 여유가 있는 사람, ④ 누구에게도 지지 않는

스포츠나 취미가 있는 사람, ⑤ '감사합니다'라고 솔직히 말할 수 있는 사람으로 재미있게 기술하고 있다. 거꾸로 나이 들어 사람들로부터 가까이 하기 꺼려지는 타입으로는 ① 자신이 근무하고 있던 회사나 일 이야기만 하는 사람, ② 항상 옛날에 세운 공훈이나 가족 자랑을 하는 사람, ③ 무엇을 생각하고 있는지 알 수 없게 말이 없는 사람, ④ 마구 함부로 으스대는 사람, ⑤ 불결한 사람, ⑥ 완고한 사람, ⑦ 둔감한 사람이 있다. 그에 따르면 이 일곱 가지 꺼려지는 타입에 속하는 사람들은 치매에 걸릴 가능성이 많다고 한다. 왜냐하면 이런 특성들로 인해 사람들과의 교류가 잘 이루어지지 않기 때문에 아무래도 자신의 껍질 안에 틀어박혀 있기 쉽고, 그 결과 치매의 희생물이 되기 쉽다는 것이다. 우리 주위에 있는 사람을 살펴보자. 나중에 80이 되었을 때 노망을 부릴 것 같은 사람은 누구인가?

2) 노년기에도 활동적으로 사는 성공적인 리더의 세 가지 특성

노인이 되어서도 왕성한 활동을 하고 사회적으로도 리더의 위치에 있는 사람들은 어떤 특징을 가지고 있는가? 활발한 리더십 연구자인 Bennis와 Thomas(2002)는 『시대와 리더십(*Geeks and Geezers*)』이란 저서에서 65세가 넘어서도 자기 분야에서 탁월한 리더십을 발휘하고 있는 사람들과 35세도 되지 않았는데 벌써 하나의 일가를 이룰 정도로 탁월한 리더십을 발휘하고 있는 사람들을 분석하였다. 그들은 나이가 들건 들지 않았건 자신 및 세상에 대해 리더십을 발휘할 수 있는 사람들은 공통적으로 다음의 세 가지 특징을 가지고 있다는 것을 발견하였다. 첫 번째로, 그들은 모두 자신을 현재의 위치로 끌어올리는 과정에서 누구 못지않게 단련기의 혹독한 시련을 경험하였다. 두 번째로, 그들은 아무리 어려운 상황에 처하고 앞길이 보이지 않더라도 희망을 잃지 않고 낙관주의적이며 긍정적인 성격을 가지고 있었다. 세 번째로, 그들은 주위와 자신 및 새로운 기회에 대해 끝없는 호기심과 새로운 것을 지속적으로 추구하는 특성을 보여 주었다. Bennis와 Thomas는 이런 특성을 네오티니(neotiny)라고 불렀다.

(1) 시련이 주는 영향

성공한 리더들이 보여 주는 첫 번째 특성으로 언급된 단련기의 시련은 의미심장한 특성을 가지고 있다. 성공한 사람들이라고 해서 매사 모든 일이 순탄하게 지속된 것은 아니며, 누구 못지않은 시련을 겪었고 이런 시련을 이겨 냈다는 것을 보여 주는 것이다. 세상에 자기 삶을 순탄하다고 볼 사람은 많지 않을 테지만, 성공한 리더들은 이런 시련을 통해 자신을 성장시켰음을 알 수 있다.

단련기의 시련이란 각 시대를 살아오면서 각자가 겪게 되는 인생고를 어떻게 소화하고 자기 인생의 밑거름으로 승화시켜 내는가 하는 부분으로, 각 개인이 경험하게 되는 인생의 시련을 어떻게 받아들이느냐에 따라 개인의 삶이 달라진다는 것을 설명해 주는 것이다. 성공한 리더들은 감옥에 수감되어 혹독하게 보낸 고통, 해병대에서 경험했던 고된 훈련, 스승으로부터 받은 끝없는 질책과 좌절과 같은 단련기가 자신을 성장시켰다고 술회하고 있다. Manz(2002)는 『실패의 힘(*The Power of Failure*)』이라는 책에서 더 크게 성공하고 더 큰 리더십을 발휘하기 위해서는 실패가 필수적이라는 지적을 한다. 그는 리더들은 실패에 직면했을 때 장애 요인을 보기보다 기회 요인을 포착하며, 실패를 성공의 필수 요소로 인식하고 실패를 통해 성공적인 학습자가 된다고 강조한다. 물론 최근에 실패도 습관이 되고 성공도 습관이 되어 성공해 본 사람만이 진짜 성공을 한다는 견해도 있다. 그러나 시련과 단련기를 어떻게 슬기롭게 극복하였는가가 성공의 열쇠라는 데에는 이견의 여지가 없을 것 같다.

실패를 극복한 경험의 효과는 일반적인 사람들에게서도 보여지는데, 성공적인 노년을 보내는 사람들과 보통 또는 행복하지 않은 노년을 보내는 사람들을 비교 분석한 이주일(2008)의 연구에서도 이런 일관된 패턴을 볼 수 있다. 이 연구에서는 우리나라 65세 이상의 노인들에 대한 인터뷰 결과 거의 대부분의 노인이 한 번 이상의 전쟁 경험을 겪었고, 어린 시절에는 극심한 가난의 굴레 속에서 생활하였음을 보여 주었다. 그런데 현재 성공적으로 노후를 보내는 노인들이 성공적이지 못한 노후를 보내는 노인들보다 과거 어린 시절이나 젊은 시절에 더 많은 고생을 하였고 더 많은 시련을 겪은 것으로 나타났다. 즉, 성공적이지 않은 노후를 보내는 노인들은 대개 과거에는 더 유복하였다는 것을 볼 수 있다.

현재 성공적인 노후를 보내고 있는 노인들 중에는 전체 51건의 사례 중에 어린 시절의 가정 형편이 '하' 수준이라고 응답한 노인이 26건(51%)으로 월등히 많았고, 보통 정도의 가정 형편이 13건(26%), 부유하였다는 경우는 10건(10%)이었다. 이에 비해 성공적이지 못한 노후를 보내는 노인들은 부유하게 살았다는 것이 37건 중 16건(43%)이었고, 보통이 8건이었으며, 가난한 형편이었다는 것이 13건(35%)이었다(〈표 8-1〉 참조). 부유하였다는 사례 중에는 친정이 잘 살았거나 대학 보낼 정도로 잘 살아 남에게 베풀며 살 정도였다는 의견들이 있었다. 이와 같이 성공적인 노후를 보내고 있는 노인들은 과거의 삶이 상 수준이라고 응답한 노인의 비중은 상대적으로 극소수였고 하 수준이라고 응답한 사람들이 많았다는 것이 흥미롭다.

또한 현재 성공적으로 노후를 보내는 노인들은 어린 시절의 생활 형편이 '하' 수준으로 아주 가난하게 산 사람이 많았지만 그때의 어려움이

〈표 8-1〉 어린 시절 가정 형편과 그 영향

[단위: 건(%)]

구분	어린 시절 형편의 영향		
	성공	비성공	계
① 아주 가난한 가정형편	26(51)	13(35)	39(44)
② 보통 정도의 가정형편	13(26)	8(22)	21(24)
③ 부유하게 삶	10(20)	16(43)	26(30)
④ 기타(불분명)	2(4)	0	2(2)
소계	51	37	88

출처: 이주일(2008).

독립심이나 가난을 극복하겠다는 의지를 키워 주었다는 응답을 많이 하였다. 그들은 대부분 자신의 어려웠던 형편이나 시절을 잘 활용하는 모습을 보여 주었다. 그들 중 많은 사람이 제때 배우지 못한 것을 한스럽게 여기고 있었다.

어린 시절을 아주 가난하게 보냈다고 회상한 사례들을 구체적으로 살펴보면 지독하게 어려워서 배우지 못한 것이 한이 되었다는 사례들이었다. "지겹게 어려워서 학교 다니는 6년 동안 점심을 세 번 싸 가지고 갔고 맨발로 다녔다. 이로 인해 크지도 못하고 배우지도 못하였다." "없어서 고모 집에 얹혀살았고 혼자 벌어서 썼다." "형편이 어려웠다. 아버지 여의고 어머니 밑에서 성장했는데 배우지 못해 고통이었고 서류 하나 못 떼는 신세였다." "형편없었다. 어머니가 네 살 때 사망하신 이후, 네 살 때부터 떠돌이 소작으로 살았다. 배우지 못한 게 한이다." "많이 어려워서 형님만 공부시켰다. 공부했으면 농촌에 없었을 것이다." "어려웠다. 명절 때나 밥 먹을 정도였고 배우지 못하였다." 등이 그 예들이다. 하지만 그들은 어린 시절의 가난이 독립심이나 근성을 키워 주었다고 보고, 이 경험이 자신의 인생에 긍정적인 영향을 주었다고 언급하였다. "초근목피로 연명할 정도 가난하였다. (하지만 이런 경험이) 나에게 자립심을 키워 주었다." "밥도 못 먹을 정도로 어려웠다. 이로 인해 악착같이 살아야겠다는 생각이 들었다." "죽이나 소나무 껍질을 먹을 정도로 어려웠다. 하지만 부모님이 그만할 때까지 공부했고 어머니의 가르침에 많은 영향을 받았다." "아주 하 정도의 생활로 배달 일을 하며 살았는데 이로 인해 남에게 외상을 지거나 월부로 물건을 사지 않았다." 등의 예들을 들 수 있다. 이런 결과들은 어린 시절의 실패나 어려움이 현재를 파악하고 의미 부여를 하는 데에 있어 일종의 기준으로 작용하고 있음을 알 수 있다.

(2) 낙관주의적 성격이 주는 영향

성공적인 리더들이 보여 주는 두 번째 특성은 낙관주의적 성향이었다. 사실상 우리가 실패를 기회로 여길 수 있으려면 기본적으로 이 실패가 곧 끝날 것이고, 실패를 통해 나는 더 성장할 수 있으며, 실패 속에서 새로운 것을 찾아낼 수 있다는 낙관적 사고를 가지고 삶을 긍정적으로 바라볼 수 있어야 할 것이다. 낙관주의적 사고가 중요하고 개인에게 필요하다는 것은 여러 분야의 연구에서 나타난 결과이기도 하다. 현재가 아무리 힘들고 어렵더라도 미래는 밝은 빛이 비칠 거라는 사고를 할 수 있다면 현재의 시련을 극복하기는 어렵지 않을 것이다. 노인들 또한 현재 자신이 이루어 낸 결과나 자신이 처한 상황에 대해 긍정적이고 낙관적인 사고를 가져야 우울하지 않고 즐겁게 현실을 영유할 수 있을 것이다.

앞서 언급한 이주일(2008)의 연구에서는 노인에 대한 인터뷰를 통해 성공적인 노인과 성공적이지 않은 노인들을 구분해서 이들이 자신의 현재 삶에 대해 어떤 생각을 하고 있는지를 인터뷰하였다. 이 연구에서 성공적인 노인들은 자신의 삶에 대해 극히 긍정적인 사고를 하고 있었고, 남은 인생 동안 다양한 것을 하고자 하며 기대가 컸다. 반면에 성공적이지 않은 노인들은 삶에 대해 부정적인 생각을 하고 있었고, 자신에게 남은 인생을 지겨운 것으로 받아들이고 있었다. 이 연구에서는 성공적인 노인과 비성공적인 노인을 구분하여 자신의 인생이 얼마나 남았다고 생각하고, 앞으로도 얼마나 더 오래 살고 싶은지를 조사 비교해 보았다. 인터뷰 결과 성공적인 노인들과 비성공적인 노인들 간에 남은 인생을 바라보는 시각에 현저한 차이가 있음이 드러났다.

성공적인 노인들 중에는 '10년 이상 건강하게 더 오래 살고 싶다'는 의견이 19건(37%)이었고, '10년 미만 정도 조금 더 건강하게 살고 싶다'는 의견은 20건(40%)으로 나타났다. 이들 중 '빨리 죽고 싶다'는 의견은 6건(8%)이었고, '애들 잘되는 것 볼 때까지'라는 의견은 4건(7%)이었다. 이에 비해 비성공적인 노인들은 '빨리 죽고 싶다'는 의견이 15건(42%)으로 나타났고, '애들 잘되는 것 볼 때까지'라는 의견은 4건(11%)으로 나타났다. 이에 비해 비성공적인 노후를 보내고 있는 노인들은 '10년 미만 정도 조금 더 살고 싶다'는 의견이 13건(36%)으로 나타났으나 '10년 이상 더 살고 싶다'는 의견은 한 건도 나타나지 않았다(〈표 8-2〉 참조).

〈표 8-2〉 남은 인생에 대한 기대

[단위: 건(%)]

구분	남은 인생 기대		
	성공	비성공	계
① 건강하게 오래(10년 이상) 살고 싶음	19(37)	0	19(22)
② 조금 더(10년 미만) 건강하게	20(40)	13(36)	33(38)
③ 애들 잘되는 것 볼 때까지	4(7)	4(11)	8(9)
④ 빨리 죽고 싶음	6(8)	15(42)	21(24)
⑤ 모르겠음		3(8)	3(3)
⑥ 무응답	3(6)	1(3)	4(5)
소계	52	36	88

출처: 이주일(2008).

성공적인 노인들은 '건강하게 오래(10년 이상) 살고 싶다'는 의견이 19건(37%), '10년 정도 조금 더 살고 싶다'는 의견이 20건(40%), '자식이 잘될 때까지 살고 싶다'는 의견이 4건(7%)으로 나타나 84%가량의 노인이 더 오래 살아야겠다는 의견을 피력하였다. '빨리 죽고 싶다'는 의견은 6건으로 응답자 중 8%에 불과하였다. 건강하게 오래 살겠다는 노인들은 '100세까지 건강하게' 살고 싶다는 의견이 3건, '건강이 허락하는 한 100이던 80이던' '건강하게 살다 하나님이 부를 때까지' '95세까지'는 2건, '90까지 내가 활동할 수 있을 때까지' '한 20년 더'는 3건, '15년 정도 더'는 2건, '10년 정도 더'는 5건 정도로 응답하였다. 조금 더 오래 살고 싶다는 노인들은 '80정도 까지'가 3건, '5, 6년 더'는 4건, '2, 3년 정도 더'는 3건 등이었고, 구체적으로 90이나 75세까지로 지칭한 노인들도 있었다. 조금 더 살아 자식이나 손자가 잘될 때까지 살고 싶다는 의견은 4건 정도 나왔다.

이에 비해 성공적이지 않은 노인들은 더 살고 싶지 않다는 의견이 15건(45%)으로 가장 높은 비율을 차지하였고, 10년 미만 정도 살고 싶다는 의견은 13건(36%), 자식들 잘될 때까지 살고 싶다는 의견은 4건(11%)으로 나타났다. 더 살고 싶지 않다고 응답한 의견들은 단순히 '살고 싶지 않음'이 5건, '살고 싶지 않음. 자는 듯이 죽고 싶음' '살고 싶지 않음. 죽고 싶기만 함' '아무 때 죽어도 죽을 텐데 그냥 죽고 싶음' '더 살고 싶은 생각 하나도 없음' '몇 살까지 더 살고 싶은 생각 없다니깐' '오늘 저녁이라도 죽고 싶음. 내일이라도 죽고 싶음, 말짱하다 이틀 후'는 3건이었고, 그 밖에 '없으니까 아무것도 싫음' '내일도 싫고 모레도 싫고 아이 싫어요. 살고 싶은 생각 하나도 없어요' 등이었다. 대부분의 응답이 더 사는 것의 의미가 없고 귀찮은 듯한 응답이었다. 조금 더 살고 싶다는 의견들도 '뭐 하러 더 살아. 많이 살아야 5년' '내 5년 정도, 80은 안 될 것

같음' '앞으로 4년. 더 살고 싶은 욕망 없음' '87이나 88세까지 살고 싶음. 현재 나이는 82세니까 한 2년 더 살 것 같음' '잘해야 한 3년' '몇 년 더' '1, 2년 더'와 같은 응답들이었다.

이 결과는 성공적인 노인들은 대부분이 더 건강하게 살아서 삶을 향유하고자 하는 욕구가 강한 데 반해, 성공적이지 않은 노인들은 더 살기보다 빨리 죽고 싶다는 의견을 더 많이 피력하였다는 것을 보여 준다. 즉, 성공적인 노인들은 장기적으로 인생을 전망하고 미래를 긍정적으로 바라보고 있는 반면에 비성공적인 노인들은 미래를 부정적으로 바라보고 빨리 인생을 종료하고 싶어 한다는 것을 보여 주는 결과라고 할 수 있다(이주일, 2008). 이 결과들은 성공적이고 행복한 삶을 사는 데는 자신의 삶을 수용하고, 자신의 미래가 밝을 것이라는 희망과 낙관을 가지는 것이 중요함을 보여 준다고 할 것이다.

(3) 호기심이 주는 영향

성공적인 노인들이 보여 주는 세 번째 특성은 호기심(네오티니)이었다. 이는 어찌 보면 나이와 상관없이 활동적이고 적극적인 사람들이 보여 주는 특징이라고 할 수도 있을 것이다. 나이가 들어서도 정력적으로 활동하고 새로운 시도를 계속하는 노인들을 보면 그들의 호기심의 끝은 도대체 어디인가 할 때가 많다. Bennis와 Thomas(2002)는 이런 성향을 네오티니라 하였는데, 네오티니를 가지고 있는 사람들은 성인이 되어서도 여전히 어렸을 때의 어린아이와 같은 특성을 갖고 주위에 대해 끊임없는 호기심을 보여 주고 젊은이들만이 가지고 있다고 여겨지는 탐구심, 활달함, 열망, 용기, 다정함, 활력을 보여 주는 것을 볼 수 있다. 그들은 이에 대해 "세월과 나이에 굴복하는 사람들과 달리 나이 든 리더들은 자발적으로 위험을 감수하고 지식과 경험을 갈망하며 미래에 대한 열정을 가지고 있다." "오염되지 않은 호기심"을 보여 준다고 쓰고 있다.

저명한 철학자인 Russell(1930) 또한 역작 『행복의 정복(*Conquest of Happiness*)』이라는 책에서 사람들이 행복하지 않게 되는 아홉 가지 이유를 들며 주위에 대한 호기심을 강조하고 있다. 그가 제시한 사람들이 행복하지 않게 되는 아홉 가지 이유는 다음과 같다. ① 사람들이 자기 안에 갇혀 자신밖에 모르기 때문이다. ② 염세주의나 허무주의에 빠져 이 세상에는 더 이상 이룰 것이 없다고 여기며 이유 없이 불행해하기 때문이다. ③ 경쟁의 철학에 사로잡혀 끝없이 남을 이기려고 하기 때문이다. ④ 권태 때문이다. 자극적인 삶에 익숙해진 현대인은 조금만 자극이 없어져도 권태를 느끼고, 더 큰 자극을 찾아 헤매게 된다. 자극이 너무 적으면 병적인 갈망을 자아내고, 너무 심하면 심신을 황폐하게 한다. 그러므로 어느 정도 권태를 견딜 수 있는 힘은 행복한 삶에 있어 필수적이다. ⑤ 걱정 때문이다. 무의식적인 것이든 의식적인 것이든 현대인은 너무 많은 걱정을 한다. ⑥ 질투와 시기심 때문이다. 특히 경쟁심과 연계되어 나보다 나은 것을 가진 사람에게 가지는 질투는 바로 불행의 씨앗이 된다. 질투가 강한 사람은 다른 사람에게 불행을 안기고 싶어 하고, 자신이 가지고 있는 것에서 즐거움을 얻는 대신 다른 사람이 가지고 있는 것을 보면서 괴로워한다. ⑦ 불합리한 죄의식 때문이다. 이들은 원죄 의식에 깊은 영향을 받은 탓이기도 하지만 많은 도덕적인 죄의식에 사로잡혀 자신을 괴롭히는 경우가 많다. ⑧ 모두가 나만을 미워한다는 식의 피해망상 때문이다. ⑨ 마지막으로 세상과의 불화, 즉 주변 세상을 수용하고 받아들이지 못하기 때문이다.

Russell(1930)은 불행에 빠지게 되는 원인에서 벗어나 행복에 이르게 되는 길 또한 제시하고 있는데, 가장 핵심이 바로 주위 사람과 사물에 대해 관심을 가지는 것이다. 나이 든 사람이건 젊은 사람이건 새로운 일에 호기심을 가지고 탐구하는 사람은 자신에 빠져 질투나 걱정 속에 머무를 시간이 없다. 우리 주위에는 우리가 관심을 가지고 찾아보고 도전할 일이 너무 많은 것이다. Russell은 다음과 같이 결론짓고 있다. "행복의 비결은 되도록 폭넓은 관심을 가지는 것 그리고 관심을 끄는 사물이나 사람에게 적대적인 반응을 보이지 않고 되도록 따뜻한 반응을 보이는 것이다."

이상 살펴본 활동적인 노인들의 특성을 우리 자신의 삶에 대입해 보는 것도 중요하다. 앞서 본 마츠가와(2008) 박사가 말한 것처럼 생물학적인 인생 연령이 지배를 결정하는 것은 아니며, 나이가 젊건 많건 자신의 삶을 주도적으로 사는 사람들은 시련의 승화, 낙관적 희망, 새로운 것에 대한 호기심을 보여 준다. 젊은 내가 무기력하고 우울하고 무엇을 해야 할지 모르고 하릴없이 세월을 보내고 좌절에서 헤어 나오지 못하고 있다면 그 원인은 대부분 남이나 외부에 있는 것이 아니라 자기 자신에게 있는 것일 가능성이 크다.

4. 활동적인 노년을 보내는 방법

1) 활동적인 노년기 삶의 모습

앞에서 우리는 활동적이고 적극적인 삶을 사는 것이 노인 개인에게 바람직하고 주위 사람들에게도 바람직하다는 것을 살펴보았다. 그러나 많은 노인은 또한 '나이 들어서 할 수 있는 활동으로는 무엇이 있는가' '활동적인 생활이 필요하다고 하지만 시간은 많아도 우리가 활동할 것이 별로 없지 않는가'라고 말한다. 노인들을 사회의 일원으로 참여시키는 것의 많은 부분은 사회제도적으로 필요한 것이며, 모든 국가 사회가 이런 제도를 갖추기 위해 노력해야 하는 것 또한 당연한 일이다. 그러나 모든 일이 제도에 따라 결정되는 것은 아니다. 노인 스스로 적극적으로 자신의 인생을 준비하고 제2의 인생을 살아가려는 노력 또한 필요하다고 할 것이다.

Trafford(2004)는 『나이 듦의 기쁨—후반생 40년을 꽃피우는 12가지 주제(*My Time: Making The Most of The Rest of Your Life*)』라는 책에서 제2의 인생인 후반기 40년을 꽃피우는 활동의 예를 12가지로 나누어 설명하고 있다. ① 제2의 사춘기 맞이하기, ② 틀을 깨고 나오기, ③ 상실을 승화하기, ④ 새로운 꿈을 꾸기, ⑤ 또 다른 일에 도전하기, ⑥ 받은 것을 되돌려 주기, ⑦ 정신을 확장하기, ⑧ 다음 세대에게 유산 남겨 주기, ⑨ 우정을 새롭게 하기, ⑩ 로맨스의 세계 탐험하기, ⑪ 가족을 다시 발견하기, ⑫ 영적인 위기와 대면하기가 그것이다. 물론 이런 활동 말고도 우리 상황에 맞는 더 많은 활동을 찾아볼 수 있을 것이다. 노후를 행복하게 보내기 위해 할 수 있는 활동들로 어떤 것들이 있을지에 대해서는 추후 논의와 연구거리로 돌리고, 여기서는 Trafford(2004)가 예로 든 12가지 활동을 좀 더 상세히 살펴보고 우리 실정에 맞게 적용할 방안을 모색해 보고자 한다.

(1) 제2의 사춘기 맞이하기

활동적인 노년을 보내는 첫 번째 방법은 '제2의 사춘기를 맞이하는 활동하기'다. 즉, 이 시기가 되면 번식기에 젊은이가 고민하던 주된 관심사였던, 앞으로 무엇을 할 것이고 어떻게 살 것인가에 대해 다시 생각하게 되고, 미래를 불안해하고 갈등하는 시기를 다시 맞이하게 된다. 이 시기는 40대 초반으로 강제적으로 앞당겨지기도 하고 사정이 좋으면 60대 후반으로 늦추어지기도 하지만, 자신이 살아왔던 주요 삶의 영역에서 벗어나 새로운 시기로 들어서기 위한 갈등을 경험하는 것은 거의 모든 사람에게 해당된다. 그런데 이 시기에는 그때까지 자신의 삶을 돌아보면서 진정으로 자신이 원하는 것이 무엇이고 자신이 몇 년을 더 산다면 무엇을 더 할 수 있을지를 고민하고 선택하게 된다.

이 시기를 맞이하여 다시 공부를 시작하는 사람도 있고, 글을 쓰기 시작하는 사람도 있고, 봉사 활동을 시작하는 사람도 있다. 이 시기는 60대든 70대든 진정 자신에게 의미를 주는 삶이 무엇인지를 다시 고민하는 것에서 시작이 된다. 물론 이런 고민을 할 수 있는 사람은 경제적으로나 주변 인간관계에서 안정적인 관계를 형성하고 있는 사람만일 수도 있다. 그러나 평균 수명 100세의 시대를 맞이해서 자신이 어떤 위치에 있건 이 주제는 누구나 고민할 문제이며, 이 시기는 진정 자신이 원하는 삶을 찾는 활동을 할 때라고 볼 수 있다.

10대들의 사춘기가 신체에 대한 변화와 젊음에 대한 자신감에서 시작하는 것과 달리, 제2의 사춘기는 그동안 살아온 인생에 대한 경험에서 획득한 자신감에서 나타난다. 즉, 그동안 갈고 닦은 지혜와 누적된 경험으로부터 얻어진 자신감으로 새로 시작하는 시기라 할 수 있다. 또한 자신이 살아온 길과 다른 새로운 꿈을 꾸기 시작하는 시기라 할 수 있다. 10대의 청소년이 하루하루 자신의 희망이 달라지고 꿈이 달라졌던 것처럼, 제2의 사춘기의 삶에서도 이것저것 꿈을 꾸어 보며 시도해 볼 수 있을 것이다. 그동안 돌아보지 못했던 자신을 돌아보며, 감정을 뭉클하게 하고 마음 설레게 하는 것이 어떤 것인지를 찾아보는 것이다. 꼭 정해진 일을 하지 않아도 좋다. 마음 가는 대로 이것저것 찾아보고, 돌아다녀 보고, 고민에 빠지고 세상일에 호기심을 느끼도록 자신을 놓아주는 것이다. 혼자 여행을 해 볼 수도 있고, 옛날 편지를 뒤적여 볼 수도 있을 것이다.

(2) 틀을 깨고 나오기

활동적인 노년을 보내는 두 번째 방법은 '기존의 틀을 깨고 떠나오는 활동하기'다. 앞서 말했듯이 제2의 사춘기라고 부르기도 하는 이 시기가 되면 사람들은 이전보다 부쩍 자신에게 몰두하게 되고 인생의 의미에 대해 많은 생각을 하게 된다. Erickson이 이야기하였듯이 자신이 살아온 인생을 통합하고 거기서 의미감을 찾고자 하는 것이다. 그런데 청소년기에 맞이하는 제1의 사춘기와 달리, 이 시기는 변화를 추구하는 시기라는 것은 같지만 누구나 비슷하게 따르게 되는 관습적인 시간표가 존재하지 않는다는 특징이 있다. 즉, 거의 비슷한 인생 경로를 달리는 인생전기와 달리 각 개인이 자신의 특성에 맞게 자신만의 시간표를 스스로 짜야 하는 것이다. 따라서 자신이 가지고 있던 안정된 관계를 깨고 나오기도 하고, 안정되어 보이던 직업에서 벗어나기도 하며, 기존의 삶에서 완전히 분리되어 새로운 삶을 추구하기도 하는 시기다. 하지만 한번 살아 본 삶이기에 실패에 대한 두려움을 덜 가질 것이고 잠시 동안 그저 이 일 저 일 집적거려 볼 수 있는 시기라고 할 수도 있을 것이다.

의도하지 않은 시기에 이런 고민에 마주치게 되기도 하고, 흔들림의 시기가 몇 년 지속되기도 하겠지만, 과거로부터 벗어나 새로운 변화를 모색하겠다는 자세가 가장 중요한 것이다. 따라서 과거를 완전히 벗어날 필요는 없지만 그에 얽매이지 않고 진짜 자신이 하고 싶은 새로운 것을 시작할 수 있는 시기이기도 한 것이다. 어찌하던 자신이 담당해야 할 기존의 관습에 얽매이거나, 의무감에서가 아니고, 자신이 살아왔던 길에서도 벗어나 진정 자신의 꿈을 실현하고자 노력할 수 있는 시기다. 이를 위해 우선 자신이 이루고 지나왔던 길을 진지하게 성찰하면서 그 길이 진정 자신이 꿈꾸어 온 길이었는지를 되돌아보는 활동을 할 수 있을 것이다. 후회도 좋고, 기쁨도 좋고, 자부심이라도 좋을 것이다. 자신이 지나온 흔적을 되돌아보며 그 의미를 되새기는 활동을 하는 것이 필요한 활동인 것이다.

(3) 상실을 승화하기

활동적인 노년을 보내는 세 번째 방법은 '상실을 승화시키는 활동하기'다. 이 시기에 이르면 사람들은 갖가지 시련을 겪게 되고 좌절에 빠지거나 극복했던 경험을 갖게 되는데, 이런 시련을 잘 극복해 내는 것이 앞으로 남은 인생을 새롭게 살아갈 수 있게 해 주는 힘이 될 수 있다. 앞에서 나이 들어도 성공한 리더들이 갖는 특성으로 이야기했던 것처럼, 시련을 극복한 사람에게는 자신이 경험한 시련이 개인으로 하여금 고통에 머무르지 않고 고통을 초월하는 사람으로 살아갈 수 있도록 하는 용기와 자유와 힘을 주는 것이다. 우리 주위에는 자신이 겪은 시련으로 더 강해지고 더 많은 성과를 이루어 낸 사람들을 얼마든지 볼 수 있다. 나이 든다는 것은 누구나 시련을 경험한다는 것이고 시련과 함께 사는 법을 배우는 것이라고 할 것이다. 개인은 자식의 사망, 남편이나 부인의 죽음, 배우자의 질병 등 자신을 힘들게 하는 각종 시련에 처하게 되는데, 이런 과정에서 경험하게 되는 시련을 슬기롭게 극복하는 것이 중요한 것이다.

위대한 리더들은 시련을 겪으면서 완성되어 가며, 개인이 경험하는 시련은 개인을 성장하게 만드는 도장이며 제련소라 할 수 있을 것이다. 또한 사람들은 자신이 겪게 되는 질병을 통해 자신의 삶을 다시 시작하기도 한다. 질병에서 벗어난 사람들은 "갑자기 위기가 닥쳐서 타성에 젖은 나를 흔들어 놓았다." 질병을 극복한 이후에는 "내가 진정으로 하고 싶은 것이 무엇인가?" "내게 남은 시간은 제한되어 있다. 이 시간을 지금까지 해 왔던 일을 그냥 하면서 보내기를 원하는가" 등을 생각하게 되었다고 이야기한다(Trafford, 2004). 따라서 상실은 긍정적인 측면에서 바라본다면 개인으로 하여금 과거로부터 자유롭게 해 주는 것이라 할 수 있다.

나이가 들어서 할 수 있는 활동으로는 자신이 경험한 상실의 아픔을 기록하고, 새로이 상실을 경험하는 사람들을 위로해 주는 활동을 들 수 있을 것이다. 아파 본 사람이 아픔을 알 수 있듯이, 아픔을 경험한 사람이 주는 위로와 지혜는 새로이 아픔을 경험하는 사람들에게 많은 도움이 될 것이다. 내가 겪었던 시련과 슬픔을 기록해 보고, 이런 일을 겪고 있는 사람들을 주위에서 찾아서 격려하고 위로해 주는 활동을 해 보는 것은 어떨까?

(4) 새로운 꿈을 꾸기

'새로운 꿈을 꾸기'는 활동적인 노년을 보내는 네 번째 방법이다. 이 시기는 자식에 대한 부양의 걱정에서 벗어나고, 가족을 부양하고 일상을 꾸려 나가야 한다는 걱정에서 벗어나 자신을 과거에서 풀어 놓고 진정으로 자신이 원하는 것이 무엇인지를 찾아볼 수 있는 시기다. 이전에 꿈꾸었지만 이루지 못한 것을 달성하기 위해 다시 시작할 수도 있고, 자신을 가장 행복하게 만들어 주었던 것을 다시 시작할 수도 있을 것이다. 제2의 사춘기에 대부분의 남성이 습득해야 할 중요 과제는 친밀감의 습득이고, 대부분의 여성이 습득해야 할 주요 과제는 자율성의 습득이라고 한다(Trafford, 2004). 그동안 소홀히 했던 부분에 투자하는 시간을 통해 우리는 한쪽으로 치우쳤던 삶의 균형을 바로잡을 수 있을 것이다.

많은 사람이 은퇴를 하고 나면 삶의 중심을 잃게 되고, 갑자기 생긴 자유로 당혹해 하며 무엇을 할지 방황하는 경우가 생기게 된다. 그러나 인생 2막에서는 "직장이 당신에게 무엇을 주기 때문에 그 일을 하는 것이 아니라 당신이 무엇인가를 주기 위해서 일을 하게 됩니다. '내가 무엇인가를 줄 수 있기 때문에 난 여기 있다'는 태도지요."(Trafford, 2004)와 같은 자세로 일을 선택하여야 한다. 즉, 진정 자신을 즐겁게 하고 스스로 의미 있어 하는 것이 무엇인지를 고민하며, 내 앞날이 어떨지에 대해 상상하고 도전해 보고 앞으로 할 일에 대해 계획을 세워 보는 활동을 할 수 있을 것이다.

(5) 또 다른 일에 도전하기

'새로운 일을 찾아 또 다른 일에 도전하는 활동'은 활동적인 노년을 보내는 다섯 번째 방법이다. 장수 혁명이 이루어지면서 이제 많은 사람은 직업에 뛰어들기 위해 준비하는 시간보다 더 긴 시간을 주요 직업을 끝낸 후에 더 살아가야 하게 되었다. 요즘 들어 상당수의 보통 사람은 초등학교 6년, 중학교 3년, 고등학교 3년, 대학교 4년, 대학원 2~6년 등 약 18년에서 20년 이상을 직업을 갖기 위한 준비 기간으로 투자한다. 물론 이 기간도 사람에 따라 다르고 학위취득과 관련된 최소한의 기간만 산정한 것이다. 이렇게 준비해서 30대에 직장을 시작하게 되면 40대 초반에는 벌써 은퇴 이후를 고민하게 된다.

은퇴라는 개념은 사실 최근에 생겨난 개념이고, 65세에는 인생의 주요 무대에서 은퇴한다는 개념도 사실 제2차 세계대전 후에 생겼다고 한다. 한 조사에서 보면 1910년에는 미국인 3명 중 2명이 65세가 되도록 일을 하였는데, 1950년에는 65세 이상 남자 중 절반 정도만이 일을 하였고, 1985년에는 65세 이상 중 16%만이 일을 하는 상황에 이르게 되었다(Trafford, 2004). 이 결과는 사람들은 더 오래, 더 건강하게 살게 되었지만 점점 더 젊은 나이에 은퇴하게 되는 역설적 모순에 빠지게 되었음을 말해 준다. 즉, 사람들이 은퇴해서 사는 기간이 태어나서 정식으로 직업 전선에 들어가게 되는 데 걸리는 시간보다 더 길어지고 있는 것이다. 많은 사람이 은퇴하거나 또는 자신이 담당해 오던 주된 업무에서 벗어난 이후에도 3~40년을 더 살게 되는데, 이 긴 기간을 휴가만으로 보낼 수는 없는 것이다. 간혹 신문지면에 발표되는 노인에 대한 각종 여론 조사 결과들을 보더라도 많은 사람이 나이가 들어서도 계속 일하고 싶어 하고, 자신의 은퇴 연령보다 더 남아서 일하고 싶어 한다. 많은 사람이 이 시기에 할 수 있는 일을 찾아내기 위해 노력하고 있다. 이 시기에 찾게 되는 일은 초기 성인기에 가지고 있던 일에 대한 생각과 다른데, 사람들은 삶에서 더 의미를 찾으려 한다는 점이다. 조상의 고향이 아프리카인 미국인이 54세경에 우연히 아프리카를 방문했다가 거기서 자신의 출생 뿌리와 원래 모습을 발견하고는 아프리카 원주민의 토속 물품을 미국으로 가져와 직거래하는 일을 하게 된다든가, 변호사로 근무하던 사람이 자신의 어릴 적부터의 꿈인 항해하기에 도전해서 결국 크루즈선 선장이 되기도 하고, 간호학과 교수로서 조산사로 일을 하던 사람이 웹사이트에서 조산의 어려움을 상담해 주는 사업을 하기도 하는 것과 같다(Trafford, 2004).

국내에서도 유명 대기업 사장을 하다가 정년도 되기 전에 사장직을 내주고 'Peace of mind'라는 북 카페를 지방 소도시에 차려, 부인은 전문 빵 요리를 담당하고 자신은 북 카페 운영주 겸 본인이 원하던 도서 집필가로서 60대 이후의 삶을 새롭게 시작한 사례도 있다. 초등학교 과학 교사로 학생들과 모형비행기를 제작하여 전국 모형 비행기 대회에 출품하다가 은퇴 후 자신이 살던 지역에 모형비행기 박물관을 개관한 사람도 있다. 이들에게 은퇴란 존재하지 않으며, 이들은 자신이 진정 하고 싶은 일을 하는 삶을 살며 자신의 삶에 새로운 의미를 부여하며 살고 있다. 물론 누구나 다 60대 이후에 새로운 일을 시작하는 것은 아니나, 많은 사람이 60대 이후에도 새로운 일을 하고 있으며 거기서 의미를 찾아가고 있음을 알 수 있다. 특히 이 시기엔 일주일에 40시간의 전일제 일을 고집할 필요도 없으며 봉사 활동, 손녀나 친척 돌보기, 취미 활동, 직업 시장에서 보수를 받는 일 등으로 10시간 단위로 일을 묶어서 다양한 활동에 도전해 보는 것도 좋은 방법이라고 한다(Trafford, 2004). 자신이 하고 싶었는데 하지 못했던 일을 선정해서 일주일에 10시간 정도씩 투자해 보는 것은 어떨까?

(6) 받은 것 돌려주기

'받은 것을 되돌려 주는 활동하기'는 활동적인 노년을 보내는 여섯 번째 방법이다. 자원봉사를 하는 사람은 그렇지 않은 사람보다 장수한다고 한다. 최근 들어 자원봉사의 개념이 변하고 있는데, 예컨대 자원봉사란 무료로 서비스를 제공하는 것이라든가, 노후에 자원봉사를 하는 것은 직업에서 은퇴한 사람들이 하는 것, 할 일 없는 사람들이 하는 것이라는 개념의 변화를 들 수 있다. 이런 시각은 자원봉사는 은퇴와 무관한 일이고 자원봉사도 하나의 직업이라고 할 수 있으며 진짜 직업처럼 진지한 것으로 볼 수 있다는 시각이다. 특히 지역사회에 대한 봉사는 할 일 없는 사람들이 시간 남을 때 하는 것이 아니며, 자신이 가진 전문 지식을 활용하여 다른 일에 투자할 수도 있는 자신의 소중한 시간을 공동체에 제공하는 것으로 실제 직업이라고 볼 수도 있다.

자신이 가진 것을 공동체에 환원하는 활동은 교회 활동에 참여하여 각종 무료 봉사 활동에 몇 시간을 기부하는 일부터 약간의 보수를 받으며 정기적으로 무의탁 노인을 돌보아 주는 일을 하는 것까지 다양한 종류가 있을 수 있다. Trafford는 자원봉사자를 '사리를 추구하지 않는 직업인'으로 생각하자는 제안을 한다. 이에는 이동주택 차량을 타고 이동하면서 집 없는 사람을 위한 집짓기 운동을 하는 것부터 초등학교에서 학급도우미를 하는 가벼운 일까지 다양한 것이 있을 수 있다. 이때 자원봉사를 무조건 주기만 하는 활동으로 인식하는 것은 바람직하지 않다. 또한 국가

나 지방자치단체가 주도하여 하는 일회성 봉사 활동보다는 지역사회나 사회 공동체에 자신들이 필요한 무엇인가를 찾아 내서 지역사회에 필요한 봉사 활동을 하는 것이 중요하다. 우리 마을에 없는 자원봉사 활동 조직을 만들어 내서 뜻이 맞는 사람끼리 지속적으로 지역사회와 우리 이웃을 위해 공동체 활동을 만들어 내는 것 등을 들 수 있을 것이다. 간단히 내가 그동안 받은 봉사에는 어떤 것이 있는지를 되돌아보고, 내가 지역사회를 위해 어떤 활동을 할 수 있는지에 대해 계획을 세우고 실천해 보는 것도 한 방법일 것이다.

(7) 정신 영역 확장하기

'정신 영역 확장하기'는 활동적인 노년을 보내는 일곱 번째 방법이다. 정신 영역을 확장한다는 것은 자기 고유의 잠재력과 젊은 시기 동안 잊고 지내던 자신의 장점을 다시 찾아내는 것이라 할 수 있다. 미국의 경우 나이가 든 많은 사람이 학교로 돌아가 다시 공부를 시작하고 있는데, 50세가 넘는 사람들 사이에 다시 공부를 시작하는 교육 열풍이 불고 있다고 한다. 미국의 경우를 보면 최근 들어 8만 5천 명에 달하는 50세 이상의 남녀가 학부와 대학원에 전일제로 등록하고 있고, 시간제 학생도 43만 5천 명에 이른다고 한다. 그중 약 12만 명이 석사 이상의 학위를 받으려고 정규 과정에 등록하였으며, 이들 중 절반이 여성이다. 또한 이런 정규 과정 외에도 수백만 명 이상의 사람이 학점 없이 강의를 수강하고 있다(Trafford, 2004). 우리나라의 경우도 정확한 통계는 없으나 나이 든 이들이 학점은행 등을 통해 학점을 이수하거나 정규 학교 과정에 다시 들어간다는 것이 더 이상 새로운 뉴스는 아니게 되었다.

나이 든 이들이 교육을 받고자 하는 이유를 들어 보면, 배움을 또 다른 직업을 위한 수단으로 보지 않고 그 자체를 목적으로 삼고 있는 경우가 많으며, 배움을 통해 자신의 삶에 새로운 의미를 부여하고자 하는 경우가 많다. 노인 연구자들에 따르면 노후에 정신적인 활동을 하는 것은 그 자체로 많은 의미가 있다. 독서 클럽, 교회 단체, 브리지 게임, 여행 그룹, 요리 강습 등 사회적이고 활동적인 활동에 참여하는 사람들은 부지런히 신체 활동을 하는 사람들만큼 긍정적인 결과를 가져오는 것으로 나타났다. 뉴욕 주에 살던 모세스 할머니는 70대 후반까지 농부의 아내이자 다섯 아이의 어머니로 평범하게 살면서 78세까지 십자수를 놓았다고 한다. 그러다 관절염이 너무 심해져서 그때부터 그림을 그리기 시작했고 101세에 마지막 그림을 그렸는데, 지금은 뉴욕 주도인 알바니 근처에 그녀를 기념하는 미술관까지 세워져 있다. 이런 사실은 나이가 든다고 모든 재능이 쇠퇴하는 것이 아니며, 특정 분야의 창조성은 나이와 더불어 성장하고 축적됨에 따라 더 무르익을 수도 있다는 것을 의미하는 것이다. 특히 미국에서 민속예술은 나이 든 사람이 지배하고 있는데, 나이가 들어서 이 분야에 자신의 재능을 발견하는 많은 사람을 볼 수 있다고 한다. 소설가 박완서 씨는 40세라는 나이에 작가가 되어서 많은 작품을 왕성하게 생산하였으며, 그 외에도 많은 예술가가 중년 이후에도 활발한 작품활동을 하는 것을 흔히 볼 수 있다. 많은 사람이 젊은 시기 동안 배우고 싶었지만 시간이 없거나 용기가 없어서 시도하지 못한 것들이 많을 것이다. 악기를 배울 수도 있고, 서예를 시작할 수도 있을 것이다. 컴퓨터를 활용하는 법을 배워 블로그 활동을 시작할 수도 있을 것이다.

(8) 다음 세대에게 유산 남기기

활동적인 노년을 보내는 여덟 번째 방법은 '다음 세대를 위해 유산을 남기는 것'이다. 젊은 사람은 소설을 쓰고 나이 든 사람은 자서전을 쓴다고 한다. 미국, 일본에서는 사람들이 자서전을 쓰려는 열풍이 일어나고 있는데, 이는 자신의 삶의 흔적을 미래에 남기고자 하는 열정이 녹아 들어간 것이라 할 수 있다. 자료를 정리하고 수집하는 것에 관심이 많은 일본인의 경우 다양한 영역에서 자신의 흔적을 정리해서 기록을 남기고 있음을 볼 수 있다.

유산을 남긴다는 것은 여러 가지 형태가 있을 수 있는데, 우리 민속음악을 집대성하는 작업을 하는 것일 수도 있고, 조상의 과거 역사를 복원하는 일일 수도 있고, 지역사회를 위한 새로운 프로그램을 만드는 것일 수도 있을 것이다. 특정 지역을 설정하고 그곳의 환경을 복원하는 사업을 할 수도 있다. Cohen은 인생의 후반부에 들어서면 사람들이 "개인적이거나 공동체적인 차원에서 강렬하고 지속적인 공헌을 하면서 생을 긍정하고, 미완성 상태인 일들을 마무리하고, 자신이 이룩한 공헌을 송축하고 싶은 바람이 생긴다."고 하였다(Trafford, 2004에서 재인용). 우리나라의 경우 실록 문화가 발달되어 많은 왕조사의 기록이 남아 있는데, 이런 일을 일상 차원으로 넓힐 수 있을 것이다. 베트남 참전의 역사를 기록하거나 우리 조상의 복식사를 정리해 볼 수 있고, 우리 고장의 인물사를 재미있게 만들어 볼 수 있을 것이다. 이렇게 거창한 것이 아니더라도 우리 마을의 역사, 우리 마을에서 자라는 식물의 변화 등 자신이 관심 있는 것들을 보다 주의 깊게 관찰 · 정리해서 기록으로 남기는 작업을 할 수도 있을 것이다. 따라서 각자의 인생에서 기록으로 남기고 싶은 것이 무엇인지를 선정하는 것이 필요할 것이며, 젊은 사람들도 자신이 노후에 이 세상에 남기고 싶은 것이 무엇인지를 염두에 두면서 삶을 살아가는 것이 필요할 것이다. 일본 거리를 걷다 보면 사진기를 들고 있는 노인들을 많이 볼 수 있다. 주변을 사진으로 찍어서 내용을 정리하고 기록하는 활동 같은 것은 취미 삼아 얼마든지 할 수 있는 일일 것이다. 이런 모습을 이제 우리나라에서도 흔히 볼 수 있다.

(9) 우정을 새롭게 하기

활기찬 노후를 살고 있는 사람들의 또 다른 특징은 주위 사람들과의 관계 설정이 좋다는 것이다. 관계의 핵심은 우정이라 할 것이다. 바로 이 '우정을 새롭게 하기'는 활동적인 노년을 보내는 아홉 번째 방법이다. 나이가 들어 가거나 은퇴를 하게 되면 갑자기 우정을 나눌 시간이 많아진다. 이때 함께 우정을 나눌 사람이 없다면, 또한 힘든 일을 당했을 때 함께해 줄 친구가 없다면 삶은 더욱 힘들고 피폐해질 것이다. 이런 친구관계는 개인이 가지고 있는 '사회적 자산'이라고 불리는데, 인생의 2막을 너무 잘 보내는 데 사회적 네트워크가 특히 중요하다고 할 수 있다. Rowe와 Kahn(1998)은 친한 친구란 "그 친구가 없는 삶을 상상할 수 없을 만큼 가깝게 느껴지는 사람"이라고 정의하고 있는데, 이는 누군가와 가까운 관계를 맺고 삶을 함께 나누는 것이 중요하며 사랑과 친밀감을 얻는 것이 개인의 삶을 윤택하게 하는 데 중요하다는 것을 말해 주는 것이다. 활기찬 노인들은 여러 가지 사회적 관계를 형성하고 주위 사람들과 좋은 관계를 맺고 있는 사람들이라고 할 수 있다. 바쁘게 사느라 잊고 있었던 친구였지만, 어린 시절에 그리운 추억을 함께했던 옛 친구를 찾아본 경험은 누구나 있을 것이다.

인생 2막의 시기에도 옛 친구와의 관계 회복은 중요하다. 옛 친구와의 관계를 회복하는 과정의 첫 번째 단계는 옛 추억을 회상하는 것이다. 즉, 단짝 친구와 함께 했던 여행, 만남, 소풍을 회상하면서 옛 기억을 되살려 보는 것이다. 다음 단계는 그 관계를 드러내고 재발견하는 것이다. 떨어져 있는 동안, 즉 성인기 동안에 친구에게 무엇이 일어났으며 지금은 어떤 사람이 되어 있는지를 다시 발견하는 것이다. 한때 가까웠지만 각자의 삶을 사느라 자주 만나지 못하던 친구들도 있고, 여전히 주변에서 함께 살아가면서 자주 만나고 서로에게 도움을 주는 친구들도 있을 것이다. 어떻게 이런 우정관계를 더욱 생산적이고 의미 있게 만들 것인지에 대해 계획을 세우고 실천하는 것 또한 인생 후반기에 적극적으로 시도해 볼 만한 중요한 과제라 할 수 있을 것이다. 내 주위에 있는 진정한 친구가 누구인지를 찾아보고, 앞으로의 삶에서도 함께할 친구가 있다면 누군지를 떠올려 본 다음 그들을 찾아보는 활동을 해 보는 것은 어떨까?

(10) 로맨스의 세계 재탐험하기

활동적인 노년을 보내는 열 번째 활동은 인생의 영원한 주제라 할 수도 있는 사랑을 회복하는 것으로서 '로맨스의 세계 재탐험하기'다. 이 로맨스는 굳이 새로운 로맨스이어야 할 필요는 없는 것이며, 성적인 것과 연계될 필요가 있는 것도 아니다. 로맨스란 나이가 들었기 때문에 더 이상 필요 없는 것으로 여길 수는 없는 것이다. 나이가 들어도 사랑을 느낄 수 있으며, 장수 혁명과 인터넷의 발달로 이제는 더 많은 로맨스가 생길 수 있는 시기이기도 하다. 오히려 이 시기가 우정과 연애가 만발할 수 있는 시기라 할 수 있으며, 결혼에 대한 압박과 스트레스 없이 다양한 관계를 발전시킬 수 있는 시기라 할 수 있다(Trafford, 2004).

인생 2막기의 자신만의 시기에 발생하는 로맨스는 더 이상 불확실하거나 고통스럽지 않게 진행될 수도 있는 것이다. 왜냐하면 이미 많은 사랑을 경험해 보고 다양한 사랑의 역사를 가지고 난 후에 시작하는 사랑이기에 이전보다 덜 상처받고 상대를 더 이해할 수 있기 때문이다. 또한 이 시기에 접어들면 훨씬 더 많은 사람이 독신이 될 것이며, 어쩌면 독신 상태가 다시 정상이 되는 시기라 할 수 있다. 또한 사랑의 형태에 대해서도 젊은 시기보다는 훨씬 융통성을 가지고 있어서 아이를 가지거나 키우는 것에 대해 걱정하지 않아도 된다. 로맨스를 생각하는 것은 성생활에 대해 다시 활력을 가지게 해 주는 효과를 가져올 수도 있다. 그러나 이 시기의 성생활이 반드시 젊은 시절의 성생활과 똑같을 필요는 없다. 성적인 정체성은 평생 동안 다양한 방법으로 인간에게 체화되어 나타나며, 성적인 감정이 되살아나는 것은 실제적인 육체적 접촉 없이 정신적인 차원만으로도 개인의 삶에 활력이 될 수 있다.

사랑에 빠지는 과정은 심리적으로 자신을 열어 놓는 것이며, 신비로운 경험에 다시 매혹되는 과정이라고 할 수 있다. 사랑을 다시 찾고 활력을 다시 찾는 방법으로 옛사랑을 다시 만나는 것을 들 수 있을 것이다. 상대가 이미 독신으로 살 수도 있고, 배우자와 여전히 잘 살 수도 있지만, 많은 사람은 자신의 옛사랑을 찾으면서 황홀한 매혹을 다시 느끼게 된다고 한다(Trafford, 2004). 배우자가 없는 경우는 이런 경험이 개인에게 새로운 활력을 불어넣어 줄 수 있으며, 배우자가 있는 경우는 지금의 배우자에 대한 새로운 발견과 매혹을 느낄 수 있게 해 줄 것이다. 지금 배우자와 만날 때의 추억과 회상을 하거나 전 배우자 또는 젊은 시절 사랑하는 사람과의 추억과 경험을 회상하고 그때의 감정이 지금의 자신에게 어떤 영향을 끼쳤는지를 정리하고 회상해 보는 것 그리고 지금의 관계 속에서 바람직한 관계로 승화시키는 방법을 강구하는 것 또한 활기찬 노후생활에 필요한 활동의 하나라 할 수 있을 것이다. 물론 이 과정에서 상대방과의 교감을 공유하면서 감정 교류가 이루어져야 함은 당연한 것이다.

(11) 가족 다시 발견하기

활동적인 노년을 보내는 열한 번째 활동은 '가족 다시 발견하기'다. 가족 다시 발견하기는 부부간의 관계를 정립하는 것일 수도 있고, 자식이나 손자녀, 부모와의 관계를 재정립하는 것일 수도 있다. 우선 부부가 함께 살 경우에 나이가 듦에 따라 부부간에 나타나는 성적 문제에 대처하는 것이 주요 과제라 할 수 있을 것이다. 많은 부부에게는 부부간의 성생활이 생리적인 성적 욕구를 충족해 주는 것일 뿐만 아니라 부부간에 친밀한 관계를 유지 · 형성하는 유일한 통로이기도 하다. 따라서 신체적 노화로 인한 것이든, 질병으로 인한 것이든 성기능의 저하로 부부간에 문제가 발생하게 되면 자칫 유일한 대화의 창구마저 끊어지고 심각한 부부갈등이 초래될 수도 있다. 또한 남편이 실직하여 생활 패턴이 바뀌면서, 예전의 생활 패턴이 뒤바뀌어 남편은 집에 머물고 부인이 직업을 가지는 상황이 발생하기도 할 것이다. 따라서 부부간의 이러한 관계 변화에 역동적으로 대처하는 것이 필요하다. 특히 서로 간에 개방하고 서로의 약점까지 받아들여 줄 수 있는 관계를 형성하는 것이 중요하다고 할 수 있다(Trafford, 2004).

가족관계에서 고려해야 할 또 하나의 중요한 사항은 21세기 가족 구조의 변화를 들 수 있다. 21세기의 가족 형태로는 부양해야 할 자녀, 젊은 부모, 은퇴 후 자기 삶을 추구하는 시간대에 이른 사람들, 90~100세에 이른 그들의 부모에 걸친 4세대의 형태를 취하게 되는 가정이 많을 것이며, 양극에 처한 세대들은 두 세대의 부양에 의존하게 되는 형태를 취하게 될 수도 있을 것이다. 즉, 지금보다 훨씬 많은 젊은 세대가 조부모를 가지게 되는 조부모 폭증 현상이 나타날 것이다. 따라서 조부모로서의 역할을 어떻게 수행할 것인지, 손주들과는 어떤 관계를 형성할 것인지가 많은 노인에게 중요한 주제가 될 것이다. 여러 세대가 공존해야 하는 세상이 되다 보니 조부모가 손자녀를 직접 보살펴야 하는 불가피한 경우가 발생하기도 할 것이다. 현재 우리나라의 경우도 도시에 거주하며, 가정형편이 어렵거나 이혼하게 된 자식이 농촌에 데려다 놓은 아이들과 조부모가 함께 살아야 하는 경우가 많이 발생하고 있는 실정이다. 따라서 이런 가족들과의 관계 형성을 계획하고 역할을 설정하는 것이 중요한 과제라 할 것이다.

(12) 영적인 위기와 대면하기

활동적인 노년을 보내는 열두 번째 방법은 '영적인 위기와 대면하기'다. 인생 2막의 자신만의 시기에 이르렀을 때 우리 모두가 경험하게 되는 것 중의 하나는 영혼의 위기에 부딪히는 것이다. 물론 인생의 여러 단계에서 영혼의 위기가 나타나지만, 이 시기, 특히 50~80세 사이 어느 시점에서 많은 사람은 죽음의 문제와 함께 삶의 의미를 다시 자문하게 된다. 많은 사람이 자신의 근본 뿌리를 찾고자 하거나 어린 시절 경험했던 종교로 돌아가기도 하고, 자신의 평화와 자신감을 찾기 위해 새로운 종교에 귀의하기도 한다.

사형수들이 죽음을 앞두고 종교에 귀의하는 것처럼, 죽음을 대면하면서 인생에 대해 재검토하는 것은 자연스럽게 나타나는 과정이기도 하다. 각 개인은 스스로 자신의 삶을 반추해 보면서 자기를 되돌아보며 무의미한 나날로부터 구원받을 방법을 모색하게 된다. 이를 위해 전문가들은 사람들이 고독의 의미를 되돌아보는 것이 중요하다는 제안을 한다. 즉, 자기 혼자 있는 시간을 즐기고, 내면으로 눈을 돌려 자신을 있는 그대로 바라볼 것을 제안한다. Erickson은 인생 마지막 단계에서의 심리적인 과제는 완결을 추구하면서 절망을 극복하는 것이라고 했는데, 삶을 하나로 모아서 서로 어긋난 부분들을 통합하고 의미를 찾아가는 것이 이 과제라 할 것이다(Trafford, 2004). 이런 절망감은 위기를 초래하기도 하고 삶에 무의미감을 초래하기도 하는데, 이를 극복하는 방법은 죽음을 자연스럽게 받아들이고 자신의 영적인 안정감을 찾아내는 것이다. 100세 연구자들은 100세인들이 쾌활하며 바쁘게 지낸다는 것을 강조한다. 또한 그들은 죽음에 대한 준비가 잘되어 있고, 죽음을 당연한 것으로 받아들인다고 한다. 따라서 자신의 죽음에 대해 진지하게 생각하고 죽음에 대비하여 자신이 할 일을 정리하는 것이 필요할 것이다. 요즘 많은 가정에서 부모님 사후에 재산 분쟁이 일어나 형제간, 자매간에 얼굴조차 마주 보지 않으며 심한 경우 칼부림이 나는 경우도 있다. 이런 관계를 잘 정리하는 것도 죽음을 대비하는 일일 것이다. 옛날 우리 조상들은 자신이 죽기 전에 수의를 만들어 놓고 자신의 묘자리를 만들어 놓았다. 이런 것들이 바로 죽음을 받아들이는 적극적인 자세일 것이다.

2) 노년기에 대한 준비와 대비

지금까지 인생 2막 시기에 할 수 있는 적극적인 활동 거리들을 정리해 보았다. Trafford(2004)가 제안한 이 12가지 활동 외에도 많은 활동이 있을 것이며, 이 12가지 활동이 서로 완전히 구분되는 것들이 아니라 중첩되어 나타나기도 할 것이다. 노후에 할 수 있는 또는 해야 하는 활동들로 어떤 것들이 있는지에 대해 생각하고 서로 논의해 보는 것이 필요할 것이다. 또한 젊은이들도 자신이 노인이 된다면 어떤 활동을 하고 싶으며 어떻게 할지에 대해 위에 든 12가지 활동 중에서 고르거나 그 외에도 자신이 하고 싶은 다른 활동이 있는지를 생각해 보고 주위 사람과 이야기하거나 논의해 보는 것도 필요할 것이다. 젊은이들에게 주위의 조부모나 친척을 인터뷰해서 그들의 고민과 활동 내용을 조사하고 지원해 줄 수

[그림 8-1] 새로운 만남과 배움에 기뻐하는 노인들

있는 방안과 바람직한 활동 사항들을 서로 공유해 보도록 하는 것도 한 가지 방법이다. 자, 여러분이라면 노인이 되었을 때 어떤 것을 가장 하고 싶은가?

5. 활동적 노년을 보낼 수 있도록 하는 사회 구성의 필요성

건강한 사회는 거리에 다양한 사람이 넘치고 누구나 자유롭게 활동이 가능한 사회다. 아이, 노인, 장애인, 외국인, 저소득층이 모두 일반인과 마찬가지로 자유롭고 활기차게 활동할 수 있는 사회가 건강한 사회다. 활동적 노년이 추구하는 이념은 노인도 자신이 가진 신체적, 심리적 및 경제적 조건에 구애받지 않고 일반인, 보통 사람과 똑같이 정상적인 생활을 할 수 있도록 만드는 것이다. 물론 노인 자신이 활동적으로 움직이고 제2의 인생기를 자기 인생에 있어 황금기로 만들려고 노력해야 하는 것이 우선적으로 필요하고, 그런 시기가 된 것 또한 사실이다. 그러나 이것만으로 모든 것이 해결되는 것은 아니다.

우리가 선진국이라고 본받고자 하는 미국이나 일본 및 유럽의 복지제도에는 우리가 채택하고 수용해야 할 요소들이 많이 있다. 특히 노인들이 활동적으로 사회 참여를 할 수 있도록 다양한 제도를 운용하고 새로운 시스템을 개발하는 것은 우리가 본받을 만한 점이다.

일본의 경우 도쿄 도심 한가운데에서 다양한 활동을 일상적이고 편리하게 하는 노인들을 볼 수 있다. 도쿄에는 젊은이들이 넘쳐나는 신주쿠, 시부야, 하라주쿠 같은 활기찬 도심이 있다. 그러나 더 놀라운 것은 이런 도심 못지않게 번화하면서 노인들로 넘쳐나는 도심이 스가모라는 지역에 조성되어 있다는 것이다. 인위적으로 조성하였는지 혹은 자연적으로 조성되었는지 모르지만, 도심 한가운데 위치해 있고 지하철로 자연스럽게 이동할 수 있는, 도심 내 순환선상에 있는 수가모에 노인 중심 상가가 약 2km 정도 설치되어 있어 많은 노인이 이곳에서 쇼핑도 하고 부식거리도 구입하고 또 친구들을 만나기도 한다. 물론 이곳에 노인들만 가는 것은 아니다. 나이 든 노인이 장성한 딸과 함께 시장에 갈 수도 있고, 시장 가격이 저렴하여 젊은 사람들도 물건을 구입하러 오기도 한다.

미국에서 여행을 하다 보면 각 휴양지에 노인들이 상당히 많이 있는 것을 볼 수 있다. 휴양지 주변에 항시 조성되어 있는 아웃렛 몰에도 많은 노인이 쇼핑을 하고 관광을 하는 것을 자연스럽게 볼 수 있다. 또한 일본 도쿄 도심에는 점심시간이나 하루 중 일부 시간에만 자그마한 두부 가게나 부식 가게를 운영하는 노인 부부나 간이 주점을 운영하는 노인들을 보는 것이 어렵지 않다. 이것은 도심의 일정 구간 내에는 대형 수퍼가 들어오지 못하게 하는 법령이 있어서 가능하다고 한다. 또한 대형 빌딩에서 청소를 하거나, 도심 뒷골목에서 주차 단속을 하거나, 거리에서 흡연하는 사람을 계도하거나 단속하는 노인들을 쉽게 볼 수 있다. 이런 활동이 가능한 것은 모두 노인들이 참여할 수 있는 사회적 공간을 만들어 내려는 선진사회의 노력의 결실이라 할 수 있을 것이다. 외국인에게 언어를 가르쳐 주거나 다문화 체험을 제공해 주는 것과 같은 각종 자원봉사

[그림 8-2] 노인의 거리로 조성된 도쿄 수가모역 주변의 노인들

현장에도 많은 노인이 활동하며, 이런 활동을 통해 그들은 삶의 보람을 느끼고 있다. 우리도 거리에서 활발히 활동하는 밝은 모습의 노인들을 많이 볼 수 있는 사회를 만드는 것이 필요할 것이다.

참고문헌

권현수(2009). 노인의 사회참여가 삶의 만족도에 미치는 영향-우울, 주관적 건강상태의 매개효과를 중심으로. **한국생활과학회지, 18**(5), 995-1008.

김상대(2009). 노인의 활동성 여가참여가 사회적 역할 상실감 및 삶의 질적 가치 인식에 미치는 영향. **한국여가레크레이션학회지, 33**(3), 69-83.

박경혜, 이윤환(2006). 노인의 사회 활동이 신체기능에 미치는 영향. **한국노년학, 26**(2), 275-289.

윤종율(2005). 제6회 고령사회 포럼. **한국노인과학학술단체연합회**(pp. 3-33).

이소정(2009). 우리나라 노인의 사회참여 유형분석. **한국인구학, 32**(1), 71-91.

이주일(2008). 인생역경과 행복. 이주일, 박군석, 유경, 김영범, 장숙랑, 윤현숙, 유희정, 김동현(편), **성공적인 한국 노인의 삶-다학제간 심층 인터뷰 사례-**. 서울: 박학사.

이주일(2013). 안전애착, 5요인 성격, 미래시간 관점이 생산적 노년에 미치는 영향. **한국심리학회지: 산업 및 조직, 26**(2), 341-370.

정병은, 이기홍(2009). 노인이 인식하는 사회 활동에 대한 연구. **한국노년학, 29**(3), 953-970.

조용하(2009). 여성노인의 사회적 활동과 삶의 만족수준에 관한 인과적 분석. *Andragogy Today: Interdisciplinary Journal of Adult & Consulting Education, 12*(1), 1-28.

최재천(2005). **당신의 인생을 이모작하라**. 서울: 삼성경제연구소.

한경혜, 손정연(2009). 경험 표집법을 통해 살펴본 도시노인의 일상생활 경험: 공간/대인맥락과 정서 경험에서의 젠더 차이를 중심으로. **한국노년학, 29**(3), 1159-1182.

フレディ 松川(마츠가와 프레데이)(2008). 나이 60에도 노망이 드는 사람과 80에도 치매와는 거리가 먼 사람(60歳でボケる人80歳でボケない人). 東京: 集英社文庫.

Bennis, W. G., & Thomas, R. J. (2003). 시대와 리더십(신현승 역). 서울: 세종연구원. (원전은 2002년도에 출판)

Lemon, B. W., Bengtson, V. L., & Peterson, J. A. (1972). An explanation of the activity theory of aging: Activity types and life satisfaction among in-movers to a retirement community. *Journal of Gerontology, 27*, 511-523.

Manz, C. C. (2002). 실패의 힘(이경재, 서상태 역). 서울: 예문.

Mclnnis, G. J., & White, J. H. (2001). A phenomenological explorator of loneliness in the older adult. *Arch Psychiatric Nursing, 15*(3), 128-139.

Palmore, E. B. (1981). *Social pattern in normal ageing*. Durham, NC: Duke University Press.

Roszak, T. (2001). *Longevity revolution: As boomers become elders*. Los Angeles: Berkeley Hills Books.

Rowe, J. W., & Kahn, R. L. (1998). *Successful ageing*. New York: Pantheon.

Russell, B. (2004). 행복의 정복(이순희 역). 서울: (주)시대평론. (원전은 1930년에 출판)

Trafford, A. (2004). 나이 듦의 기쁨(오혜경 역). 서울: 마고북스.

WHO (2002). *Active ageing: A policy framework*.

9장 노년기 심리장애

강연욱

노인들 중에는 자신의 삶에 만족하며 노후생활을 잘 영위하고 살아가는 사람들도 많지만 배우자나 친한 친구들과의 사별로 인한 상실감과 외로움, 경제적 곤란, 건강 문제, 역할 상실 등 노년기라는 인생의 전환기에서 경험하는 새로운 사건이나 경험들로 인해서 심리적 어려움을 경험하는 노인들도 많이 있다. 물론 노년기의 변화와 이런 경험들로 인해서 모든 노인이 다 정신장애를 앓는 것은 아니다. 여기에는 성격 특성, 스트레스 대처 기술, 생물학적 요인 등 다양한 요인이 함께 작용한다(권석만, 민병배, 2000). 노인들이 흔히 경험하는 정신장애로는 우울증, 불안장애, 신체형 장애, 알코올 중독이나 약물 오용과 같은 약물사용장애(substance use disorder) 등이 있다. 또한 최근에는 수명이 증가하고 인구 고령화가 빠른 속도로 진행됨에 따라서 기질적인 신경정신 질환인 치매 환자의 수가 급속도로 증가하고 있다. 치매는 유병률이 높을 뿐만 아니라 이환 기간이 길고 그에 따라 요양 및 조호 부담이 크므로 앞으로 노인 건강 문제에 있어 가장 중요한 질환 중 하나가 될 것이다(정해관, 2011). 이 장에서는 노년기 심리장애 중에서 가장 유병률이 높은 대표적인 두 장애인 노년기 우울증과 치매에 관하여 자세히 살펴보겠다.

1. 노년기 우울증

우울증은 노년기에 가장 흔한 정신질환 중 하나다. 그러나 노인들은 엄밀한 의미의 주요우울장애(major depressive disorder)보다는 다양한 심각도의 우울 증상을 나타내는 경우가 많고, 뇌졸중이나 치매와 같은 질환과 병발하는 경우가 많다. 최근에 수행된 한 역학 조사(Park et al., 2010)에서는 우리나라 지역사회 거주 65세 이상 노인들의 약 11%가 우울장애를 앓고 있는 것으로 밝혀졌다. 그러나 노인들 자신이나 주변 가족들, 심지어 의료진도 노인들의 우울을 노화의 일부로 간주하고 건강상의 문제로 인정하지 않는 경향이 있다. 따라서 우울증에 대한 대중적인 인식이 증가하였고 효과적인 치료 방법이 있음에도 불구하고 노년기 우울증은 잘 탐지되지 않고 있으며 잘 치료되지도 않고 있다(Djernes, 2006; Unützer, 2007). 노년기 우울증은 그 자체만으로도 노인들을 고통스럽게 하지만 그로 인해서 노인들의 삶의 질을 상당히 저하시키고, 다른 의학적인 질병에 걸릴 확률이나 사망률을 증가시키는 등의 결과를 초래하므로 조기 개입이 매우 필요한 질환이다.

1) 노년기 우울증의 임상 양상과 진단 기준

우리는 흔히 우울하다는 말을 자주 사용하고 쉽게 우울증이 아닐까 의심하지만 실제로 『정신장애 진단 및 통계 편람 5판(*Diagnostic Statistical Manual of Mental Disorders, 5th Edition, DSM-5*)』(American Psychiatric Association, 2013)의 우울증 진단 기준은 매우 까다롭다. 아홉 가지 주요 증상(지속적인 우울한 기분, 흥미나 즐거움의 현저한 저하, 체중이나 식욕의 변화, 수면의 변화, 정신운동 항진이나 지체, 피로감과 활력 상실, 무가치감과 죄책감, 집중력 감퇴, 죽음에 대한 사고) 중에서 '지속적인 우울한 기분'과 '흥미나 즐거움의 현저한 저하'의 두 가지 중 어느 한 가지 이상을 포함하여 최소한 다섯 가지 이상의 증상이 거의 매일 그리고 최소한 2주 이상 지속될 때 주요우울장애(major depressive disorder)로 진단하고, 이러한 주요우울장애가 2년 이상 지속되면 지속성 우울장애(persistent depressive disorder)로 진단명이 바뀌게 된다. 이러한 엄격한 기준을 적용해도 주요우울장애는 평생 유병률이 여성은 10~25%, 남성은 5~12%로 보고되고 있는 가장 유병률이 높은 정신장애다. DSM-5의 진단 기준은 젊은 성인들을 대상으로 개발된 것이지만, 노인에게 적용되는 기준이 따로 있지는 않으므로 임상에서는 노인에게도 같은 기준을 적용한다.

우울증은 기분이나 생각뿐만 아니라 몸 전체에 영향을 미치게 된다. 따라서 우울증의 증상들은 앞서 제시한 DSM-5의 진단 기준에서 알 수 있듯이 '기분 증상' '인지 증상' '신체 생리 증상'의 3요소로 구성되어 있다. 기분 증상으로는 우울감, 불안감, 의욕 상실 등이 있고, 인지 증상으로는 비관적 사고, 자살 사고, 죄책감, 부정적 사고나 망상, 인지장애 등이 특징적으로 나타난다. 신체 생리 증상으로는 수면장애, 식욕 감퇴 또는 항진, 무기력, 피곤감, 성욕 감퇴와 더불어 다양한 소화기, 호흡기,

심혈관계의 신체 증상 등이 나타날 수 있다. 노년기 우울증의 증상 양상은 젊은 사람들의 양상과 본질적으로 큰 차이를 보이지는 않으나 다소 다른 특징을 나타낸다. 즉, 노년기 우울증은 젊은 사람들의 우울증보다 수면장애와 신체 증상에 대한 호소가 더 많고 건강염려증적인 경향을 보이며, 슬픈 감정이나 우울감이 덜 뚜렷한 반면에 이자극성(irritability)이나 초조함이나 불안감을 더 뚜렷하게 나타낸다(Gallo & Rabins, 1999). 또한 죄책감이나 적대감과 자살 사고가 적은 대신 정신 운동 지체와 체중 감소가 더 많고(Blazer, 1997), 주의집중력과 기억력 등 인지 기능의 저하를 호소하는 경우가 많으며, 일상생활에서 기능 저하를 드러내는 경우가 많다. 특히 노년기에 처음으로 발병한 우울증 환자들은 망상(delusion)을 지니는 수가 많다. 따라서 노인의 경우 우울한 기분에만 너무 초점을 맞추면 우울장애의 진단을 놓칠 수 있다.

노인들이 나타내는 우울 증상의 범위는 우울증의 진단 기준을 충족할 정도로 심하지는 않은 경한 우울 증상들로부터 정신병적 특질을 가진 주요우울장애까지 광범위하다. 노인 우울증의 유병률 조사 결과는 조사 지역과 연구에 사용된 우울증의 진단 기준 및 도구의 차이로 인해서 차이가 있다. 기존의 해외 연구에서 보고된 지역사회 거주 노인들의 주요우울장애 유병률은 0.9~9.4%(Djernes, 2006)였고, 우리나라의 경우는 5.37% (Park et al., 2010)였다. 우울증의 진단 기준을 충족하지는 않으나 우울 증상을 지니고 있는 노인들은 외국의 경우는 15~30%(Montgomery et al., 2000)로 보고되었고, 우리나라의 경우는 7.4~38.9%(Cho, Hahm, Jhoo, Bae, & Kwon, 1998; Cho & Lee, 2005; Kim, Shin, Yoon, & Stewart, 2002)에 이르는 것으로 보고되었다. 이 결과는 우울증의 진단 기준을 충족하지는 않지만 우울 증상을 지닌 노인들이 상당수 있음을 시사한다. 더욱이 병원에 내원한 노인 환자들이나 노인요양시설에 거주하는 노인들을 대상으로 한 연구들에서는 지역사회에 거주하고 있는 노인들보다도 평균 5% 이상 높은 우울 증상의 유병률이 발견되었다. 문제는 이러한 우울 증상들도 노인들의 삶의 질에 해로운 영향을 미치고 있음에도 불구하고 DSM-5의 엄격한 진단 기준을 충족하지 못하여서 적절한 치료를 받지 못하는 경우가 많다는 사실이다.

노인들에게서 자주 관찰되는 우울증의 한 종류로 가면 우울증(masked depression)이 있는데, 위에서 기술한 우울증의 세 가지 범주 증상 중에서 우울감 등의 '기분 증상'은 호소하지 않고 다양한 '신체 생리 증상'만을 호소하는데, 의학적 검사에서는 뚜렷한 이상이 발견되지 않는 경우다. 또한 신경학적인 원인으로 우울 증상을 나타내는 노인들에게 진단되는 혈관 우울증(vascular depression)은 주로 전두엽이나 두정엽의 백색질의 허혈성 병변과 관련된 우울 증상들을 말한다(Alexopoulos et al., 1997; Versluis et al., 2006). 이 경우에도 우울감의 호소가 별로 없고 무의욕증(avolution), 무감동증(apathy) 및 전두엽 기능의 손상 증상을 주로 보인다.

2) 노년기 우울증의 원인

노인도 젊은 사람과 마찬가지로 기쁨, 슬픔, 분노, 불안, 죄책감 등의 정상적인 감정을 똑같이 느낀다. 가족이나 친구들과의 관계를 유지하고 취미생활을 즐기면서 은퇴 후의 노후생활을 만족스럽게 잘 해 나가는 노인들도 있지만, 배우자와의 사별, 경제적 곤란, 역할의 상실 등으로 인해서 노인들이 더 우울해질 수 있는 소지가 많다. 노년기에 우울증을 발병하게 하는 위험 요인으로는 사회적 지지와 접촉의 부족, 부정적인 생활사건들, 낮은 사회경제적 지위, 인지장애, 의학적 질환과 복용 약물, 우울 병력과 가족력 등(Blazer & Hybels, 2005; Djernes, 2006)을 들 수 있으며 심리적, 사회적, 신체적 요인들이 복합적으로 작용한다. 따라서 우울증의 원인을 평가할 때는 포괄적인 접근이 요구된다.

우선 노인이 되면 심리적으로 안전한 것을 추구하게 되고 새로운 것을 시도하려는 생각이 줄어들게 된다. 사소한 일에도 걱정과 고민, 근심이 많아지고, 전반적인 융통성과 적응력이 떨어지며, 가족이나 친구들에 대한 의존성이 높아진다. 그러나 이 시기에 직장에서 은퇴를 하거나 실직을 하여서 경제력이 약화되고, 의지하던 배우자나 형제 및 가까운 친구들이 사망하여 사회적 지지 체계가 약화되거나 소멸되면 고립감이나 버려진 느낌과 함께 우울감을 느끼게 된다.

치매 초기에 스스로 인지 기능의 저하를 자각하고 우울해지는 노인들도 있지만, 우울한 노인들도 마치 치매 노인처럼 기억력이나 주의집중능력의 장애를 호소하는 경우가 많다. 우울한 노인들의 이러한 인지기능장애는 우울증이 치료되면 다시 정상 수준으로 회복되기 때문에 가성치매(pseudodementia)라고 부른다. 그러나 우울한 노인들 중 일부는 특히 어떤 일을 계획하고 조직하거나 추상적인 사고를 하는 인지 능력의 장애를 경험하는데, 이런 증상을 '노년기의 우울-집행기능장애 증후군'(Alexopoulos, 2001)이라고 부른다. 이 증후군은 항우울제 치료에 잘 반응하지 않고 집행기능장애로 인해서 일상생활에서 여러 가지 어려움을 일으키며 우울증이 다시 쉽게 재발하도록 이끈다. 또한 임상적으로는 우울하지 않다 하더라도 초기 알츠하이머병 환자들은 흥미와 에너지의 감소, 주의집중력과 기억 곤란, 불면증, 사회적 철회, 안절부절못함, 정신운동지체 등의 우울증 증상들을 흔히 보인다. 알츠하이머병 환자에서 임상적으로 의미 있는 우울 증후군의 유병률은 17~31%에 이르는 것으로 알려져 있다. 따라서 알츠하이머병 환자들이 나타내는 우울 증상이 알츠하이머병의 자연적인 경과인지 또는 우울증의 증상인지를 감별하기는 쉽지 않다.

또한 만성적으로 건강이 나쁠수록 우울증에 더 취약한 것으로 밝혀졌다(Katon, 2003; Reynolds & Kupfer, 1999). 특히 노인들의 경우 만성적인 신체적 질병을 지니고 있는 경우가 많으므로 그에 대한 반응으로 우울증상이 동반되는 경우를 흔히 관찰할 수 있다. 그러나 주요우울증을 의학적 질환에 대한 '정상적인' 반응으로 가정하여서는 안 된다. 의학적 질환 중에서는 특히 당뇨병, 심장병, 암, 뇌졸중, 치매, 파킨슨병 등이 우울증과 많은 관련이 있는 질병으로 알려져 있으며, 고혈압 치료제나 호르몬제, 파킨슨병 치료제 등과 같은 약물을 복용하는 것도 우울증을 촉발하는 요인이 될 수 있다. 따라서 노인이 우울하다고 생각되면 우선 우울이 의학적 질환에 대한 생리적 또는 심리적 반응인지, 복용 약물의 부작용인지, 아니면 이 두 요인의 조합인지를 밝혀야 한다.

때로는 우울증의 증상과 환자가 앓고 있는 의학적 질환의 증상을 구분하는 것이 어려운 경우가 있다. 예를 들어서, 파킨슨병 환자들은 우울하지 않아도 정신 운동의 지체, 삶의 활력과 동기 감소, 수면과 식욕의 변화를 나타내기 때문이다(Sable, Dunn, & Zisook, 2002). 환자가 우울증과 신체적인 질환을 함께 앓고 있는 경우, 이 두 가지는 서로 각각의 증상, 경과 및 치료 반응을 악화시킨다. 즉, 뇌졸중이나 심장마비 환자들 중에서 우울증을 함께 앓고 있는 경우는 우울증이 없는 경우보다 회복률이 낮고 사망률이 높은 경향이 있다.

우울증은 또한 가족력이 매우 중요하다. 우울한 부모의 자녀들은 우울할 위험이 높고, 우울증 환자의 가족 중에 다른 우울증 환자가 있는 경우를 자주 관찰할 수 있다. 우울한 노인들의 상당수는 이전에 우울증을 경험하였던 사람들이다. 우울증은 흔히 재발하며, 과거에 우울했던 사람은 노인이 되었을 때 우울할 가능성이 높다. 그러나 일반적으로 우울증의 첫 발병 시기가 늦을수록 유전적 요인은 상대적으로 덜 중요한 것으로 알려져 있다. 젊은 시기의 우울증 병력이 없고 노년기에 처음 발병한 우울증(late-onset depression) 환자들의 경우에는 가족력이 거의 관찰되지 않는다. 그들은 노년기에 발생하는 의학적인 질환(예: 알츠하이머병, 파킨슨병, 심장병, 암, 관절염)이나 장애(특히 뇌졸중으로 인한)로 인해서 발병하는 경우가 많다. 나이가 증가함에 따라서 남녀 차이가 감소하기는 하지만 남성보다는 여성이 평생 동안 우울증에 걸릴 위험이 더 높은 것으로 알려져 있다.

끝으로, 생물학적인 변화 역시 노년기의 우울증 증가를 설명하는 하나의 요인이 된다. 노화와 함께 신체의 기초대사량이 감소하고 주요 장기의 기능이 저하되며, 신경전달물질, 특히 세로토닌이 감소되어 식욕과 수면의 변화가 일어나고, 스트레스 내인력이 저하되며, 신체 항상성(homeostasis) 조절 능력 또한 저하되는데, 이 모든 노년기의 생물학적인 변화가 우울증의 원인이 될 수 있다(Blazer & Hybels, 2005).

3) 노년기 우울증과 자살

자살은 우울증의 가장 심각한 결과라 말할 수 있다. 젊은이들의 경우에는 자살이 물질남용, 정신장애, 성격장애 등의 정신과적 질환과 연합되는 경향이 많고 자살을 통해서 어떤 목적을 달성하고 증오심을 표현하려는 '의도적 자살'이 많으나, 노인들의 자살은 우울증과 관련되는 경우가 많고 인생의 무의미함을 깨닫고 삶을 포기하는 '순수 자살'이 더 많다(권석만, 민병배, 2000).

흔히 자살은 청소년에게 많은 것으로 알려져 있으나 고령화와 불안한 노후가 겹치면서 우리나라 노인들의 '황혼 자살률'은 이미 세계 최악의 수준이다. 통계청 자료에 따르면 2011년 20대 청년의 자살률(10만 명당 자살자)은 24.3명이었으나 60대, 70대, 80대의 자살률은 각각 50.1명, 84.4명, 116.9명이었다([그림 9-1] 참조). 2009년 경제협력개발기구(OECD)가 세계 주요 국가들의 65~74세 노인 자살률을 조사한 결과, 한국이 81.8명으로 단연 1위를 차지하였다. 이는 전체 인구에서 노인 인구가 차지하는 비율이 우리나라보다 높은 일본의 노인 자살률 17.9명의 4.6배에 해당하는 높은 숫자다. 노인 자살률의 증가 속도도 매우 빨라서 지난 10년간 약 2배나 증가하였다. 우리나라 노인들이 자살 충동을 느끼는 이유는 경제적 어려움, 신체적 질병으로 인한 장애, 외로움/고독 등이며, 자살을 한 75세 이상 노인들의 60~90%가 임상적으로 우울증 상태였을 것으로 추정된다(통계청, 2012). 우울증이 자살의 원인이 된 경우에는 심한 우울 상태에 빠져 있을 때보다는 증상이 약간 호전되었을 때 자살 위험이 가장 높다.

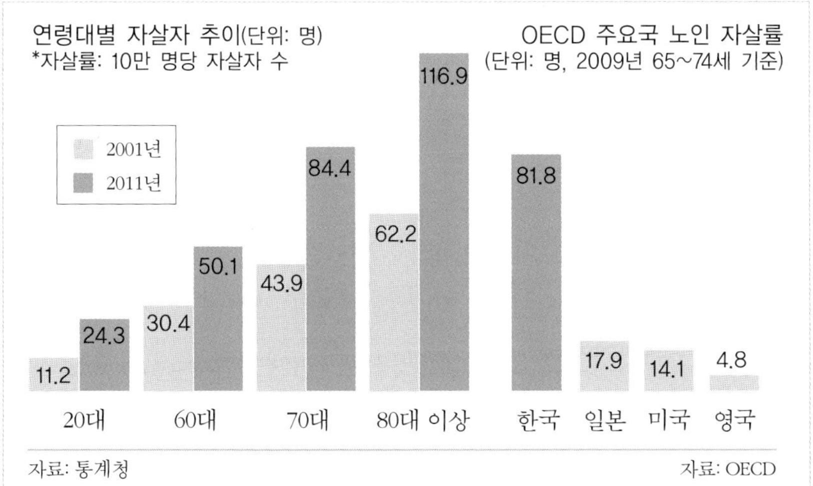

[그림 9-1] 국내 연령대별 자살자 추이와 OECD 주요국 노인 자살률

출처: 박찬준(2013. 1. 28.).

자살하는 사람은 흔히 과거에 자살을 시도했던 경험이 있고 자신의 자살 계획을 다른 사람에게 어떤 식으로든 미리 알리는 경향이 있으나, 노인의 경우에는 자살을 시도했던 경험이 없는 경우가 많고 자살 계획을 다른 사람들에게 알리는 경우도 드물다. 노인들의 자살은 충동적이기보다는 은밀하고 치밀한 준비 끝에 젊은 사람들보다 훨씬 더 치명적인 방법을 사용하여 실행되는 경향이 있다. 또한 노인들은 음식이나 약을 제때 먹지 않거나 자신의 건강을 돌보지 않음으로써 수동적으로 죽음을 선택하기도 한다. 이런 특징들 때문에 노인 자살을 '침묵의 자살(silent suicide)'(Simon, 1989)이라고도 부른다.

노인 자살의 심각성에도 불구하고, 우리 사회는 청소년이나 중년의 자살에 비해서 노인의 자살에 더 관대한 태도를 보이는 경향이 있다. 과거에는 심리 · 사회적 지지 체계가 되어 왔던 가족이 핵가족화되고 가족의 해체가 빠르게 진행되고 있으므로 노인들을 보호할 수 있는 사회적 안전망의 구축이 시급하다. 또한 자살 미수에 그친 노인들은 재시도할 위험이 많으므로 주위의 각별한 관심과 애정이 필요하다.

4) 노년기 우울증의 치료

노년기 우울증은 치료가 가능한 경우가 많고, 우울증의 치료는 우울 증상을 완화시킬 뿐만 아니라 노인들의 신체적, 사회적 기능을 증진시켜 삶의 질도 향상시키므로 노인이라 할지라도 공격적이고 지속적인 치료가 필요하다. 우울증이 제대로 치료되지 않으면 일상생활에서의 기능 저하, 만성질환의 악화 및 자살로 이끌 수 있다. 우울 증상이 심각하고, 자해나 자살의 위험이 있거나 심각한 신체적 질병이 동반되어 다른 의학적 진료가 필요하다면 입원치료를 하는 것이 필요하다.

앞에서도 언급했듯이 노년기 우울증은 심리적 · 사회적 · 신체적 요인들이 복합적으로 작용하여 나타난다. 따라서 우울증의 치료 또한 심리적 · 사회적 · 신체적 개입이 복합적으로 이루어질 필요가 있다. 그러므로 종합적인 치료 모델이 가장 합리적이고 효과적인 접근이다. 그러나 우선 노년기 우울증은 신체적 질병이 동반되는 경우가 많으므로 포괄적인 의학적 검진이 요구되며 관련된 신체적 질병에 대한 치료가 병행되어야 한다.

젊은 시절의 우울증처럼 노년기 우울증도 만성적이 되고 재발할 수도 있다. 선행 연구들을 메타분석하여 60세 이상의 우울 환자들을 24개월간 치료한 결과를 종합적으로 살펴보았더니 환자들의 33%가 증상이 호전되었고, 33%는 여전히 우울한 상태였으며, 21%는 사망한 것으로 밝혀졌다(Cole, Bellavance, & Mansour, 1999). 우울 증상이 호전되지 않은 집단을 대상으로 그 이유를 살펴본 결과, 적절한 치료가 부족한 경우, 초기 우울 삽화의 정도가 심하거나 오래 지속된 경우, 인지장애가 있는 경우, 신체적 질환이 있는 경우 등이 예후를 나쁘게 하는 요인인 것으로 밝혀졌다.

우울증의 치료 방법은 크게 생물학적 치료와 심리치료가 있으며 우울증의 심각도와 환자의 사회적, 경제적 상태를 고려하여 치료 방법을 선택해야 한다. 특히 우울증은 자주 재발하는 질환이므로 지속적인 유지요법이 중요하다.

(1) 생물학적 치료

생물학적 치료에는 약물치료, 전기경련치료, 경두개자기자극술(Transcranial Magnetic Stimulation: TMS), 광치료(light therapy 또는 phototherapy) 등이 있다. 급성 우울 삽화에 대한 약물치료는 보통 효과적이고 부작용이 별로 없으나 환자가 다른 약을 복용하고 있거나 다른 의학적 질병을 앓고 있을 때에는 약물들 간에 상호작용이 있을 수 있음을 고려해야 한다. 전반적인 기능을 회복하고 재발을 방지하기 위해서는 생물학적 치료도 심리치료나 사회적 개입과 함께 실시하는 것이 필요하다. 약물치료로 어떤 약을 선택할 것인가는 증상의 프로파일, 약에 대한 내성, 약물의 상호작용과 부작용, 환자가 복용 규칙을 잘 준수할 수 있는지 등을 고려하여 결정한다. 노인들은 대사 능력이 저하되어 젊은이들보다 약물치료에 더 천천히 반응하고, 부작용에 더 예민하며, 더 쉽게 만성화되거나 재발하는 경향이 있다. 또한 노인 환자들은 감각 결함이나 인지 결함으로 인해서 약물 복용 시간이나 복용량을 준수하지 못할 수도 있다. 약물치료의 반응을 평가하기 위해서는 젊은이들의 2배 정도가 되는 약 8~12주가 지나야 하고, 증상이 사라져도 재발을 방지하기 위해서 최소한 6개월 이상 치료를 계속하는 것이 원칙이다(Unützer, 2007).

현재 우울증의 치료를 위해서는 삼환계 항우울제(tricyclic antidepressant), 모노아민 산화효소 억제제(Monoamine Oxidase Inhibitor: MAO 억제제), 선택적 세로토닌 재흡수억제제(Selective Serotonine Reuptake Inhibitor: SSRI) 그리고 SSRI 이후 개발된 새로운 약들이 사용되고 있다. 각각의 약물들은 서로 다른 부작용을 나타낼 수 있으므로 환자의 상태와 다른 약물의 상호작용 가능성을 고려하여 약물을 선택해야 한다.

전기경련치료(Electroconvulsive Therapy: ECT)는 항우울제에 잘 반응하지 않거나, 약물치료를 견디지 못하거나, 항우울제를 처방하기 어려운 심각한 우울증의 경우 1차 치료 전략으로 사용한다. 즉, 환자의 상태가 심각하여 자살의 위험이 있다든지, 환자가 식음을 거부한다든지, 심각한 내과적 질환이 있어서 약물치료가 곤란한 임상 상황이나 정신 운동 지체가 현저하게 나타날 때 중요한 대안적 치료법으로 사용할 수 있다. 특히 정신병적 양상이 동반된 경우에 치료 효과가 좋은 것으로 알려져 있다.

전기경련치료는 노년기 우울증에 비교적 효과적이고 안전하지만 치료 직후 수분에서 몇 시간 동안 일시적으로 기억 상실이나 정신 혼동(confusion)을 일으킬 수 있다.

최근에는 보다 실험적인 기법인 경두개자기자극술을 사용하여 노인들의 우울증 치료를 시도하고 있다. 경두개자기자극술은 자기장을 변화시켜서 뇌에 있는 뉴런을 흥분시키는 비침습적인 기법으로서, 비교적 부작용이 적고 치료가 잘 되지 않는 우울증에 효과적인 것으로 알려져 있다. 광치료는 계절성 우울증이 있는 환자들에게 특히 도움이 되는 치료법으로서, 실내 조명보다 5~10배 정도 강한 빛(1만 룩스)을 보도록 하면 멜라토닌의 대사가 영향을 받아서 우울증을 호전시킨다.

(2) 심리치료

우울증에 있어서 심리치료는 약물치료의 대안으로 독립적으로 실시되거나 또는 약물치료와 병행하여 보조 요법으로 실시된다. 기분저하증(dysthymia)과 같이 경미한 우울증의 경우에는 약물치료보다 심리치료가 더 중요한 치료법으로 선택될 수 있으나, 심리치료를 약물치료와 병행할 경우 우울증이 더 빨리 회복될 수 있을 뿐만 아니라 회복을 유지하고 재발을 방지하는 데도 효과적인 것으로 알려져 있다(MacKin & Arean, 2005).

경험적 연구를 통해서 단기 정신역동적 심리치료, 대인관계치료, 지지적인 심리치료(supportive psychotherapy), 인지행동치료 등이 노년기 우울증을 치료하는 데 효과가 있는 것으로 확인되었다. 또한 노인들의 상실감을 다루고 현실적인 갈등을 해결할 수 있도록 돕거나, 문제 해결 또는 의사 결정을 도와주는 문제해결 중심적이고 지지적인 상담도 많은 도움이 된다고 한다.

정신역동적 심리치료가 특히 급성 우울증에 효과적이라는 연구 결과도 있으나 다른 심리치료 방법들과 비교해 보면 치료 반응률이 높지 않은 편이다. 현재는 정신분석적인 바탕을 지닌 다양한 치료 방법이 노인들에게 사용되고 있는데, 노년기의 우울증을 치료하기 위해서 사용되는 대표적인 방법으로는 인생 회고(life review)와 회상치료(reminiscence therapies)가 있다. 또한 대인관계치료(Interpersonal Therapy: IPT)도 정신역동 이론에 부분적으로 바탕을 두고 있기는 하지만 환자의 관심을 현재 문제가 되는 가족이나 주위 사람들과의 관계 및 상호작용으로 돌리고, 의사소통 기술과 자존감이 향상되도록 돕는다. IPT는 특히 표현하지 못한 대인관계 갈등, 가까운 사람의 죽음 후 해소되지 못한 슬픔과 애도의 감정, 역할의 큰 변화(예: 은퇴) 등으로 인한 우울증에 효과적인 것으로 알려져 있다.

노인 우울증 환자들에게 약물치료와 가장 많이 병행되고 있는 심리치료는 지지적인 심리치료와 인지행동치료다. 지지적인 심리치료는 손상된 방어기제와 통합 능력을 재생시키고 강화시키기 위해서 환자의 말을 긍정해 주거나 지지하고 안심시키며, 환기(ventilation)나 암시(suggestion)와 같은 기법을 사용한다. 또한 가족이나 보호자에게 우울증과 약물에 대한 교육을 하고, 현실 문제에 대해서도 충고나 조언을 제공한다. 인지치료나 인지행동치료도 자주 우울증에 적용된다. 인지행동치료는 심한 우울증에도 효과가 있으나 대개 단독으로 실시되기보다는 약물치료와 병행하는 경우가 많다. 인지행동치료를 통해서 우울한 사람들은 자신의 사고와 행동을 지배하고 있는 자아, 세계, 미래에 대한 비현실적이고 부정적인 왜곡과 역기능적 사고, 태도 및 신념을 수정하게 된다. 노인 우울증 환자들을 대상으로 한 인지행동치료의 효율성은 상당한 경험적 지지를 받았다(MacKin & Arean, 2005).

2. 치매

현대 의학의 발달과 함께 인간의 수명이 점차 증가하고 있으며 노인 인구의 증가로 인한 노인병 환자의 증가는 이미 사회적 문제로 대두되고 있다. 노인병 중에서 가장 심각한 질병 중 하나는 치매(dementia)다. 65세 이상 노인들의 치매 유병률은 연구에 따라 다소 차이가 있는데 미국은 4.5~13.9%(Plassman et al., 2007), 유럽은 3.6~11.9%(Irizarry & Hyman, 2001), 일본은 4.4~8.3%(Sekita et al., 2010) 등으로 보고되었고, 우리나라는 6.3~13.0%(중앙치 9.4%; 정해관, 2011)다.

1) 치매의 정의 및 진단 기준

치매란 지적 수준이 정상이던 사람이 뇌의 각종 질환으로 인하여 지적 능력을 상실하게 된 것을 말한다. 태어날 때부터 지능 발달이 안 된 경우는 치매라고 하지 않고 정신지체(mental retardation)라고 한다. 따라서 치매의 전제 조건 속에는 '후천적'이라는 개념이 포함된다. 치매의 또 하나의 전제 조건은 '지속적'이어야 한다는 점이다. 수분, 수일, 수주일 동안 지적 능력의 저하가 지속되다가 다시 회복되는 경우는 치매라 할 수 없다. 물론 얼마나 지속되어야 치매라고 정의할 수 있는지 명확한 기간이 정해져 있지는 않으나 수개월 정도는 지속되어야 하는 것으로 알려져 있다. 우리가 가지고 있는 치매의 개념 속에는 '서서히 발생'하고 '고쳐지지 않는다'는 생각이 강하게 자리 잡고 있다. 그러나 이 두 가지는 치매의 흔한 속성이기는 하지만 반드시 있어야 하는 조건은 아니다. 예를 들어, 뇌졸중 후에 또는 교통사고로 뇌외상을 당한 후에 갑자기 사고 능력이 현저하게 떨어졌다가 몇 개월 또는 몇 년 후에 회복되는 경우도 치매에 해당된다. 일반인들이 흔히 치매를 노망이라고 알고 있을 정도로 치매는 노인에게 많으나 반드시 노인에만 국한되는 것은 아니다. 또한 의식의 장애 때문에 사고력이 저하되어 있어 보이는 경우는 치매라고 하지 않는다. 따라서 의식이 명료하면서 사고력의 감소가 있어야 한다. '지적 능력의 저하'가 있더라도 매우 경하여 일상생활이나 사회생활에 지장이 없으면 이 역시 치매라고 하지 않는다. 이상을 종합하면, 치매란 '혼동이나 섬망 등 의식의 장애가 없는 환자가 비교적 지속적으로 지적 능력이 저하된 상태를 유지하고 있고, 이런 장애로 인하여 사회생활이나 일상생활에 지장이 초래된 경우'라고 정의할 수 있다.

그러나 치매의 정의에서 '지적 능력의 상실'을 어떻게 정의하고 평가할 것인가에 관해서는 학자들 간에 의견의 일치를 보지 못하고 있다. 그에 관한 여러 기준이 있으나 현재 가장 대표적으로 인정되고 있는 기준은 DSM-IV(American Psychiatric Association, 1994)의 기준과 Cummings와 Benson(1992)의 기준이다. DSM-IV에서는 기억장애가 반드시 있고 그와 동시에 실어증, 실인증, 실행증과 집행기능장애(impaired executive function) 중 한 개 이상의 인지장애가 있는 경우를 치매에 해당하는 지적 능력의 상실로 보았고, Cummings와 Benson은 다음과 같은 다섯 개의 인지기능장애 중에서 세 개 이상을 지닌 상태로 정의하였다. 다섯 개의 영역은 ① 기억장애, ② 언어장애, ③ 시공간 능력의 저하, ④ 성격 및 감정의 변화, ⑤ 그 밖의 고등기능장애(추상적 사고장애, 계산력 저하, 집행기능장애, 실행증 등)다. 그러나 최근에 출판된 DSM-5(American Psychiatric Association, 2013)는 '복합적인 주의력, 집행 기능, 학습과 기억, 언어, 지각-운동 또는 사회적 인지' 중 한 가지 이상의 인지 영역이 심각하게 손상된 경우를 치매에 해당하는 '주요신경인지장애(major neurocognitive disorder)'의 기준으로 제시하였다.

2) 치매의 임상적 접근

치매는 질병명이 아니고 두통증 또는 파킨슨 증후군(parkinsonism)처럼 질병군 또는 증후군이다. 현재까지 밝혀진 치매의 원인질환은 퇴행성 질환, 대사성 질환, 뇌혈관 질환, 결핍성 질환, 중독성 질환, 뇌종양, 뇌외상, 감염성 질환, 수두증, 정신질환, 간질 등 50여 가지가 넘는다(Katzman, 1981). 따라서 치매가 의심되는 환자를 대하면 첫 단계로 치매가 있음을 확인해야 하고, 그다음 단계로는 치매를 일으킨 원인질환을 발견하여야 한다. 특히 환자의 치매가 치료 가능한 치매인지에 대해서 관심을 기울여야 하며, 치료 가능한 치매인 것으로 밝혀지면 원인질환에 준하여 치료하고, 치료가 불가능한 치매인 경우에는 일반적인 치료(예: 전해질 불균형 교정, 영양 공급), 행동심리 증상에 대한 약물치료(예: 수면장애, 불안 · 초조 및 우울증에 대한 치료), 인지 기능을 향상하거나 진행을 늦추는 약물치료 등을 시행하여야 한다. 마지막으로 환자와 보호자를 대상으로 치매에 대한 교육을 실시하고 필요하다면 알맞은 수용시설을 안내해 주어야 한다.

첫 단계인 치매 유무의 판단은 병력 채취(문진), 신경학적 검사, 신경심리학적 평가, 일상생활기능 평가, 행동심리증상 평가 등을 토대로 이루어진다. 병력 채취는 환자와 보호자로부터 첫 증상, 발병 및 진행 양상, 유병 기간, 일상생활에서 경험하거나 관찰한 환자의 인지 능력(기억력, 언어 능력, 시공간 능력, 계산 능력, 판단 능력 등), 정서(우울, 불안 등), 성격 및 행동적 변화에 대한 정보를 수집하는 것이다. 이때 환자의 인지 기능 저하와 정서/성격/행동적 변화가 일상생활에 어떤 영향을 미치고 있는지에 대해서도 조사하고, 원인질환을 발견하기 위해서 혈관치매의 위험 요인들, 음주 여부, 두뇌 외상의 병력, 약물 정보 등에 대해서도 문진한다.

병력 채취 시에 환자와 보호자가 주로 호소하는 주요 인지 증상은 기억력의 장애다. 대개 기억장애는 '물건을 어디에 두었는지 모른다' '같은 이야기를 반복한다' '오래전의 일은 잘 기억하지만 최근 일은 잘 기억하지 못한다' 등의 증상으로 나타난다. 치매의 원인질환에 따라서 손상되는 기억의 양상들이 다르고 이러한 차이가 중요한 진단적 가치를 지닐 수 있다. 치매 환자의 언어장애는 뇌졸중 환자들이 보이는 실어증과는 형태가 다르다. 가장 흔히 호소하는 언어장애는 물건과 사람에 대한 이름대기 장애다. 물건 이름이 금방 떠오르지 않아서 머뭇거리거나 사람의 이름을 금방 기억해 내지 못한다. 또한 읽기나 쓰기 장애가 동반될 수도 있다. 시공간 능력이 저하되었을 때 나타나는 증상은 방향 감각이 떨어지거나 실제로 길을 잃고 헤매는 증상이다. 서양의 치매 환자들은 큰 빌딩이나 백화점에서 볼일을 보고 나왔을 때 자기가 차를 어디에 주차했는지 몰라서 헤맨 경험을 자주 보고한다. 우리나라에서도 운전하는 인구가 늘면서 최근에는 이 같은 증상을 호소하는 노인 치매 환자들을 발견할 수 있다. 환자나 보호자가 자주 호소하는 또 다른 증상으로는 계산 능력의 저하가 있다. 치매 초기에는 주로 기억장애만을 보이다가 치매가 심해질수록 언어장애와 시공간 능력의 장애가 나타나고, 아울러 계산 능력이 저하되게 된다. 즉, 거스름돈과 같은 잔돈을 주고받는 데 실수가 생기고 전에 잘하던 돈 관리를 못하게 된다. 실행증은 치매의 초기에는 잘 나타나지 않으나 알츠하이머병 환자에게서 자주 관찰되는 증상이다. 알츠하이머병 환자들은 관념운동 실행증(ideomotor apraxia)과 관념 실행증(ideational apraxia)을 중기 이후에 주로 보이는데, 특히 자신의 신체를 도구로 사용하는 BPO(body-part-as-object) 오류와 공간 오류(spatial errors)

를 많이 보인다. 또한 보호자들은 치매 환자들이 성격이 변했거나 우울해 보인다는 보고를 많이 한다. 예를 들어, 과거에 매우 까다롭고 꼼꼼하던 사람이 느슨해지고 관대해지기도 하고, 전에는 매우 의욕적이던 사람이 매사에 관심이 없고 모든 것을 귀찮아하는 증상을 보이기도 한다. 또한 치매 환자들은 우울증을 호소하는 일이 많다. 이 경우에 실제로 환자에게 우울하냐고 질문을 할 수도 있지만, 우울증에 의해서 2차적으로 나타날 수 있는 각종 신체 증상에 대해서 자세히 물어봄으로써 우울증 여부를 판단할 수도 있다. 우울증을 지닌 환자들은 두통이나 어지럼증을 호소하고, 가슴이 답답하고 두근거리거나 소화가 안 되며, 소변을 자주 보고, 피곤감을 쉽게 느낀다. 수면장애도 생길 수 있는데, 잠을 지나치게 많이 잘 수도 있고, 반대로 전혀 못 잘 수도 있다. 일반적으로 전자보다는 후자가 더 많은 편이다.

신경학적 검사를 통해서 뇌신경(눈, 얼굴, 구강), 운동(근긴장도, 근력, 협조 기능, 불수의 운동), 감각, 반사, 보행, 경동맥 잡음 등을 검사함으로써 신경계의 손상이 있을 때 나타나는 징후의 유무를 확인한다. 신경계의 손상을 시사하는 징후로는 시야 결손, 안구운동장애, 안면마비, 건반사 항진, 바빈스키 반사나 차도크(Chaddock) 반사와 같은 병적 반사, 경직(rigidity), 보행장애 등이 있다.

치매가 의심되는 환자들을 대상으로 한 신경심리학적 평가는 첫째, 환자가 나타내는 인지적 손상이 정상 노화 과정에서 나타나는 정상적인 인지 기능의 저하인지, 아니면 치매의 초기 단계에 해당하는 인지적 결함인지를 변별하고, 둘째, 환자가 일단 치매를 지닌 것으로 판단되면 치매를 일으킬 수 있는 다양한 질환 중에서 어떤 질환에 의한 치매인지를 변별할 목적으로 실시된다. 앞에서 언급된 바와 같이 치매는 다양한 인지 기능에 영향을 미치는 전반적인 지적 기능의 장애다. 따라서 신경심리학적 평가는 치매의 여부뿐만 아니라 다양한 원인질환의 변별 진단에 사용될 수 있도록 다양한 인지 영역에 대한 광범위한 평가를 포함한다. 치매의 평가에 일반적으로 포함되는 인지 기능들은 기억력(언어/비언어), 언어 기능, 시공간 구성 능력, 문제해결 능력과 추상적 사고 능력 및 집행 기능, 주의집중 능력, 실행증, 정서 등이고 표준화된 신경심리검사 도구를 사용하여 평가한다. 각 인지 영역별로 표준화된 신경심리검사들이 다양하게 있으므로 검사자가 환자의 조건이나 검사 상황에 적절한 검사 도구를 선택하여 사용할 수 있으나, 치매 진단에 필요하다고 인정된 다양한 인지 영역을 모두 포함하고 있는 검사 총집(battery)이 널리 사용되고 있다. 국내에서 널리 사용되고 있는 치매 검사 총집으로는 CERAD-K 신경심리평가총집(김기웅 외, 2003)과 서울신경심리검사(Seoul Neuropsychological Screening Battery, SNSB; 강연욱, 나덕렬, 2003; 강연욱, 장승민, 나덕렬, 2012) 등이 있다.

또한 지역사회나 임상장면에서는 각각의 인지 기능들을 자세히 평가하기 이전에 우선적으로 치매를 선별하기 위한 간단한 정신상태검사들(mental status tests)이 다수 사용되고 있는데, 국내에서는 MMSE(Mini-Mental State Examination; Folstein, Folstein, & McHugh, 1975), HDS(Hasegawa's Dementia Scale; Imai & Hasegawa, 1994), MDRS(Mattis Dementia Rating Scale; Mattis, 1988), MoCA(Montreal Cognitive Assessment; Nasreddine et al., 2005) 등이 흔히 사용되고 있다.

앞에서 기술한 바와 같이 치매로 진단하기 위해서는 인지 기능의 장애와 함께 그로 인한 일상생활 기능장애가 수반되어야 한다. 따라서 치매의 유무를 판단하기 위해서는 인지 기능에 대한 신경심리평가와 함께 일상생활 기능과 행동심리 증상에 대한 평가가 실시되어야 한다. 일상생활 기능은 세수, 양치질, 식사, 화장실 사용 등의 기본적인(신체적인) 일상생활 능력과 돈 관리, 외출, 대중교통수단 이용, 취미 활동 등과 같은 도구적인 일상생활 기능이 잘 유지되고 있는지를 평가한다. 국내에서는 Barthel Index, K-IADL(Korean-Instrumental Activitities of Daily Living; 강수진 외, 2002), S-IADL(Seoul-Instrumental Activitities of Daily Living; 구형모 외, 2004) 등이 일상생활 기능을 평가하는 도구로 사용되고 있다.

치매 환자들의 행동심리증상(Behavioral and Psychosocial Symptoms of Dementia: BPSD)은 공격적 행동, 배회, 부적절한 성적 행동, 욕하기, 불면증, 식습관의 변화, 반복적 행동 등의 행동 증상과 우울, 불안, 초조, 무감동, 무관심 등의 심리 증상으로 나눌 수 있는데, 이런 증상들은 일상생활을 영위하는 데 심각한 영향을 미치고 인지장애 못지않게 환자와 보호자들을 고통스럽게 만들며 인지장애보다 먼저 나타나는 경우도 흔하다. BPSD를 평가하기 위해서 개발된 여러 가지 도구 중에서 현재 국내에서는 K-NPI(Korean-Nuropsychiatry Inventory; Choi et al., 2000)가 널리 쓰이고 있다.

이상과 같은 과정을 거쳐서 치매 유무가 확인되면 다음 단계는 치매의 원인질환을 발견하는 것이다. 치매 유무를 판정하기 위해서 실시된 문진, 신경학적 검사, 신경심리검사, 행동심리증상의 평가 결과 등도 치매의 원인질환을 발견하기 위하여 다시 고려되지만 혈액검사 등의 기본적인 검사실 검사(laboratory test)와 뇌영상 검사 또한 치매의 원인질환 발견에 도움을 준다. 뇌영상 검사로는 CT(Computed Tomography), MRI(Magnetic Hesonance Imaging), SPECT(Single Photon Emission Computed Tomography), PET(Positron Emission Tomography) 등이 있으며 뇌종양, 뇌경색, 뇌출혈, 뇌졸중 병변의 크기와 위치, 수두증 등에 대한 정보를 얻기 위해서 실시한다. 최근 미국신경과학회에서는 치매의 원인을 밝히기 위해서 갑상선 호르몬 검사, 비타민 B12, 일반혈액 검사, 전해질 검사, 매독혈청 검사 등의 검사실 검사와 뇌영상 검사(CT 또는 MRI)를 기본적으로 실시하도록 권고하였다(김병채, 나덕렬, 2011).

3) 치매의 종류와 특성

앞에서 언급한 바와 같이 현재까지 밝혀진 치매의 원인 질환은 50여 가지가 넘으며, 치료 가능성 여부에 따라서 수두증, 뇌경막하혈종, 매독, 갑상선 질환 등과 같이 치료 가능한 치매와 알츠하이머병, 전두측두엽치매(frontotemporal dementia), 파킨슨 증후군을 동반한 퇴행성 치매 등과 같이 치료 불가능한 치매로 나눌 수 있다. 혈관치매는 초기에 발견하면 치료할 수도 있으므로 고칠 수 있는 치매와 치료 불가능한 치매의 중간 정도라 할 수 있겠다.

원인 질환별로 치매의 빈도를 살펴보면, 미국과 유럽에서는 알츠하이머병이 전체 치매의 2/3 이상을 차지하지만, 일본의 경우에는 그와는 반대로 혈관치매의 비중이 한때 알츠하이머병의 2배 정도였다가 1998년 이후부터 알츠하이머병보다 감소하는 추세로 돌아섰다(Sekita et al., 2010). 국내에서는 대부분의 역학 연구에서 알츠하이머병이 혈관치매보다 유병률이 더 높은 것으로 보고되었는데, 한 예로 경기도 광주시를 대상으로 실시된 조사(정해관, 2007)에서는 알츠하이머병이 전체 치매 환자의 50.0%에 해당하고 혈관치매는 38.4%인 것으로 보고되었다. 이처럼 알츠하이머병과 혈관치매가 전체 치매 환자의 약 90%를 차지하고 있는 바, '치매에는 크게 알츠하이머병과 혈관치매가 있다'고 해도 그리 틀린 말은 아니라 하겠다. 이 장에서는 가장 흔한 치매인 알츠하이머병 및 혈관치매와 함께 퇴행성 치매의 일종인 전두측두엽치매와 파킨슨 증후군을 동반하는 다양한 치매를 소개하고, 10여 년 전부터 많은 관심을 받고 있는 경도인지장애에 대해서 간단히 살펴보고자 한다.

(1) 알츠하이머병

알츠하이머병은 대뇌피질 세포가 점진적으로 소실되어 전반적인 인지 기능의 장애가 발생하고 행동심리증상이 수반되어 독립적인 생활을 할 수 없게 되면서 결국은 죽음에 이르게 되는 질환이다. 알츠하이머병은 퇴행성 치매의 대부분을 차지하는데, 알츠하이머병에 걸리면 신경세포와 시냅스(synapse)가 소실되어 두뇌가 위축되고([그림 9-2] 참조), 대뇌 피질 전반에서 신경원 섬유매듭(neurofibrillary tangle)과 신경돌기판(neuritic plaque)이 나이에 비해서 매우 많이 관찰된다. 미국과 유럽 지역에서는 알츠하이머병이 전체 치매의 2/3 이상을 차지하지만 우리나라의 경우에는 전체 환자의 약 50% 정도를 차지하는 것으로 알려져 있다(정해관, 2007). 나이가 많아질수록 발병률이 높아지는 경향을 보이기 때문에 현재와 같이 노령 인구가 급속히 증가하는 상황에서는 앞으로 우리나라에서도 심각한 사회문제로 발전할 것으로 예상된다.

알츠하이머병으로 진단하려면 일단 인지 기능이 치매 수준에 속하면

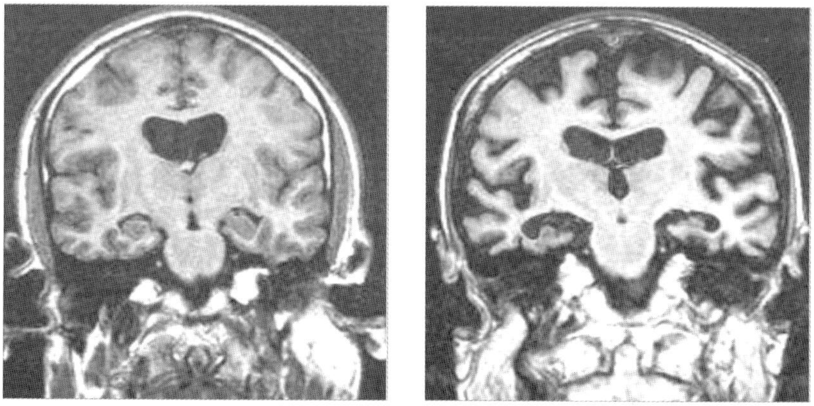

[그림 9-2] 정상 노인(왼쪽)과 알츠하이머병 환자(오른쪽)의 MRI

서 점진적으로 악화되어야 하고 정신상태 검사를 제외한 나머지 신경학적 검사가 정상이어야 하며 혈액검사와 뇌영상 검사(CT, MRI)를 통해서 혈관치매나 내분비 또는 중독성 질환으로 인한 치매 등의 다른 원인이 모두 배제되어야 한다. NINCDS-ADRDA 기준(McKhann et al., 1984)이 오랫동안 AD의 진단 기준으로 사용되어 왔으나, 최근에는 임상적 기준과 함께 베타아밀로이드 단백질과 타우(tau) 단백질 등의 생물학적 표지자(biological biomarker)를 기준에 포함시킨 NIA-AA 기준(McKhann et al., 2011)이 새로 제시되었다.

알츠하이머병이 발병하여 죽음에 이르는 데까지 걸리는 기간은 약 8~12년이다. 병의 초기에는 경한 기억장애, 길찾기 장애(시공간 능력 장애), 물건 이름이나 자신이 말하고자 하는 낱말을 찾지 못하는 언어장애 등을 주로 나타내다가, 중기에 이르면 기억장애가 심해지고 문제해결 능력이나 판단력이 저하되는 전두엽의 기능장애를 나타내며, 실행증, 실어증(주로 언어이해 장애), 실인증 등이 동반된다. 또한 중기가 되면 인지장애와 함께 망상(의심), 초조, 우울증 등과 같은 행동심리증상도 나타난다. 말기에 이르면 모든 인지 기능이 전반적으로 매우 감소하고 활동 범위가 제한되며 대소변을 가리지 못하게 된다.

알츠하이머병의 위험 요인으로는 먼저 나이를 들 수 있다. 나이가 많을수록 유병률이 증가하여 65세 후 5년마다 유병률이 2배씩 늘어난다고 한다. 여성이 남성에 비해 2~3배 더 많이 걸리고, 교육 수준이 낮을수록 발생 위험도가 높으며, 직계 가족 중에 알츠하이머병이 있는 경우가 없는 경우보다 4배의 위험성이 있다고 한다. 두뇌 외상의 병력이 있는 사람들이 알츠하이머병에 더 취약하다고 보고되고 있으나 이에 대해서는 더 연구가 필요하다. 또한 아포지질단백질 E(apolipoprotein E: ApoE)의 e4 유전형질을 지닌 사람들이 알츠하이머병에 걸릴 확률이 더 높다고 알려져 있다(Smith et al., 1998).

알츠하이머병이 전체 치매 환자의 가장 큰 부분을 차지하고 있으므로 알츠하이머병의 인지 기능을 효과적으로 향상하거나 치매의 진행을 억제하는 약물을 개발하려는 적극적인 시도가 계속되어 왔다. 그 결과, 지난 10여 년간 다양한 약물이 새로 개발되었는데, 현재 가장 널리 사용되고 있는 치료제는 콜린분해효소 억제제(Cholinesterase Inhibitors: ChEIs)다. 이것은 알츠하이머병 환자는 두뇌에 아세틸콜린(acetylcholine)이라는 신경전달물질이 정상인에 비해서 현저하게 저하되어 있고 이것이 인지 기능의 저하와 밀접한 관계가 있다는 연구 결과에 근거하여서, 아세틸콜린을 분해하는 효소인 콜린에스트라제(cholinesterase)를 억제하여 아세틸콜린의 농도를 상승시키면 인지 기능을 향상시킬 수 있을 것이라는 데 착안한 약물이다. 현재 알츠하이머병의 치료제로서 국내에서 처방되고 있는 콜린분해효소 억제제로는 도네페질(아리셉트®), 리바스티그민(엑셀론®), 갈란타민(레미닐®) 등이 있다. 이와 함께 흥분성 신경전달물질인 글루타메이트(glutamate)에 의한 세포 독성을 막는 NMDA(N-Methyl-D-aspartic acid) 수용체 길항제인 메만틴(에빅사®)도 사용되고 있다. 콜린분해효소 억제제는 주로 경도에서 중등도의 치매 환자에게 효과가 있고, 메만틴은 중등도나 심각한 수준의 치매 환자에게 효과가 있는 것으로 알려져 있다. 또한 인지재활 훈련과 같은 비약물적인 치료법도 환자의 인지장애를 경감시키기 위해서 약물치료와 함께 사용되고 있다.

(2) 혈관치매

혈관치매란 뇌혈관 질환이 누적되어 나타나는 치매를 일컫는다. 혈관치매의 위험 인자(risk factor)로는 고혈압, 당뇨병, 고지질증, 심장병, 흡연, 비만, 음주 등이 알려져 있다(O'Donnell et al., 2010). 혈관벽은 정상적으로는 매우 탄력성이 있고 거의 투명하지만 고혈압이나 당뇨병 등이 오래 지속되면 혈관벽의 근육층이 두꺼워지거나 혈관 내벽에 죽종(atheroma)이 생겨서 결국 혈관이 좁아지거나 막히게 된다. 큰 혈관이 막히면 반신불수, 언어장애 등 바로 눈에 보이는 장애가 나타나지만, 매우 작은 혈관이 막히면 소량의 뇌세포가 손상되기 때문에(소공동성 뇌경색) 눈에 띄는 증상이 관찰되지 않는다. 그러나 이런 변화가 누적되면 결국 치매에 이르게 된다.

혈관치매의 증상을 알츠하이머병과 같은 퇴행성 치매의 증상과 구별하기 힘든 경우도 많으니, 혈관치매를 더 시사하는 소견들로는 ① 증상이 갑자기 발생하였고, ② 고혈압이 있으며, ③ 과거에 뇌졸중의 병력이 있고, ④ 발음장애, 연하곤란, 편마비, 실어증, 감각이상, 시야장애, 보행장애, 심부건반사 증가, 근긴장도의 증가, 파킨슨 증후군 등과 같은 국소 신경학적 증상 및 징후가 있는 경우다. 그러나 혈관치매는 결국 CT나 MRI 등의 뇌영상 검사에서 임상 증상에 상응하는 뇌경색을 확인함으로써 진단된다([그림 9-3] 참조).

혈관치매의 원인인 뇌혈류장애는 다양한 기전으로 인해 발생할 수 있으므로 혈관치매는 그 원인에 따라서 다발성 경색 치매, 전략 뇌경색 치

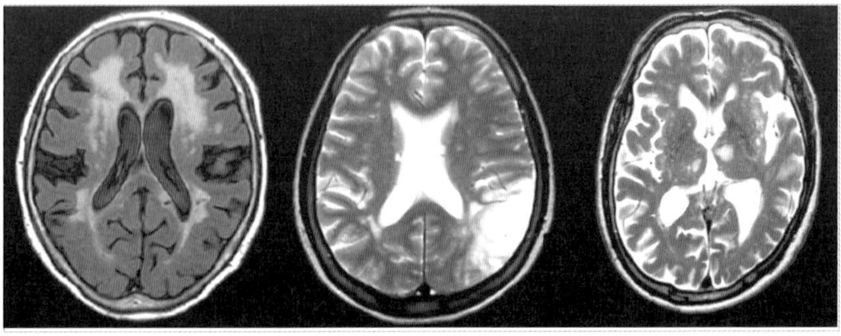

[그림 9-3] 혈관치매 환자의 MRI

매, 피질하 혈관치매, 저관류에 의한 혈관치매, 유전형 혈관치매, 출혈성 혈관치매, 알츠하이머병과 혈관치매의 혼합형 등으로 분류된다(O'Brien, Ames, & Burns, 2005). 혈관치매 환자는 비교적 동일한 임상 증상을 보이는 알츠하이머병 환자들과는 달리 혈관치매 위험 인자, 뇌혈류장애의 원인, 뇌졸중의 병소 등에 따라서 매우 다양한 임상적 특징을 보인다. 특히 혈관치매 환자들의 인지기능장애 패턴은 병소의 위치에 따라서 다르게 나타날 수 있다. 크게는 병소가 대뇌 피질에 있을 때와 피질하(subcortex)에 있을 때로 나누어 볼 수 있는데, 우선 피질의 경우는 병소인 그 부위에서 담당하고 있던 인지 기능의 장애를 나타낸다. 예를 들어, 전두엽에 병소가 있다면 집행 기능이나 억제력의 장애가 나타날 수 있고 무엇을 하고자 하는 의지나 의욕이 상실되며 우울한 증상이 나타난다. 좌측 측두엽에 병소가 있다면 언어 이해력과 기억력의 장애가 나타난다. 따라서 뇌경색이나 뇌출혈의 위치에 따라서 환자가 나타내는 증상이 다르다. 반면 피질하 증상으로는 정신 운동 속도가 느려지고 성격이 변하거나 행동장애를 나타내며, 우울증이나 정서조절장애를 보이고, 가성구마비(pseudobulbar palsy), 보행장애, 자세 불안정, 반복적인 넘어짐, 추체외로 증상, 경직 등을 나타낸다. 또한 인지 기능에 있어서는 특징적으로 집행 기능의 장애를 보인다.

혈관치매는 초기에 진단하여 치료하면 더 이상의 진행을 막을 수 있고 호전될 수도 있기 때문에 조기 발견이 매우 중요하다. 뇌졸중 환자들이 혈관치매에 걸리지 않도록 예방하기 위해서는 첫째, 뇌혈관 질환의 위험 인자들을 조절하거나 제거하여 혈관성 신경세포의 손상이 더 이상 진행되지 않도록 하고, 둘째, 뇌졸중의 재발을 방지하기 위해서 항혈소판제(아스피린)나 항응고제를 투약하여야 한다.

(3) 전두측두엽치매

전두측두엽치매(frontotemporal dementia: FTD)는 임상적으로는 전두엽과 측두엽의 기능 이상에 의한 증상을 나타내고 해부학적으로는 전두엽과 측두엽의 변성을 특징으로 하는 퇴행성 치매의 일종이며 전체 치매의 약 2~5%를 차지한다. 비교적 젊은 나이인 45~65세 사이에 발병하며 평균 발병 연령이 50대다. 결국은 전두엽과 측두엽이 일정 부분 모두 손상되지만 어느 부위가 더 많이 손상되는가에 따라서 임상 양상이 달라지는데, 임상 양상과 손상 부위를 함께 고려해서 '행동변이형 전두측두엽치매(behavioral variant FTD)' '측두형 전두측두엽치매(temporal variant FTD)' '진행 비유창실어증(progressive nonfluent aphasia: PNFA)'으로 분류한다(Knopman et al., 2008).

행동변이형 전두측두엽치매는 전두엽과 측두엽이 모두 손상되지만 전두엽의 손상에 의한 증상이 두드러지게 나타나서 초기에는 기억장애보다 성격 변화와 함께 이상 행동을 나타내는 것이 특징이다. 이 환자들은 융통성이 없어지고, 판단력이 손상되며, 충동성이 증가하여 참을성이 줄어들고, 예절이 사라지며, 지나친 성행동을 나타내거나 과다하게 먹는 행동을 보이고, 강박 행동이나 반복 행동을 보인다. 또한 자발성이 사라져서 스스로 무엇을 하려는 의지를 나타내지 않을 수도 있고, 감정이 무디어지고 감정 표현이 줄어들며 다른 사람의 감정을 이해하는 능력 역시 저하될 수 있다. 초기에는 기억장애나 언어장애와 같은 인지적 장애를 나타내지 않으나 병이 진행됨에 따라 점차 전반적인 인지 기능의 저하가 나타나서 자발적으로 말하는 양이 적어지고, 언어 이해력이 저하되며, 기억장애가 심해지고, 옷 입는 방법을 잊어버리며, 아무 곳에나 대소변을 보고, 걸음걸이에도 장애가 생기게 된다.

측두형 전두측두치매는 병의 초기에는 측두엽의 앞쪽에만 병변이 국한되어 있으며 의미치매(semantic dementia)라고도 불린다. 초기에는 매우 비대칭적으로 좌측이나 우측, 한쪽 측두엽이 현저하게 위축되고, 어느 쪽 측두엽이 위축되었는가에 따라서 다른 증상을 보인다. 좌측 측두엽에 병변이 있는 환자는 명사를 말하거나 알아듣지 못하는 언어장애로 시작한다. 이때 문장의 길이, 발화의 양과 유창성은 유지된다. 단어의 의미를 모른다고 해서 의미치매라고 이름 붙여진 이 환자들은 '사과'라는 말을 들려주면 "사과가 무슨 말이냐?"라고 물으며, 사과 그림을 보여 주면 어떻게 생겼는지에 관해서는 정확하게 보고할 수 있으나 사과가 무엇이고 사과로 무엇을 해야 되는지에 대해서는 알지 못한다. 반면에 우측 측두엽에 병변이 있는 환자는 얼굴인식불능증(prosopagnosia)을 초기에 나타낸다. 가족이나 평소에 잘 알고 있던 사람의 얼굴이 누구의 얼굴인지 알아보지 못하는데, 다른 물건들은 정확히 알아보는 것으로 미루어 이 증상은 일차적인 시지각의 장애가 아니라는 사실을 알 수 있다. 병이 점차로 진행하면 양측 측두엽이 모두 손상되면서 언어장애와 얼굴인식불능증이 함께 나타나며, 전두엽도 침범되어 전두측두엽치매에서 나타나는 행동장애와 성격 변화가 관찰된다.

진행 비유창실어증의 특징은 발병 후 수년 동안은 다른 인지 기능의 저하 없이 언어장애만 나타낸다는 점이다. 특히 유창성이 많이 저하되고 관사, 조동사, 전치사 등을 사용할 때 문법적인 오류가 많이 관찰되며 음소착어증, 이름대기 장애, 따라 말하기 장애, 구강실행증, 쓰기장애 등도 관찰된다. 발병 초기에는 전두측두엽치매와는 달리 사회적 기능이나 행동 및 성격의 변화가 관찰되지 않으나, 병이 진행됨에 따라서 말기에는 기억장애와 행동장애를 나타내고 점차 무언증(mutism)으로 진행된다. 우세 반구의 외측열(lateral fissure) 주변 피질의 위축이 특징적으로 관찰된다.

(4) 파킨슨 증후군을 보이는 치매

파킨슨병(Parkinson's disease)은 안정 떨림(resting tremor), 경직(rigidity), 운동 완만(bradykinesia) 등의 운동장애가 주 증상인 신경 퇴행성 질환 중의 하나다. 파킨슨병 환자들은 서 있을 때나 걸을 때 구부정하게 목을 숙이면서 어정쩡한 자세를 취하고, 걸을 때 팔을 거의 흔들지 않으며, 걸으려고 하면 첫걸음을 시작하기 어렵고, 일단 걷기 시작하면 보폭이 매우 짧고 불안정하며 발을 바닥에 질질 끌고 넘어지려고 하거나 실제로 넘어져서 다치고, 걸음을 멈출 때는 걸음을 중단하지 못하여 앞으로 넘어지는 경향이 있다. 또한 얼굴 표정이 없어져서 화가 난 사람처럼 보이고, 글씨는 점점 작아져 글의 형태를 알아볼 수 없으며, 발음장애를 나타내거나 목소리가 속삭이는 것처럼 작아져서 잘 알아들을 수 없게 된다. 파킨슨 증후군이란 파킨슨병이 나타내는 이러한 증상들을 통칭하는 용어로, 파킨슨 증후군은 파킨슨병뿐만 아니라 수두증(hydrocephalus), 레비소체 치매(dementia with Lewy bodies), 진행성 핵상마비(progressive supranuclear palsy) 등의 다양한 질환에서 나타난다. 파킨슨 증후군을 동반하는 이러한 질환을 앓고 있는 환자들에서도 인지 기능의 장애, 즉 치매가 흔히 발견된다. 이들 질환은 뇌의 기저핵에 주된 병변이 있는 경우가 많으므로 전두-피질밑 회로(fronto-subcortical circuit)가 차단되어 전두엽 기능의 장애를 나타내는 경우가 많고, 레비소체(Lewy body)가 두뇌피질에 광범위하게 분포하여 전반적인 인지 기능의 장애를 초래하기도 한다.

수두증은 뇌척수액의 순환 통로가 막히거나 뇌척수액의 생성과 흡수가 균형을 이루지 못해서 뇌실과 두개강 내에 뇌척수액이 과잉 축척되어 뇌실이나 머리가 확장된 상태다. 수두증에 의한 치매는 대부분 정상압 수두증(normal pressure hydrocephalus: NPH)에 의해서 발생하고 인지기능장애와 함께 서서히 보행장애가 진행되며 요실금이 나타난다. 주로 50~60대에 발병하고 치료 가능한 치매로 분류되는데, 정상압 수두증은 지름술(shunt)이라는 수술을 통해서 호전될 수 있다.

레비소체치매는 전체 치매의 20%를 차지하며 알츠하이머병 다음으로 흔한 퇴행성 치매다(McKeith, 2002). 레비소체는 신경세포질 내에 존재하며 알파-시누클레인(alpha-synuclein), 유비퀴틴(ubiquitin) 및 비정상적으로 인산화된 신경섬유 단백질로 구성되어 있고 뇌피질, 흑질, 변연 주변(paralimbic) 영역 등에 분포한다. 레비소체치매는 파킨슨 증후군과 함께 인지 기능의 저하와 반복적인 환시(visual hallucination) 증상을 나타내는 것이 주요 특징이다. 또한 주의력이나 각성 수준이 일정 기간 저하되었다가 다시 회복되기를 반복하고 실신 · 졸도를 하거나 일시적으로 의식을 잃고 망상, 우울증, 수면장애 등이 동반되기도 한다. 신경이완제(neuroleptics)에 대하여 감수성을 지니고 있어서 심한 혼수나 기면증과 같은 부작용을 나타낸다.

진행성 핵상마비는 산발성 퇴행성 뇌질환으로 병의 초기부터 보행장애를 나타내고 몸통이 경직되어서(axial rigidity) 뒤로 주저앉듯이 넘어지고, 안면강직, 핵상주시마비[특히 수직하방주시마비(vertical downward gaze limitation)] 등을 증상으로 나타낸다. 쉽게 화를 내거나 무관심해지는 등의 성격 변화와 기분장애를 나타내고 인지 기능 중에서는 주로 전두엽 기능의 장애를 나타낸다.

(5) 경도인지장애

인구 고령화에 따라 전 세계적으로 치매 인구가 증가하고 치매에 대하여 새로운 사실들이 많이 밝혀짐에 따라서 치매의 예방에 대한 관심이 증대되고 있다. 경도인지장애(mild cognitive impairment: MCI)는 치매 이

전 수준의 인지기능장애, 즉 정상적인 노화에 의한 생리적인 인지 기능의 저하와 치매로 의한 병리적인 인지기능장애 사이의 중간 정도로 인지 기능이 저하된 상태이지만 일상생활을 영위하는 데는 장애가 없는 상태를 지칭한다.

MCI에 대한 연구가 진행됨에 따라서 MCI에 여러 아형(subtypes)이 존재한다는 것이 확인되었으나(Petersen, 2003), 현재 MCI를 진단하는 기준으로는 Petersen 등이 제시한 다음과 같은 기준이 가장 많이 사용된다.

① 환자에게 기억력 문제가 있음을 보호자가 입증함
② 객관적인 검사에서 연령이나 학력에 비해서 기억력이 저하되어 있음이 확인됨
③ 전반적인 인지 기능은 정상 범위를 유지하고 있음
④ 일상생활 기능의 장애가 없음
⑤ DSM-III나 IV 등의 치매 진단 기준에 맞지 않음

이 기준은 MCI의 한 아형인 기억성 단일영역(amnestic single domain) MCI를 진단하는 기준이다. 이 밖에도 언어 기능이나 집행 기능과 같은 기억력 이외의 다른 한 가지 인지 영역의 기능장애만을 나타내는 '비기억성 단일영역(non-amnestic single domain) MCI'와 치매로 진단될 정도로 심하지는 않으나 기억력을 포함하거나 포함하지 않은 두 가지 이상의 인지 영역에서 장애를 보이는 '기억성 또는 비기억성 다영역(multiple domain) MCI'가 있다. 임상 양상에 따른 이런 분류 외에 인지 기능 저하의 원인에 따라서 퇴행성, 혈관성, 대사성 및 외상성 MCI로 분류할 수도 있다.

연구가 가장 많이 수행된 기억성 MCI 환자들의 경우 매년 10~15% 정

도가 알츠하이머형 치매로 진행한다고 알려져 있는데(Petersen et al., 2001), 매년 정상 노인들의 1~2%가 치매로 진행되는 것과 비교하면 이는 매우 높은 수치다. 따라서 MCI, 특히 기억성 MCI는 알츠하이머병으로 발전할 가능성이 높은, 정상에서 치매로 이행되는 중간 단계라고 생각되고 있으며, 최근에는 '알츠하이머병에 의한 경도인지장애(MCI due to Alzheimer's disease)' (Albert et al., 2011)라는 용어를 사용하기도 한다. 최근에는 MCI 환자들을 대상으로 더 이상의 신경 손상이 진행되는 것을 조기에 억제하여 그들이 알츠하이머병으로 발전하는 것을 늦추거나 막을 수 있는 치료 방법을 발견하는 임상 연구들이 집중적으로 진행되고 있다.

노년기 우울증과 치매가 모두 65세 이상 노인들에서 흔히 발생하는 질환이므로 둘 사이의 관계에 대해서 많은 학자가 관심을 가지고 연구하고 있다. 연구 결과에 따르면 우울증에 걸린 사람들이 나중에 치매로 더 잘 이환되고, 반대로 치매 환자가 정상 노인들보다 우울증에 걸릴 확률은 더 높다(Murphy & Alexopoulos, 2004). 특히 노년기에 처음 발생한 우울장애 환자의 경우 혈관치매로의 이환 위험성이 높다고 보고되었다(Baldwin et al., 2005).

치매를 앓고 있는 도중에 우울장애가 발생할 빈도가 높고, 주요우울장애 환자들도 인지 기능의 장애를 흔히 나타내므로 치매와 우울을 임상적으로 구분하는 일은 쉽지 않은 경우가 많다. 우선 치매 환자는 현재 우울증이 없더라도 정신 운동 지체, 정서적 불안정성, 수면장애, 체중 감소, 정서 표현의 저하, 비관적 사고 등 우울증 환자들에게서 관찰되는 증상들을 흔히 나타내며, 치매 환자의 특징적 증상 중 하나인 무감동증(apathy)은 보호자들에 의해서 우울증의 증상으로 오해되기도 한다. 한편 노인 우울증 환자들은 젊은 우울장애 환자들에 비해서 정서적인 증상을 덜 호소하는 '슬프지 않은 우울증'의 특징을 보이므로 그들이 나타내는 우울 증상들이 치매 환자들의 행동 증상들과 차이가 없을 때가 많다. 또한 노인 우울증 환자들은 젊은 우울장애 환자들보다 기억력 저하나 주의집중 능력 곤란과 같은 인지장애를 호소하는 경우가 더 많으므로 이 또한 치매와의 구분을 어렵게 한다.

그러나 간과하면 안 되는 중요한 사실은 노인들이 치매와 우울증을 동시에 앓을 수도 있다는 것이다. 특히 알츠하이머병 환자의 경우는 실제로 우울증을 동반하는 경우가 많아서 '알츠하이머병 환자의 우울증(depression of Alzheimer's disease, dAD)'에 대한 잠정적 진단 기준까지 제시된 바 있다(Olin et al., 2002). 알츠하이머병 환자들의 우울 증상은 치매가 아닌 우울한 노인들과는 달리 동기(motivation)의 문제와 망상을 많이 나타내고, 죄의식이나 낮은 자존감 및 자살 사고는 적게 나타내는 특징이 있다(Zubenko, 2004). 일부 학자는 MCI와 치매의 원인이 되는 신경병리적 조건들이 우울 증상을 일으키는 원인도 된다는 점을 지적하면서, 노년기 우울증은 치매의 위험 요인이 아니라 '우울증 → 경도 인지장애 → 알츠하이머병 치매'의 연속선상에서 MCI 이전 단계에 해당하는 치매의 초기 발현일 수 있다고 주장하고 있다(Panza et al., 2010).

사회의 급속한 고령화로 인해서 최근 우리나라의 치매와 노인 우울증 환자의 수는 기하급수적으로 증가하고 있다. 이미 기술한 바와 같이 노인들은 DSM-5의 진단 기준을 충족하는 엄밀한 의미의 주요우울장애보다는 다양한 심각도의 다양한 우울 증상을 나타내는 수가 많으므로 의료진에 의해서 적절히 진단되거나 치료되지 않는 경우가 많다. 그러나 우울 증상들은 노인들이 일상생활을 유지하는 데 많은 장애를 초래하게 되고, 앓고 있는 다른 신체적 질환들의 예후에도 부정적인 영향을 미치며, 심지어 노인 자살로까지 이어질 가능성이 있다. 그러므로 1차 진료 기관에서 노인들의 우울증을 조기에 진단하는 일은 매우 중요하다. 치매의 경우도 조기에 발견하면 진행을 막거나 치료가 가능한 치매가 있고, 지난 10년 동안 치매 치료제가 속속 개발되고 있으므로 조기 발견이 점차 더욱 중요해지고 있다. 특히 치매는 환자뿐만 아니라 가족에게도 큰 부담이 되는 질환이다. 병이 진행될수록 의료비를 비롯한 조호 비용이 크게 증가하여 중증이 되면 초기보다 약 8배 정도의 비용이 들고, 국가적으로는 연간 2조 3,800억 원 이상의 사회경제적 비용이 든다고 한다(보건복지부, 2009). 따라서 노년기 우울증과 치매의 조기 진단과 관리를 위한 국가 차원에서의 관심과 적극적인 대책이 필요하다.

참고문헌

강수진, 최성혜, 이병화, 권재철, 나덕렬, 한설희, 치매연구회(2002). 한국판 Instrumental Activities of Daily Living의 타당도와 신뢰도. 대한신경과학회지, 20, 8-14.

강연욱, 나덕렬(2003). 서울신경심리검사(SNSB). 인천: 휴브알엔씨.

강연욱, 장승민, 나덕렬(2012). 서울신경심리검사 2판(SNSB-II). 서울: 휴브알엔씨.

구형모, 김지혜, 권의정, 김성환, 이형석, 고혜정, 안상미, 김도관(2004). 일상활동 평가-복합 Seoul Instrumental Activities of Daily Living: S-IADL의 신뢰도 및 타당도 연구. 신경정신의학, 43, 189-199.

권석만, 민병배(2000). 노년기 정신장애. 서울: 학지사.

김기웅, 김성윤, 김주환, 우성일, 우종인, 윤종철, 이강욱, 이군희, 이동영, 이정희, 주진형, 한설희(2003). CERAD-K. 서울: 서울대학교 출판부.

김병채, 나덕렬(2011). 치매의 임상적 접근. 대한치매학회(편), 치매: 임상적 접근 (pp. 65-85). 서울: 아카데미아.

박찬준(2013. 1. 28). "가난에… 병마에… '황혼자살' 증가 최악". 세계일보.

보건복지부(2009). 치매노인 유병율 조사.

정해관(2007). 노인정신건강증진을 위한 한국형 치매선별 및 정밀검사도구 평가. 서울: 한국보건사회연구원.

정해관(2011). 치매의 역학. 대한치매학회(편), 치매: 임상적 접근(pp. 25-46). 서울: 아카데미아.

통계청(2012). 자살충동 및 이유 보고서.

Albert, M. S., Dekosky, S. T., Dickson, D., Dubois, B., Feldman, H. H., Fox, N. C., ... Phelps, C. H. (2011). The diagnosis of mild cognitive impairment due to Alzheimer's disease: Recommendations from the National Institute on Aging-Alzheimer's Association workgroups on diagnostic guidelines for Alzheimer's disease. *Alzheimer's & Dementia, 7*, 270-279.

Alexopoulos, G. S. (2001). The depression-executive dysfunction syndrome of late life: A specific target for D3 agonists? *American Journal of Geriatric Psychiatry, 9*, 22-29.

Alexopoulos, G. S., Meyers, B. S., Young, R. C., Campbell, S., Silbersweig, D., & Carlson, M. (1997). 'Vascular depression' hypothesis. *Archives of General Psychiatry, 54*, 915-922.

American Psychiatric Association. (1994). *Diagnostic and Statistical Manual of Mental Disorders, 4th Edition* (DSM-IV). Washington, DC: American Psychiatric Association.

American Psychiatric Association. (2013). *Diagnostic and Statistical Manual of Mental Disorders, 5th Edition* (DSM-5). Washington, DC: American Psychiatric Association.

Baldwin, R., Jeffries, S., Jackson, A., Sutcliffe, C., Thacker, N., Scott, M., & Burns, A. (2005). Neurological findings in late-onset depressive disorder: Comparison of individuals with and without depression. *British Journal of Psychiatry, 186*, 308-313.

Blazer, D. G. (1997). Depression in the elderly: Myth and misconceptions. *Psychiatric Clinics of North America, 20*, 111-119.

Blazer, D. G., & Hybels, C. F. (2005). Origins of depression in later life. *Psychological Medicine, 35*, 1-12.

Cho, M. J., & Lee, J. Y. (2005). Epidemiology of depressive disorders in Korea. *Psychiatry Investigation, 2*, 22-27.

Cho, M. J., Hahm, B. J., Jhoo, J. H., Bae, J. N., & Kwon, J. S. (1998). Prevalence of cognitive impairment and depressive symptoms among the elderly in an urban community. *Journal of Korean Neuropsychiatric Association, 37*, 352-362.

Choi, S. H., Na, D. L., Kwon, H. M., Yoon, S. J., Jeong, J. H., & Ha, C. (2000). The Korean version of Neuropsychiatric Inventory: A scoring tool of neuropsychiatric disturbance in dementia patients. *Journal of Korean Medical Science, 15*, 609-615.

Cole, M. G., Bellavance, F., & Mansour, A. (1999). Prognosis of depression in elderly community and primary care population: A systematic review and meta-analysis. *American Journal of Psychiatry, 156*, 1182-1189.

Cummings, J., & Benson, F. (1992). *Dementia: A clinical approach* (2nd ed.). Boston: Butterworth-Heinemann.

Djernes, J. K. (2006). Prevalence and predictors of depression in populations of elderly: A review. *Acta Psychiatrica Scandinavica, 113*, 372-387.

Folstein, M. F., Folstein, S. E., & McHugh, P. R. (1975). Mini-mental state: A practical way for grading the cognitive state of patients for the clinician. *Journal of Psychiatric Research, 12*, 189-198.

Gallo, J. J., & Rabins, P. V. (1999). Depression without sadness: Alternative presentations of depression in late life. *American Family Physician, 60*, 820-826.

Imai, Y., & Hasegawa, K. (1994). The Revised Hasegawa Dementia Scale (HDS-R): Evaluation of its usefulness as a screening test for dementia. *Journal of the Hong Kong College of Psychiatrists, 4* (suppl 2), 20-24.

Irizarry, M. C., & Hyman, B. T. (2001). Alzheimer's disease. In T. Batchelor & M.

E. Cudkowicz (Eds.), *Principles of neuroepidemiology* (pp. 69-98). Boston: Butterworth-Heinemann.

Katon, W. J. (2003). Clinical and health services relationships between major depression, depressive symptoms, and general medical illness. *Biological Psychiatry, 54*, 216-226.

Katzman, R. (1981). Early detection of senile dementia. *Hospital Practice, 16*, 61-76.

Kim, J. M., Shin, I. S., Yoon, J. S., & Stewart, R. (2002). Prevalence and correlates of late-life depression compared between urban and rural populations in Korea. *International Journal of Geriatric Psychiatry, 17*, 409-415.

Knopman, D. S., Kramer, J. H., Boeve, B. F., Caselli, R. J., Graff-Radford, N. R., Mendez, M. F., & Miller, B. L. (2008). Development of methodology for conducting clinical trials in frontotemporal lobar degeneration. *Brain, 131*, 2957-2968.

MacKin, R. S., & Arean, P. A. (2005). Evidence-based psychotherapeutic interventions for geriatric depression. *Psychiatric Clinics of North America, 28*, 805-820.

Mattis, S. (1988). *Dementia Rating Scale (DRS): Professional manual.* Odessa, FL: Psychological Assessment Resources.

McKeith, I. G. (2002). Dementia with Lewy bodies. *British Journal of Psychiatry, 180*, 144-147.

McKhann, G., Drachman, D., Folstein, M., Katzman, R., Price, D., & Stadlan, E. M. (1984). Clinical diagnosis of Alzheimer's disease: Report of the NINCDS-ADRDA work group under auspices of Department of Health and Human Services Task Force on Alzheimer's Disease. *Neurology, 34*, 939-944.

McKhann, G., Knopman, D. S., Chertkow, H., Hyman, B., Jack, C. R., Kawas, C. H., ... Phelps, C. H. (2011). The diagnosis of dementia due to Alzheimer's disease: Recommendations from the National Institute of Aging-Alzheimer's Association work groups on diagnostic guidelines for Alzheimer's disease. *Alzheimer's and Dementia, 7*, 263-269.

Montgomery, S. A., Beekman, A. T. F., Sadavoy, J., Salzman, C., Thompson, C., & Zisook, S. (2000). Consensus statement on depression in the elderly. *Primary Care Companion to the Journal of Clinical Psychiatry, 2*(suppl. 5), 46-52.

Murphy, C. F., & Alexopoulos, G. S. (2004). Cognition and late-life depression. *Primary Psychiatry, 11*, 54-58.

Nasreddine, Z. S., Phillips, N. A., Bédirian, V., Charbonneau, S., Whitehead, V., Collin, I., ..., Chertkow, H. (2005). The Montreal Cognitive Assessment, MoCA: A brief screening tool for mild cognitive impairment. *Journal of the American Geriatrics Society, 53*, 695-699.

O'Brien, J., Ames, D., & Burns, A. S. (2005). *Dementia* (3rd ed.). London: Hodder Arnold.

O'Donnell, M. J., Xavier, D., Liu, L., Zhang, H., Chin, S. L., Rao-Melacini, P. ... Yusuf, S. (2010). Risk factors for ischemic and intracerebral haemorrhagic stroke in 22 countries (the INTERSTROKE study): A case-control study. *Lancet, 376*, 112-123.

Olin, J. T., Schneider, L. S., Katz, I. R., Meyers, B. S., Alexopoulos, G. S., Breitner, J. C., ··· Lebowitz, B. D. (2002). Provisional diagnostic criteria for depression of Alzheimer disease. *American Journal of Geriatric Psychiatry, 10*, 125-128.

Panza, F., Frisardi, V., Capurso, C., D'Introno, A., Colacicco, A. M., Imbimbo, B. P., ... Solfrizzi, V. (2010). Late-life depression, mild cognitive impairment, and dementia: Possible continuum? *American Journal of Geriatric Psychiatry, 18*, 98-116.

Park, J. H., Lee, J. J., Lee, S. B., Huh, Y., Choi, E. A., Youn, J. C., ... Kim, K. W. (2010). Prevalence of major depressive disorder and minor depressive disorder in an elderly Korean population: Results from the Korean Longitudinal Study on Health and Aging (KLoSHA). *Journal of Affective Disorders, 125*, 234-240.

Petersen, R. C. (2003). Conceptual overview. In R. C. Petersen (Ed.), *Mild cognitive impairment: Aging to Alzheimer's disease* (pp. 1-14). New York: Oxford University Press.

Petersen, R. C., Doody, R., Kurz, A., Mohs, R. C., Morris, J. C., Rabin, P. V., ... Winblad, B. (2001). Current concepts in mild cognitive impairment. *Archives of Neurology, 58*, 1985-1992.

Petersen, R. C., Smith, G. E., Waring, S. C., Ivnik, R. J., Tangalos, E. G., & Kokmen, E. (1999). Mild cognitive impairment: Clinical characterization and outcome. *Archives of Neurology, 56*, 303-308.

Plassman, B. L., Langa, K. M., Fisher, G. G., Heeringa, S. G., Weir, D. R., Ofstedal, M. B., ... Wallace, R. B. (2007). Prevalence of dementia in the United States: The aging, demographics, and memory study. *Neuroepidemiology, 29*, 125-132.

Reynolds, C. F., & Kupfer, D. J. (1999). Depression and aging: A look to the future. *Psychiatric Services, 50*, 1167-1172.

Sable, J. A., Dunn, L. B., & Zisook, S. (2002). Late-life depression: How to identify its symptoms and provide effective treatment. *Geriatrics, 57*, 18-35.

Sekita, A., Ninomiya, T., Tanizaki, Y., Doi, Y., Hata, J., Yonemoto, K., ... Kiyohara, Y. (2010). Trends in prevalence of Alzheimer's disease and vascular dementia in a Japanese community: The Hisayama study. *Acta Psychiatrica Scandinavica, 122*, 319-325.

Simon, R. I. (1989). Silent suicide in the elderly. *Journal of the American Academy of Psychiatry and the Law, 17*, 83-95.

Smith, G. E., Bohac, D. L., Waring, S. C., Kokmen, E., Tangalos, E. G., Ivnik, R. J., & Petersen, R. C. (1998). Apolipoprotein E genotyping influences cognitive 'phenotype' in patients with Alzheimer's disease but not in healthy control subjects. *Neurology, 50*, 355-362.

Unützer, J. (2007). Late-life depression. *The New England Journal of Medicine, 357*, 2269-2276.

Versluis, C. E., van der Mast, R. C., van Buchem, M. A., Bollen, E., Blauw, G. J., Eekhof, J. A. H., ... de Craen, A. J. (2006). Progression of cerebral white matter lesions is not associated with development of depressive symptoms in elderly subjects at risk of cardiovascular disease. The PROSPER study. *International Journal of Geriatric Psychiatry, 21*, 375-381.

Zubenko, G. S. (2004). Major depressive disorder in Alzheimer's disease. In S. P. Roose & H. A. Sackeim (Eds.), *Late-life depression* (pp. 361-369). New York, NY: Oxford University Press.

10장 노화와 죽음에 대한 태도

김지현

1. 죽음에 대한 태도 연구의 이론적 배경

인간이라면 그 누구도 피할 수 없는 죽음에 관한 주제들에 최근 많은 관심이 집중되고 있다. 의학과 과학의 발달로 인하여 평균 수명이 늘어나고 사회의 고령화가 진행됨에 따라서 죽음에 대한 태도가 노년기의 심리적 안녕감에 미치는 영향에 대한 연구자들의 관심도 늘어나고 있다.

죽음 태도(death attitude)는 죽는 것을 두려워하는 공포와 죽음을 삶의 일부분으로 받아들이는 수용적 태도를 모두 포괄하는 복합적인 개념으로서, 개인의 심리적 적응과 주관적 안녕감에 영향을 주며 죽음에 어떻게 대처할 수 있을 것인지에 대한 개인적 신념과 관련되어 있다는 점에서 중요한 의미를 갖는 연구 주제다. 지금까지의 죽음 태도에 대한 연구는 철학적인 접근과 심리학적 및 발달적 접근 측면에서 주로 진행되어 왔는데(Neimeyer, 1994), Martin Heidegger(1927/1962), Sartre(1943/1966), Hofstadter(1979) 등의 철학자들이 주장한 죽음의 개념은 심리학자들에게 큰 영향을 주었다(Neimeyer, 1994). Tomer(1994)는 죽음에 대한 태도를 연구하는 심리학적인 접근들을 다음과 같이 개관하였다.

- 자기실현 이론(self-actualization theories; Maslow, 1968, 1970; Rogers, 1959)
- 의미탐색 이론(search-for-meaning theories; Antonowski, 1979; Frankle, 1963; Maddi, 1970; Taylor, 1983; Thompson & Janigian, 1988)
- 개인적 구성이론(personal construct theory; Kelly, 1955)
- 부인 및 긍정적 착각이론(denial and positive illusion theories; Becker, 1973; Freud, 1946)
- 죽음 불안의 2요인 이론(the two-factor model of death anxiety; Templer, 1985, 1986)
- 테러 관리이론(terror management theory; Rosenblatt, Greenberg, Solomon, Pyszczynski, & Lyon, 1989)
- 자기통제 착각이론(illusions of self control theory; Taylor & Brown, 1988; Taylor, Collins, Skokan, & Aspinwall, 1989)
- 자기개념 괴리이론(self-concept discrepancy theory; Higgins, 1987)
- 심리사회적 발달이론(psychosocial theory of development; Erikson, 1963, 1982)

발달적 접근에서 보는 죽음에 대한 태도는 생애 발달 단계에 따라 변화하는 개념이다. 이는 죽음 개념을 구성하는 불변성(permanence, 죽음은 되돌릴 수 없는 것이다), 필연성(inevitability, 모든 생물은 죽는다), 중단성

(cessation, 죽으면 모든 활동, 느낌, 사고가 중단된다), 적용성(applicability, 죽음은 살아 있는 대상에만 적용된다) 및 원인성(causation, 죽음은 신체의 기능 정지가 원인이다)의 다섯 가지 주요 구성 개념에 대한 이해가 생애 발달 단계에 따라 변화하기 때문이다. 생애 발달 과정을 연구하는 여러 연구자는 주로 아동기의 죽음 태도의 발달과 변화를 연구하여 왔다.

노년기의 죽음 태도와 관련하여 주목할 만한 연구는 Erik Erikson의 심리사회적 발달이론(psychosocial theory)이다. Erikson의 이론은 성인기 죽음 공포의 역할과 관련된 중요한 시사점들을 제시하며 인간 발달의 폭넓은 관점을 제공하여 주는 이론이다(Erikson, 1963, 1982).

Erikson은 생애 발달의 마지막 단계인 '통합 대 절망(integrity versus despair)'의 단계에서 죽음에 대한 태도를 설명하였다. 자신의 인생이 허비되었다거나 무가치한 것이라고 생각한다면 인간은 죽음에 대한 높은 공포를 보이는 반면, 자신의 인생을 가치 있는 것이었다고 수용하고 자아통합을 이룬 사람은 죽음 공포가 낮다는 것이다.

아마도 죽음에 대한 공포는 노년기에 경험하는 가장 중요한 문제 중 하나라고 할 수 있을 것이다(Cicirelli, 1997). 연령과 죽음 공포 간의 관계성을 연구한 기존 연구에서는 죽음에 대한 공포가 중년 이후에 연령 증가에 따라 줄어드는 경향성을 보인다고 주장하는 연구자들도 있고(Gesser, Wong, & Recker, 1998), 청년기에서 중년기까지는 줄어들다가 노년기로 가면서 다시 죽음 공포가 증가한다는 비선형적 관계성을 보고한 연구들도 있다(Gesser et al., 1988).

최근에는 죽음에 대한 태도가 공포뿐 아니라 죽음에 대한 수용까지를 포함하는 다차원적인 구성체라는 점이 지적되어 죽음에 대한 태도를 구성하는 다양한 요인에 대한 연구가 실시되어 왔는데(예: Collett & Lester, 1969; Hoelter, 1979; Wong, Recker, & Gesser, 1994), 이러한 연구들은 공통적으로 죽음 공포(death fear)와 죽음 수용(death acceptance)이 죽음에 대한 태도를 구성한다고 지적하였으며, 이러한 지지 증거들을 기반으로 하여 죽음에 대한 다차원적 측정 도구들이 개발되어 죽음에 대한 연구가 활기를 띠고 있다.

2. 죽음에 대한 태도

Epting과 Neimeyer(1984)는 개인이 죽음에 대하여 갖는 태도(death attitude)에는 두 가지 관점이 존재한다고 주장했는데, 하나는 죽음이 정체성의 종말이라는 관점이며 다른 하나는 죽음이 새로운 삶으로 가는 관문이라는 관점이다. Ray와 Najman(1974)은 죽음 수용이 죽음 공포와 유목적으로 반대되는 개념은 아니라고 주장하였으며, Feifel(1990)도 죽음에 대한 불안과 수용이라는 두 가지 관점이 공존할 수 있다고 주장하였다. 죽음에 대한 태도는 죽음에 대하여 개인이 느끼는 감정(affect)과 인지(cognition) 및 죽음에 대한 개인적 신념(belief)을 포괄하는 개념이라고 할 수 있다.

1) 죽음 공포

죽음에 대한 공포는 모든 사람에게 존재하는 보편적인 정서라는 것이 일반적인 관점이다(Bakan, 1971). Wong, Recker, Gesser(1994)의 개관에 따르면 대부분의 연구에서 죽음 불안(death anxiety)과 죽음 공포(fear of death)의 개념이 혼용되고 있다. 하지만 Feifel과 Branscomb(1973)은 죽음 공포가 죽음에 대한 구체적(specific)이고 의식적(conscious)인 공포인

데 비해서, 죽음 불안은 일반화되고 자각되지 않는 것으로 구분하고 있다. 따라서 죽음 공포는 의식적인 수준에서 언어적으로 보고되는 정도에 따라 측정될 수 있는 개념이라고 할 수 있다(Wong et al., 1994).

Erikson의 심리사회적 이론(psychosocial theory)에서는 자신의 삶이 의미 있는 것이 아니었다는 개인의 자각에서부터 죽음에 대한 공포가 기인한다고 본다. 실존주의적인 관점을 취하는 일군의 연구자도 인간을 의미를 추구하는 존재로 전제하고, 자신의 삶에 대한 의미를 발견하는 데 실패하는 것으로부터 죽음에 대한 공포가 경험된다고 하였다(Wong, 1989).

Butler(1961, 1963)는 죽음보다 더 두려운 것은 무의미한 실존이며, 자신의 삶이 가치 있다는 자기 지각이 죽음에 대한 공포를 줄여 준다고 주장하였다. 한편 Wass, Berardo, Neimeyer(1988)는 나이가 들수록 자신의 삶의 가치와 성취를 더 중요하게 생각하고, 인생에서 아끼던 것들을 잃는다는 사실에서 죽음에 대한 공포를 느낀다는 것을 발견하였다.

그러나 죽음 공포는 단일한 구성 개념이 아니며(Collett & Lester, 1969), 죽음과 관련된 주제들은 복합적이다. 기존 연구들에 따르면 죽음에 대한 공포는 자아 상실(the loss of self), 미지의 사후 세계(the unknown beyond death), 고통과 괴로움(pain and suffering), 남은 가족들의 복지(the welfare of surviving family members) 등을 포함하는 여러 원인으로부터 기인한다(Feifel, 1990; Feifel & Nagy, 1981).

Hoelter(1979)는 죽음에 대한 공포를 측정하여 분석한 결과, 죽는 과정에 대한 공포, 시체에 대한 공포, 시신의 훼손에 대한 공포, 자신의 죽음이 소중한 타인에게 미치는 영향에 대한 공포, 사후 미지의 세계에 대한 공포, 의식이 있는 상태에서 죽는 것에 대한 공포, 사후 시체의 처리에 대한 공포, 준비되지 않은 때에 맞이하는 죽음에 대한 공포의 여덟 가지 요인을 발견하였다. 그는 이러한 연구를 기반으로 하여 '다차원적 죽음 공포 척도(Multidimensional Fear of Death Scale)'를 개발하였다.

Cicirelli(1998, 1999)에 따르면 비록 죽음과 사후 세계의 의미에 대한 문화적 차이가 존재하는 것은 사실이지만(Holcomb, Neimeyer, & Moore, 1993), 현대 서구 사회에서 죽음 공포는 죽음 과정에 대한 공포와 사후 세계에 대한 공포로 해석될 수 있는 개념이다. 따라서 Fry(2001)는 Hoelter(1979)의 다차원적 죽음 공포 척도 중 '죽음 과정에 대한 공포'와 '사후 세계에 대한 공포' 하위 척도들이 죽음 공포를 측정하는 도구로서 유용하다고 주장하였다.

한편, Wong 등(1994)은 죽음 공포와 관련되는 기존 연구들을 개관하고 죽음에 대한 공포뿐 아니라 죽음 수용의 측면까지 포괄하는 죽음에 대한 다차원적 태도를 연구할 필요성을 주장하였다. Wong 등(1994)은 죽음 공포가 '죽음 자체에 대한 공포'와 '죽음에 대한 회피(death avoidance)'를 포함한다고 주장하였는데, 죽음 회피는 의식적이거나 의도적으로 죽음에 대해 생각하지 않으려고 하거나 죽음이라는 주제에 대하여 말하는 것을 피하는 것을 의미하는 개념이다.

2) 죽음 수용

Kübler-Ross(1969)에 의하면 인생을 마감하는 마지막 단계는 죽음 수용(death acceptance)이며 부정, 분노, 협상, 우울 단계에 이어 죽음에 이르는 마지막 단계에서 경험된다. 한편, Neimeyer(1994)는 죽음 수용을 '삶의 마지막을 심리적으로 준비하는 것'으로 정의하고 건강한 개인에 있어서 죽음에 대한 심리적인 준비를 뜻한다고 하였다.

또한 Klug와 Sinha(1987)는 죽음 수용을 "비교적 편안하게 인생의 유한성을 받아들이는 것"으로 정의하였다. 그들에 따르면 죽음 수용의 두 가지 구성 요소는 '개인의 유한성에 대한 인지적 자각'과 '그러한 인식에 대한 긍정적(적어도 중립적)인 정서 반응'이다.

Wong 등(1994)은 죽음에 대한 태도를 삶의 의미와 관련 지어 탐색하는 일련의 연구를 개관하여 다양한 심리적 변인과 죽음 태도 간의 관계성을 밝혔는데, 그들의 연구 결과에서 주목되는 내용은 죽음에 대한 수용을 세 요소 모델로 설명하고 있다는 점이다. 그들에 의하면 죽음 수용의 세 요소는 중립적 수용(neutral acceptance), 접근적 수용(approach acceptance), 도피적 수용(escape acceptance)이다.

- 중립적 수용 태도　중립적 수용 태도는 죽음이 삶에서 불가피한 요소라는 사실을 인정하고 죽음을 비교적 담담하게 수용하는 입장을 의미한다(Kübler-Ross, 1981). 죽음에 대하여 이러한 관점을 가지는 사람들은 죽음을 삶의 한 영역으로 간주하고 큰 두려움 없이 수용한다. 이러한 죽음에 대한 수용적 태도는 Hooper와 Spilka(1970)의 죽음 무관심 척도(Indifference Toward Death)와 죽음 조망 척도(Death Perspective Scale)에서 측정되는 개념과 유사하다고 볼 수 있다. 인본주의/실존주의 심리학에서는 개인의 유한성(mortality)에 대한 자각을 통해서 자아 실현(self-actualization)이 가능해진다는 관점을 제시하며, 성공적으로 자아를 실현한 사람은 자신의 죽음에 위협을 느끼지 않는다고 주장하였다(Feifel, 1990; May, Angel, & Ellenberger, 1958). 또한 Frankl(1963)은 삶의 의미를 찾는 것이 죽음에 대한 공포를 줄여 주고 안녕감을 증진시킨다고 주장하였다.
- 접근적 수용 태도　접근적 수용 태도는 종교적 수용과 유사한 개념으로서, 행복한 사후 세계와 관련된 신념과 관련된 것이다(Dixon & Kinlaw, 1983). 죽음 이후의 다른 삶은 현세의 삶보다 더 나을 것이라

고 믿거나 영원한 삶에 대한 종교적 신념을 가지는 사람들은 자신이나 가족의 죽음에 대해 덜 불안해하고 죽음을 보다 긍정적으로 기술하는 것으로 보고되었다(Florian, 1983).

- 도피적 수용 태도 도피적 수용 태도는 삶이 고통과 비탄만을 주는 경우라면 어떤 이들에게는 죽음이 환영할 만한 것이 될 수도 있다는 관점을 의미한다. Vernon(1972)은 어떤 사람들에게는 사는 것이 너무나 고통스러울 수 있으며, 오직 죽음만이 유일한 탈출구로 간주될 수도 있을 것이라고 주장하였다.

3. 죽음에 대한 태도와 관련된 변인

죽음에 대한 태도와 관련된 기존 연구들은 대부분 연령, 성별, 주거 환경, 경제적 수준 등의 인구통계학적 변인들을 가지고 구분한 노인 집단들을 대상으로 하여 실시되어 왔다. Fortner와 Neimeyer(1999)는 죽음 불안과 관련된 49개 논문에 대한 양적 개관을 실시하였는데, 그 결과 죽음 공포와 유의미한 관련성을 갖는 것으로 나타난 변인들은 연령, 성별, 자아통합감(ego-integrity), 시설 수용 여부(institutionalization), 심리적, 신체적 문제들 및 종교성이었다.

1) 연령과 죽음에 대한 태도

죽음 공포를 다룬 기존 연구들에서 연령은 가장 중요한 변인으로 간주되어 왔다. 연령이 높아질수록 죽음 공포가 낮아진다는 선형적 관계성을 밝힌 연구들이 다수 존재한다(Neimeyer & Moore, 1989). 한편, Gesser 등

(1988)은 청년 집단(18~26세), 중년 집단(35~50세), 노년 집단(60세 이상)의 세 집단에게 죽음 태도 척도(Death Attitude Profile)를 실시하여 중년 집단이 가장 높은 죽음 공포를 보이고 청년 집단은 그다음으로 높은 죽음 공포를 나타냈고 노인 집단의 죽음 공포가 가장 낮다는 결과를 얻음으로써 연령과 죽음 공포 간의 비선형적 관계성을 발견하기도 하였다.

Wong 등(1994)은 청년 집단과 중년 집단 및 노년 집단의 죽음 공포 수준과 심리적 및 신체적 안녕감 간의 관계성을 살펴보는 연구를 실시하였는데, 노인 집단의 경우에는 죽음 공포와 죽음 회피 수준이 심리적 안녕감과 유의미하게 부적인 상관을 보였는 데 비해서 청년 집단의 경우에는 그러한 상관이 유의미하지 않았다.

죽음 수용에 대한 분석에서는 노인 집단의 죽음에 대한 접근적 수용이 안녕감과 유의미한 관계성을 보였고 노인 집단이 청년이나 중년 집단에 비해서 도피적 수용 수준도 높게 나타났다. 따라서 Wong 등(1994)은 노년기의 죽음 불안 감소가 죽음 수용의 증가와 함께 나타날 가능성이 있다고 시사하였다. 또한 Flint, Grayton, Ozmen(1983)은 Klug와 Boss(1976)의 죽음 근심 척도(Death Concern Scale)에 기초하여 개발한 죽음 수용 척도를 사용하여 노인 집단의 삶의 만족도와 죽음 수용 간에 정적인 상관이 존재한다는 사실을 발견하였다.

2) 성별과 죽음에 대한 태도

Pollark(1980)은 죽음 공포 연구들에 대한 개관을 통해 여성의 죽음 공포 수준이 남성에 비해 높다고 주장했는데, 다수의 연구가 그의 주장을 지지하였다.

Neimeyer(1986)는 Collett-Lester의 죽음 불안 척도 중 '자신의 죽음에 대

한 공포(Fear of Dying of Self)' 하위 척도에서 여성이 남성보다 공포 수준이 높은 것으로 나타났다는 결과를 보고하였다. 한편, Dattel과 Neimeyer (1990)는 여성들이 남성들에 비해 자신의 감정을 더 잘 드러내기 때문에 죽음 공포 수준이 높게 나타날 수 있다는 주장을 검증하기 위하여 죽음 불안 척도(Death Anxiety Scale: DAS), 위협 지표(Threat Index), 저러드 자기개방성 질문지(Jourard Self Disclosure Questionnaire), 사회적 바람직성(Social Desirability) 척도 등을 포함한 연구를 실시한 결과, 피험자들의 자기 개방성과 사회적 바람직성을 통제한 후에도 유의미하게 여성들의 죽음 공포 수준이 높은 것을 밝혔다.

Wong 등(1994)의 연구에서는 죽음 수용적 태도에서의 성차를 살펴보았는데, 여성들은 남성들보다 죽음에 대해 더 수용적인 태도를 보였고 특히 접근적 수용의 경우에 그러한 성차가 큰 것으로 나타났다. 도피적 수용도 여성들이 남성들보다 높은 경향성이 있었다. 여성들에 비해 남성들은 죽음을 회피하는 경향이 유의미하게 높았다. Fry(2003)는 여성들이 남성들에 비해 사회적 지지를 더 많이 받기 때문에 죽음 공포 수준이 낮고 적응을 잘 한다고 주장하였다.

대조적으로 남성들이 여성들보다 더 높은 죽음 불안을 보인다고 주장한 연구들도 있다(Cole, 1978; Robinson & Wood, 1984). Klenow와 Bolin (1989)은 남성들이 여성들보다 사후 세계에 대한 믿음이 약하기 때문에 죽음 불안이 상대적으로 높다고 주장하였고, Berman과 Hays(1975)는 여성들의 죽음 공포 수준이 남성에 비해 낮다고 주장하였다.

3) 종교와 죽음에 대한 태도

Jeffers, Nichols, Eisdorfer(1961)는 종교적 헌신이 강한 사람들이 사후

세계를 더 믿는 경향이 있고 죽음 공포 수준이 낮다는 것을 밝힌 바 있으며, Berman 등(1975)은 종교적 관여 정도와 사후 세계에 대한 신념 간의 강한 상관을 발견하였다. Peterson과 Greil(1990)의 연구에서도 사후 세계에 대한 신념과 종교성 간에 유의미한 관계가 나타났다. 반면에 Aday(1984)는 사후 세계에 대한 신념이 종교의 주된 기능인 것은 사실이지만 죽음 공포와는 직접적 상관이 없다고 주장하기도 하였다.

대부분의 연구는 종교적 신념과 죽음 공포 간의 부적인 관계성을 보고했지만(Feifel & Nagy, 1981; Hooper & Spilka, 1970), 둘 간의 관계성이 유의미하지 않다는 결과를 얻은 연구들도 있고, 종교적인 사람들이 죽음 공포 수준이 더 높다는 결과가 나타난 연구들도 존재한다(Templer & Ruff, 1975; Young & Daniels, 1981).

한편, Florian와 Kravetz(1983)은 청년 집단이 중년 집단에 비해서 종교성에 따른 죽음 수용의 차이를 더 뚜렷하게 나타낸다는 것을 밝힌 바 있는데, 전쟁에 참가한 이스라엘 군인들을 대상으로 실시된 연구에서 종교적인 신념이 강한 청년들은 죽음에 대한 공포가 낮은 것으로 나타났다. 한국 노인들을 대상으로 한 연구에서도 종교를 가지고 있는지의 유무가 노년기 죽음 수용적 태도와 유의미한 상관을 나타냈는데, 종교를 가진 노인일수록 접근적인 죽음 수용 태도가 높았다(김지현, 2008).

4) 성격 및 개인차 변인과 죽음에 대한 태도

Fry(2003)는 기존의 인구통계학적 변인들뿐 아니라 성격 변인들과 자기 효능감(self-efficacy)을 포함하는 개인차 변인이 죽음에 대한 공포에 미치는 영향을 살펴보고자 위계적 회귀분석을 실시하여, 인구통계학적 변인들보다 성격이나 개인차 변인들이 죽음 공포를 더 잘 설명하여 주는 예언변인이라는 것을 발견하였다.

김지현(2008)은 청년, 중년, 노년 집단을 대상으로 죽음에 대한 태도를 연구한 결과, 성격 변인이 노년기의 죽음에 대한 태도와 관련됨을 확인하였다. 우호성이 높은 노인들은 죽음에 대한 공포 수준이 낮았고 죽음에 대한 중립적 수용 태도가 높았다. 성실성도 노년기 죽음 태도와 관련성을 보였는데, 성실성이 높은 노인들은 죽음 수용적 태도가 높았다. 외향성이 높은 노인들도 죽음에 대한 중립적 수용 태도가 높았다.

Fortner, Neimeyer, Rybarczyk(2000)은 자기와 관련된 긍정적인 신념들이 위협적인 사건에 대한 불안에 대처하는 데 도움을 주고, 노년기에 죽음 이후의 미지의 세계에 대한 공포를 극복하는 데 도움을 준다고 주장하였다. 김지현(2008)의 연구에서도 자아존중감이 높은 노인들이 죽음 공포가 낮고 죽음 수용 태도가 높다는 결과가 나타났다.

한편, DePaola, Neimeyer, Lupfer, Fiedler(1994)는 노인복지시설 직원과 간호사들을 대상으로 한 연구들에서 노인들에 대한 부정적인 태도가 죽음 불안과 유의미한 상관이 있다는 것을 밝힌 바 있다. 노인복지시설 직원들 중에서 노인들에 대해 부정적인 태도를 보이는 사람들은 죽음 공포가 높았다. 자신의 노화(aging)에 대한 태도가 부정적인 사람들은 죽음 불안이 높은 것으로 나타났다(Vickio & Cavanaugh, 1985).

5) 적응 지표와 죽음에 대한 태도

Flint, Grayton, Ozmon(1983)은 죽음 수용과 삶에 대한 주관적 만족도 간에 유의미한 상관이 있다는 결과를 얻었으며, Wong, Recker, Gesser (1994)은 죽음 공포가 높을수록 안녕감이 저하된다는 관계성을 확인하였다. 죽음에 대한 수용적 태도는 높은 심리적, 신체적 안녕감과 관련되는 것으로 나타났다.

죽음에 대한 태도와 심리적 안녕감의 관계성에 있어서 연령 집단 간의 차이가 유의미하게 나타났는데, 청년 집단에서는 신체적 안녕감과 죽음에 대한 중립적 수용 간에 정적인 상관이 있었고 회피적 수용과 안녕감 간에는 부적인 관계성이 나타났다. 대조적으로 중년 집단에서는 심리적 안녕감과 신체적 안녕감이 높은 사람들이 높은 중립적 수용 태도를 가지는 것으로 나타났다. 한편, 노인 집단의 경우에는 죽음에 대한 공포가 높을수록 심리적, 신체적 안녕감이 낮은 것으로 나타났고 심리적 안녕감이 높은 노인들이 죽음에 대한 접근적 수용 태도가 높은 것으로 나타났다(김지현, 2008).

사회-인지 모델을 취하는 여러 연구(예: Fry, 2001)는 자신감이 낮은 노인들이 삶의 만족도가 더 낮고 자아존중감(self-esteem)이 저하된다는 것을 보고하였다. Tomer와 Eliason(1996)은 노인들이 죽음을 더 많이 의식하고 있으므로 노년기의 자아존중감이 노인들의 사후 세계에 대한 공포에 영향을 미칠 가능성은 청년이나 장년들에 비해 더 높다고 주장하였다.

4. 죽음에 대한 태도의 측정

1) 죽음 공포의 측정

죽음 태도 척도 개정판(Death Attitude Profile Revised)에서 죽음 공포는 "나는 죽음이 정말 두렵다." "죽음은 분명 무서운 경험일 것이다." 등의 문항으로 구성된 '죽음 자체에 대한 공포' 하위 척도와 "나는 죽음에 대해 생각하지 않으려고 항상 노력한다." "나는 죽음이라는 주제와 무관하게 살려고 노력한다." 등의 문항으로 구성된 '죽음 회피' 하위 척도로 측정된다.

Hoelter(1979)는 '다차원적 죽음 공포 척도(Multidimensional Fear of Death Scale: MFODS)'를 개발하였는데, 사람들의 죽음에 대한 공포를 구성하는 내용들을 분석한 결과 '죽음 과정에 대한 공포' '시체에 대한 공포' '시신의 훼손에 대한 공포' '자신의 죽음이 소중한 타인에게 미치는 영향에 대한 공포' '사후 미지의 세계에 대한 공포' '의식이 있는 상태에서 죽는 것에 대한 공포' '사후 시체의 처리에 대한 공포' '준비되지 않은 때 이른 죽음에 대한 공포'의 여덟 가지 요인을 발견하였다.

Fry(2001)는 Hoelter(1979)가 발견한 여덟 가지 요인 중 '죽음 과정에 대한 공포(fear of dying process)'와 '사후 미지의 세계에 대한 공포(fear of the unknown)'의 두 가지 하위 척도가 여러 죽음 공포 측정 도구 간의 공통적인 내용을 반영하고 있으며, 죽음 공포 측정을 위한 신뢰성 있는 도구로 사용될 수 있다고 주장하고 죽음 공포와 성격 변인 간의 관계성을 확인하는 연구를 실시하였다.

이 연구에서 사용된 '죽음 과정에 대한 공포' 척도는 "나는 죽을 때 심한 고통을 겪을 것을 생각하면 괴롭다." "나는 화재로 인해 죽는 것이 무섭다." "나는 아주 천천히 죽어 갈 것을 생각하면 두렵다." 등의 문항으로 구성되어 있으며, '사후 미지의 세계에 대한 공포' 척도는 "죽은 후에 무슨 일이 벌어질지는 아무도 모른다." "나는 죽음이 존재의 끝이라고 생각하면 두렵다." 등의 문항들로 구성되어 있다.

2) 죽음 수용의 측정

Wong, Recker, Gesser(1994)이 개발한 죽음 태도 척도 개정판(Death

Attitude Profile Revised)은 '중립적 수용(Neutral Acceptance)' '도피적 수용(Escape Acceptance)' 및 '접근적 수용(Approach Acceptance)'의 세 하위 척도로 죽음에 대한 수용을 측정한다.

'중립적 수용' 척도는 "죽음은 삶의 자연스러운 측면이다." "죽음은 단지 삶의 과정에서의 한 부분일 뿐이다." "나는 죽음이 두렵지도 않고 반갑지도 않다." 등의 문항으로 구성되어 있으며, '접근적 수용' 척도는 "나는 죽은 후에 사랑하는 사람들과 다시 만날 것을 고대한다." "죽음은 영원하고 축복받은 곳으로 가는 통로라고 생각한다."는 등의 문항으로 이루어져 있다.

한편, '도피적 수용' 척도는 "죽음은 나의 모든 문제를 끝내 줄 것이다." "나는 죽음이 이 세상의 괴로움에서 해방되는 것이라고 생각한다." "죽음은 고통과 괴로움으로부터 자유로워지는 것이다." 등의 문항으로 구성되었다. Wong, Recker, Gesser가 이 보고한 4주 간격 검사-재검사 신뢰도는 중립 수용이 .64, 접근 수용은 .95, 도피 수용은 .83이었다.

5. 죽음: 성장의 마지막 단계

죽음이라는 주제에 대한 관심을 촉발시킨 연구자로 인정받고 있는 Kübler-Ross(1969)는 500명 이상의 불치병 환자와의 인터뷰를 통해서 죽음을 대하는 사람들의 심리적 변화를 다음과 같은 다섯 단계로 설명하였다.

1) 부정

죽음이 임박한 사실을 알았을 때 대부분의 사람은 충격을 받고 그 사실을 부정(denial)하려고 한다. "아니야, 내가 죽을 리가 없어. 아마 검사 결과가 잘못 나왔을 거야."라는 반응이 보편적이다. 이러한 부정은 거의 모든 환자에게서 나타나는데, 불안에 대처하는 비교적 자연스럽고 건강한 방법이라고 할 수 있으며 환자들로 하여금 예기치 못한 충격에 대하여 완충적인 역할을 할 수도 있다.

2) 분노

이 단계에서 환자들은 자신의 죽음을 더 이상 부정할 수 없다는 것을 깨닫고 분노(anger)하게 된다. "왜 내가 죽어야 하는 거야? 왜 하필 내가 이런 병에 걸렸지?"라는 반응을 보이며 의사나 간호사, 가족, 친구, 심지어는 자신이 믿어 온 신이나 하늘을 원망하면서 격분, 질투, 원한 등의 감정을 경험한다. 이 단계에서는 환자의 분노가 다른 사람에게 투사되고 전이되기 때문에 환자를 다루는 것이 매우 어려워진다. 그러나 환자의 분노를 이해하고 공감하면서 따뜻한 관심을 보여 주면 시간이 지나면서 분노는 차츰 가라앉게 된다.

3) 협상

1단계에서 자신의 죽음을 부정하고 2단계에서 분노를 표현했던 환자들은 어떻게 해서든 자신의 죽음을 미루고자 하는 단계에 접어든다. 이 단계에서는 자신이 믿어 온 신이나 절대자에게 "자식들이 졸업할 때까지만이라도…… 아들이 결혼할 때까지만이라도…… 살 수 있도록 허락해 주신다면 제 모든 것을 바치고 제 운명을 받아들이겠습니다."라는 기도를 하는 반응이 보편적이다. 본질적으로 협상(bargaining)은 시간을 좀 더 벌기 위한 시도이며, 환자들은 착한 행동이 보상받고 소원이 이루어질 수도 있다는 것을 믿고 싶어 한다.

일부 연구에서는 이러한 살고자 하는 소망이 잠시 동안이지만 죽음을 연기하는 결과를 낳을 수도 있는 것으로 나타났다. 그는 중국 여성 노인의 사망률이 축제일 전이나 축제 기간 중에는 감소하고 축제가 끝나면 증가한다는 사실을 발견하였다. 또한 유태인의 경우에는 유월절 전에 비해 유월절 이후 사망률이 31% 증가한다는 사실을 발견하였다. Phillips는 이러한 결과에 대하여 죽어 가는 환자들이 특정한 행사 기간을 지낼 때까지 생명을 연장시킬 수 있었던 것은 그러한 경우가 아니면 볼 수 없었던 사람들과 만나서 축제를 함께 하고 작별 인사를 할 기회를 갖고자 하였기 때문이라고 해석하였다(김지현, 2008).

4) 우울

우울(depression)의 단계에서는 말이 없어지고 면회를 사절하며 혼자서 자신의 죽음을 애도하는 반응을 나타내게 된다. 자신의 죽음이 임박하였다는 것을 슬퍼하면서 애통해하는 이러한 시간은 죽음을 수용하는 마지막 단계로 가기 위하여 반드시 필요한 과정이므로 Kübler-Ross는 이 시점에서 주변 사람들이 섣불리 환자를 위로하려 하거나 방해하지 않는 것이 좋다고 권고하였다. 환자가 자신의 죽음에 대하여 직면하고 애통함을 표현하는 것이 슬픔을 억누르는 것보다 더 빨리 좌절을 극복하는 데 도움이 될 수 있기 때문이다.

5) 수용

만일 이전의 네 단계를 충분한 시간을 두고 거쳐 왔다면, 환자는 마지막으로 자신의 죽음을 수용(acceptance)하게 되는 마지막 단계에 도달할 수 있게 된다. 자신의 죽음을 인정하는 이 단계에 오면 환자들은 더 이상 분노하거나 우울해하지 않고 평화로운 마음을 가질 수 있게 된다. 하지만 어떤 환자들은 끝까지 자신의 죽음을 수용하지 못하고 마지막 순간까지도 죽음을 부정하고 분노한다. 불가피한 죽음을 부정하고 죽음을 피하려고 애쓰는 환자들은 위엄 있고 평화로운 죽음을 맞이하기가 어렵다.

불치의 병을 선고받은 환자들을 연구한 다른 전문가들은 Kübler-Ross가 제시한 다섯 단계의 과정이 죽음을 맞이하는 모든 사람에게 보편적으로 일어나는 것은 아닐 수도 있다는 점을 지적하였다. 예를 들어, 어떤 사람들은 우울과 분노 사이를 오가면서 경험할 수도 있고 두 가지 감정을 동시에 느낄 수도 있을 것이다.

일부 연구에서는 이론적인 모델에서 제시된 순차적인 진행 대신에 연령, 성별, 인종, 사회 상황 및 성격에 따라서 죽어 가는 사람들이 나타내는 반응들이 매우 다양하다고 주장하였다.

그럼에도 불구하고 Kübler-Ross의 모델은 인생의 종말을 맞이하는 사람들을 대상으로 한 연구의 시발점이 되었으며 죽음을 대하는 사람들의 감정에 대한 폭넓은 이해를 돕는 유용한 이론이라는 점에서 의의를 가진다.

참고문헌

김지현(2008). 죽음에 대한 공포와 수용 및 죽음 대처 유능감에 영향을 주는 변인. 서울대학교 대학원 박사학위 청구논문.

Berman, A., & Hays, J. E. (1975). Relation between death anxiety, belief in afterlife, and locus of control. *Journal of Consulting and Clinical Psychology, 41*, 318-321.

Cole, M. A. (1978). Sex and marital status differences in death anxiety. *Omega, 9*, 139-147.

Dattel, A. R., & Neimeyer, R. A. (1990). Sex differences in death anxiety: Testing the emotional expressiveness hypothesis. *Death Studies, 14*, 1-11.

Depaola, S. J., Neimeyer, R. A., Lupfer, M. B., & Fiedler, J. (1994). Death concern and attitudes toward the elderly in nursing home personnel. In R. A. Neimeyer (Ed.), *Death Anxiety Handbook*(pp. 201-216). Washington DC: Francis & Taylor.

Dixon, R., & Kinlaw, B. (1983). Belief in the existence and nature of life after death: A research note. *Omega, 13*, 287-292.

Epting, F. R., & Neimeyer, R. A. (1984). *Personal meanings of death*. Washington, DC: Hemisphere.

Erikson, E. H. (1963). *Childhood and Society* (rev. ed.). New York: Norton.

Erikson, E. H. (1982). *The life cycle completed*. New York: Norton.

Feifel, H. (1990). Psychology and death. *American Psychologist, 45*, 537-543.

Feifel, H., & Nagy, V. T. (1981). Another look at fear of death. *Journal of Consulting and Clinical Psychology, 49*, 278-286.

Florian, V., & Kravetz, S. (1983). Fear of personal death: Attribution, structure, and relation to religions belief. *Journal of Personality and Social Psychology, 44*, 600-607.

Flint, G. A., Grayton, W. F., & Ozmon, K. L. (1983). Relationships between life satisfaction and acceptance of death by elderly persons. *Psychological Reports, 53*, 290.

Florian, V., & Kravetz, S. (1983). Fear of personal death: Attribution, structure, and relation to religions belief. *Journal of Personality and Social Psychology, 44*, 600-607.

Fortner, B. V., & Neimeyer, R. A. (1999). Death anxiety in older adults: A quantitative review. *Death Studies, 23*, 387-412.

Fortner, B. V., Neimeyer, R. A., & Rybarczyk, B. (2000). Correlates of death anxiety in older adults: A comprehensive review. In A. Tomer (Ed.), *Death attitudes and the older adult: Theories, concepts, and applications* (pp. 95-108). New York: Brunner-Routledge.

Frankl, V. E. (1963). *Man's search for meaning.* Boston: Beacon Press.

Fry, P. S. (2001). Predictors of health-related quality of life perspectives, self-esteem, and life satisfactions of older adults following spousal loss: An 18-month follow-up study of widows and widowers. *The Gerontologist, 41*, 787-798.

Fry, P. S. (2003). Perceived self-efficacy domains as predictors of fear of the unknown and fear of dying among older adults. *Psychology and aging, 18*, 474-486.

Gesser, G., Wong, P. T. P., & Reker, G. T. (1988). Death attitudes across the life span: The development and validation of the death attitude profile. *Omega, 2*, 113-128.

Hamachek, D. (1990). Evaluating self-concept and ego status in Erikson's last three psychosocial stages. *Journal of Counseling & Development, July/August, 68*, 677-683.

Hoelter, J. W. (1979). Multidimensional treatment of fear of death. *Journal of Consulting and Clinical Psychology, 47*, 996-999.

Holcomb, L. E., Neimeyer, R. A., & Moore, M. K. (1993). Personal meanings of death: A content analysis of free response narratives. *Death Studies, 17*,

299-318.

Hooper, T., & Spilka, B. (1970). Some meanings and correlates of future time and death among college students. *Omega, 1*, 49-56.

Jeffers, F. C., Nichols, C. R., & Eisdorfer, C. (1961). Attitudes of older persons toward death. A preliminary study. *Journal of Gerontology, 16*, 53-56.

Klenow, D. J., & Bolin, R. C. (1989). Belief in an afterlife: A national survey. *Omega, 20*, 63-74.

Klug, L., & Boss, M. (1976). Factorial structure of the death concern scale. *Psychological Reports, 38*, 107-112.

Klug, L., & Sinha, A. (1987). Death acceptance: A two-component formulation and scale. *Omega, 18*, 229-235.

Kübler-Ross, E. (1969). *On death and dying*. New York: Macmillan.

May, R., Angel, E., & Ellenberger, H. F. (Eds.). (1958). *Existence: A new dimension in psychiatry and psychology*. New York: Basic Books.

Neimeyer, R. A. (1994). *Death anxiety handbook: Research, instrumentation, and application*. Washington, DC: Taylor & Francis.

Neimeyer, R. A., & Moore, M. K. (1989). Assessing personal meanings of death: Empirical refinements in the threat index. *Death Studies, 13*, 227-245.

Peterson, S. A., & Greil, A. L. (1990). Death experience and religion. *Omega, 21*, 74-82.

Pollark, J. M. (1980). Correlates of death anxiety: A review of empirical studies. *Omega, 10*, 97-121.

Ray, J. J., & Najman, J. (1974). Death anxiety and death acceptance: A preliminary approach. *Omega, 5*, 311-315.

Robinson, P. J., & Wood, K. I. (1984). Fear of death and physical illness: A personal construct approach. In F. Epting & R. A. Neimeyer (Eds.), *Personal meanings of death*. Washington, DC: Hemisphere/McGraw-Hill.

Steinitz, L. Y. (1980). Religiosity, well-being, and weltanschauung among the elderly. *Journal of Scientific Study of Religion, 19*, 60-87.

Templer, D., & Ruff, C. (1975). The relationship between death anxiety and religion in psychiatric patients. *Journal of Thanatology, 3*, 165-168.

Tomer, A. (1994). Death anxiety in adult life: The practical perspectives. In R. A. Neimeyer (Ed.), *Death Anxiety Handbook* (pp. 3-28). Washington, DC: Taylor & Francis.

Tomer, A., & Eliason, G. (1996). Toward a comprehensive model of death anxiety. *Death Studies, 20*, 343-365.

Vernon, G. (1972). Death control. *Omega, 3*, 131-138.

Vickio, C. J., & Cavanaugh, J. C. (1985). Relationships among death anxiety, attitudes toward aging, and experience with death in nursing home employees. *Journal of Gerontology, 40*, 347-349.

Wong, P. T. P., Recker, G. T., & Gesser, G. (1994). Death attitude profile-revised: A multidimensional measure of attitudes toward death. In R. A. Neimeyer (Ed.), *Death anxiety handbook* (pp. 121-148). Washington, DC: Taylor & Francis.

Young, M., & Daniels, S. (1981). Religious correlates of death anxiety among high school students in the rural South. *Death Education, 5*, 223-233.

11장 웰빙과 웰다잉

김지현

1. 자아 통합감

최근 웰빙(well-being)뿐 아니라 웰다잉(well-dying)을 강조하는 사회적 풍토가 조성되고 죽음 준비 학교가 개설되는 등 죽음 교육(death education)의 중요성이 부각되고 있다. 인생을 마무리하는 노년기에는 죽음에 대처하는 개인의 역량이 주관적 안녕감에 미치는 영향은 더욱 중요해질 것이다.

노년기의 주관적 안녕감이나 심리적 적응을 죽음이라는 주제와 결부시킨 기존 연구들은 주로 죽음 불안이나 공포를 다루는 방식에 초점을 맞추어서 노인들을 대상으로 소집단 토론 기법을 사용하여 죽음 공포를 줄이고자 하는 데에 중점을 두었다. 그러나 이러한 죽음 교육 프로그램들의 효과성을 평가한 연구 결과에 의하면 죽음에 대한 공포를 낮추려는 개입의 효과는 개인의 정서적, 인지적 특성에 따라 매우 큰 차이를 나타낼 뿐 아니라 죽음 불안을 증가시키는 역효과가 유발될 가능성도 존재한다고 지적되었다(Durlak, 1994). 인생의 마지막 시기에 누구도 피할 수 없는 죽음을 어떻게 받아들이고 대처할 것인지 하는 문제는 노년기 심리적 적응과 안녕감의 핵심이라고 해도 과언이 아닐 것이다.

1) 자아 통합감의 개념

Erikson(1982)은 노년기에 수행해야 할 발달 과업 중 하나로 지난날 자신의 갈등과 죄책감을 해결하고 자신의 삶에 의미를 부여함으로써 자신이 지내온 인생을 나름대로 정리해 보는 것이 중요하다고 하였다. Erikson은 이런 과제를 자아통합(ego integrity)으로 표현하였다. 자아 통합감이란 자신의 과거와 현재 그리고 미래를 바로 보고 수용하며, 자신의 삶의 주체로서 살아가고, 사람들에 대한 깊은 배려심을 가지고 세상을 사는 지혜를 얻는 것을 의미한다.

Erikson은 생애 발달의 마지막 단계인 통합 대 절망(Integrity versus Despair)의 단계에서 죽음에 대한 태도를 설명하였는데, 자신의 인생이 허비되었다거나 무가치한 것이라고 생각한다면 인간은 죽음에 대한 높은 공포를 보이는 반면, 자신의 인생을 가치 있는 것이었다고 수용하고 자아통합을 이룬 사람은 죽음 공포가 낮다는 것이다. Meichenbaun(1994)에 의하면 Erikson의 이론에서 이전 단계의 과업을 긍정적으로 해결하는 것이 후속 단계에서의 성공의 전제 조건이 되므로 노년기 자아통합(ego integrity)의 달성을 위해서는 이전 단계인 중년기의 생산 대 정체(generativity vs. stagnation) 단계의 성공이 중요하다.

윤진(1985)은 인생을 마무리하는 단계에서 자기의 지나간 인생 경험에 잘못이 있다 하더라도 이를 긍정적인 태도로 받아들이는 것이 중요하다고 주장하고, 달성하지 못한 일보다 그동안 이룩한 일과 행운에 대해 감사하는 자세를 가지고 자신이 최선을 다해 인생을 살아왔다는 느낌을 가지는 상태에 이르는 것이 자아 통합감의 달성이라고 보았다.

2) 자아 통합감과 죽음에 대한 태도

Butler(1963)는 의미 있는 인생을 살았다는 자각이 죽음을 받아들이는 수용 태도를 높인다고 주장하였다. 이러한 주장은 Erikson(1963)이 규정한 인간 생애의 발달 단계 중 마지막 단계인 통합 대 절망의 단계에서 경험되는 내용과 합치하는 것이다(Wong et al., 1994).

또한 Drolet(1990)은 삶의 목표가 뚜렷할수록 죽음에 대한 공포가 낮다는 것을 밝혔고, Durlak(1972)은 삶의 의미와 목표를 명확하게 보고한 피험자들이 죽음에 대하여 더 적은 공포를 보이고 죽음을 더 잘 수용하며 더 긍정적이었다는 사실을 밝혔다. 이러한 관점은 인생 회고(life review)와 죽음 태도 간의 관계성을 연구한 여러 연구자에 의해 지지되었다. Georgemiller와 Maloney(1984)도 인생 회고 기법을 실시한 피험자 집단에서 죽음을 부인하는 경향성이 낮았다는 결과를 보고하였다.

우리나라 노인들을 대상으로 실시한 한성열(1990)의 연구에서는 자아 통합감을 달성한 사람들이 인생의 후반기를 동요 없이 지낼 수 있으며 죽음에 대해서도 두려움 없이 대처할 수 있다는 결과가 얻어졌다. 김지현(2008)의 연구에서도 노년기 자아 통합감과 죽음에 대한 태도 간의 관계성이 확인되었는데, 자아통합을 잘 이룬 노인들일수록 죽음 자체에 대한 공포와 죽음 과정에 대한 공포 수준이 낮은 것으로 나타났다.

반면에 노년기의 절망감(despair)은 혼란스럽고 무기력한 상태에 빠져

자기의 인생을 후회하는 것이다(Erikson, 1982). 윤진(1985)은 절망감에 빠진 노인들이 자신의 삶에 혐오를 느끼며 죽음에 대한 공포를 처리하지 못한 채 불안한 노년을 맞게 된다는 점을 강조한 바 있다.

Hamachek(1990)는 자아 통합감과 절망감을 반영하는 기본적인 행동 특징과 태도를 조사한 연구를 실시하였는데, 자아 통합감을 이룬 사람들의 행동적 특징 중에서 대표적인 것은 "죽음을 삶의 일부로 수용한다." "자신의 삶은 자신의 선택의 결과라고 믿는다." "현재의 삶을 자신의 유일한 삶으로 받아들인다." "자신의 과거를 감사하며 되돌아볼 수 있다." "일반적으로 행복해하며 긍정적이다." "과거의 삶을 현실과 통합해서 성공적으로 적응한다." 등이었는 데 비해서, 절망감에 빠진 사람들의 행동적 표현 중 대표적인 것은 "죽음에 대한 두려움을 보인다."는 것이었다.

3) 자아 통합감의 측정

노년기 자아 발달의 정도를 측정하기 위하여 실시된 홍주연(2000)의 연구에서 16개 문항의 자아 통합감 척도가 개발되었다. 이 척도는 자신의 과거 삶에 대해 비교적 만족해하며 현재의 삶에 대한 수용적 태도를 보이는 것과 인생의 주체는 자기 자신이며 삶에 대해 감사하는 태도를 갖는 것을 포함하는 자아 통합감을 측정하는 것이다. 이 척도의 신뢰도 계수는 .83으로 보고되었으며 '과거와 현재에 대한 수용' 하위 척도 11개 문항과 '삶에 대한 태도' 하위 척도 5개 문항으로 구성된다.

2. 죽음 대처 유능감

1) 죽음 대처 유능감의 개념

죽음 대처 유능감(Death Competency)은 Kübler-Ross(1969)가 처음 제안한 개념으로서 죽음을 앞둔 환자나 그 가족들을 도와주기 위하여 요구되는 자질을 의미하는 것으로부터 발전된 것이다. 죽음을 앞둔 사람들을 돌보며 죽음에 대해 더 잘 대처할 수 있도록 도와주는 호스피스(hospice) 간호가 죽음을 앞둔 사람들에게 유익하였다는 연구 결과들이 다수 얻어짐에 따라서, 자신의 죽음뿐 아니라 타인의 죽음에 대처하는 유능감이 개인의 안녕에 미치는 영향에 대한 관심이 높아졌다.

Bandura(1982)는 특정 행동을 수행할 수 있는 개인의 역량에 대한 신념을 지각된 자기 효능감(perceived self-efficacy)이라고 명명하고, 지각된 자기 효능감은 연령, 건강, 성별, 교육 정도에 따라 어떤 이들에게는 일반적 구성 개념인 반면 다른 이들에게는 영역 특정적인 구성 개념이라고 제안하였다.

그에 따르면 개인의 자기 효능감은 미래 사건의 예측 불가능한 요소들과 관련된 불안 및 스트레스에 대항하는 통제감을 향상하는 기능을 할 수 있다. 따라서 Bandura(2000)는 인간의 주도성(primacy)을 강조하면서 사람마다 자기 효능적 신념의 강도가 다르며 불안이나 도전 및 미래에 대한 불확실성 등에 대한 비합리적/합리적, 낙천적/비관적 반응을 결정하는 것은 자기 효능 신념의 강도라고 주장하였다.

사회정서적 선택이론(Carstensen, 1992, 1993)의 관점에서는 개인이 지각된 한계 연령에 도달하게 되면 정서 관련 목표나 신념, 자기 평가 등에서 우선순위가 선택되기 시작하고, 그 결과 자신의 능력이나 기술로 더 잘 처리할 수 있고 더 친숙한 영역에 초점을 맞추게 된다고 주장한다. 즉, 사회정서적 선택이론의 관점에서 남성들은 좋은 신체적 건강 상태를 유지하는 방식으로(Fung, Carstensen, & Lang, 2001), 삶의 유한성과 죽음에 이르는 과정에서 통제력의 상실에 대한 공포를 억압하고자 하는 방식으로(Cicirelli, 2002) 자기 효능 신념의 특정 영역에 대해 초점을 기울이게 된다.

Robbins(1990)는 Bandura가 제안한 자기 효능감(self-efficacy)의 개념 중에서 '영역 특정적(domain-specific) 효능감'의 하나인 죽음 자기 효능감(death self-efficacy)을 죽음 대처 유능감(death competency)이라고 정의하고, 이는 죽음에 대처할 수 있다는 지각된 자기 효능감이라고 주장하였다.

죽음 대처 유능감과 관련된 연구들(Fry, 2001)에 의하면 영역 특정적인 효능감 신념과 일반적 효능감 신념은 건강이나 심리적 안녕감과 깊이 관련되며, 노년의 내면적 강인성과도 연관된다. Neimeyer와 Moore(1989)는 죽음 대처 유능감이 사후 세계나 죽음에 대한 공포에 대한 개인적 평가를 반영하는 것이라고 주장하였다.

Bugen(1981)의 죽음 대처 척도(Coping with Death Scale)는 죽음 교육(death education)의 결과를 평가하기 위한 목적을 가지고 개발된 것이다. 기존 연구들은 죽음 교육의 효과를 죽음 불안의 감소라는 차원에서 평가하고자 하였지만 연구 결과들은 일관적이지 않았다. 따라서 최근에는 죽음 공포의 감소를 측정하는 대신 죽음 대처 유능감을 측정하고자 하는 시도가 주목을 받게 되었다(Robbins, 1994).

죽음 대처 유능감은 스스로의 죽음에 대처하는 자신감뿐 아니라 자신과 가까운 타인의 죽음에 대하여 어떻게 대처할 것인지에 대한 영역을 포괄하는 개념이며 사랑하는 사람을 잃는 상실은 연령과 상관없이 전 생애에 걸쳐 경험될 수 있는 사건이다. 따라서 여러 연구자는 각 발달 단계에서의 애도(bereavement) 과정을 밝히고자 하였다. Neimeyer(2001a)는 이러한 타인의 죽음에 대한 애도 과정이 자신의 대처 역량(capacity to cope)을 발견하게 하고 삶의 목적을 찾는 데 도움을 주는 가치를 갖는다고 주장하였다.

2) 죽음 대처 유능감과 관련된 연구 결과

Robbins(1994)는 대학생들, 일반인, 호스피스 종사자들을 대상으로 Bugen의 죽음 대처 척도와 Robbins(1990~1991년)가 개발한 죽음 자기 효능감 척도(Death Self-Efficacy Scale)를 비교한 연구를 실시하였다. 그 결과, 죽음 자기 효능감 척도는 호스피스 자원봉사자로 일할 의지가 있는지의 여부와 자기 실현의 의지가 있는지 등과 연관성을 보인 반면, 죽음 대처 유능감 척도는 죽음 준비 행동을 완수하는 것, 호스피스 훈련 프로그램을 끝까지 수행하는 것 및 자아 실현(self-actualization)에 대한 가치 등과 관련된다는 것을 밝혔다.

또한 죽음 대처 유능감 척도와 장기 기증 효능감 척도(Organ Donation Self-efficacy Scale)를 사용한 연구들은 죽음 대처 유능감이 장기 기증 결정에 영향을 미치는 것을 밝혔는데, 사후에 장기를 기증하기로 서약한 사람들은 죽음 대처 유능감이 높은 사람들이었다(Robbins, 1990).

한편, 김지현(2008)의 연구에서는 노년기 죽음 대처 유능감에 영향을 주는 변인들을 살펴보고자 회귀분석을 실시한 결과 성실성과 같은 성격 변인이 노년기 죽음 대처 유능감에 영향을 주는 것으로 나타났다. 또한 죽음 대처 유능감은 연령이 증가함에 따라서 지속적으로 증가하는 것으로 나타났다.

Robbins(1990, 1994)를 비롯한 연구자들은 죽음 교육의 효과를 죽음 불안의 완화로 설명하는 대신에 죽음 대처 유능감의 개념으로 설명하여야 한다고 주장하면서 죽음 대처 유능감이 죽음과 관련된 행동적 측정치인 장기 기증(organ donation)이나 호스피스(hospice) 자원봉사 등의 행동에 영향을 주는 것을 밝혔다.

3. 죽음 교육

여러 연구자는 죽음 교육이 사람들에게 죽음이라는 주제를 직면하게 함으로써 죽음에 대한 불안을 완화하는 것을 도와줄 수 있다고 주장하였다. Durlak(1994)은 죽음 교육 프로그램의 주된 목표를 죽음 태도에 대한 자각의 증진, 죽음 태도의 수용과 공유를 촉진하는 것, 개인적 신념을 변화시키는 태도 변화 기법의 사용에 두어야 한다고 제안하였다.

Linn 등(1982)은 외과에서의 실습 이후에 의대생들의 죽음 공포가 줄어들었다는 것을 보고하였지만 그들의 또 다른 연구에서는 죽음 교육을 실시한 결과, 자기 자신의 죽음에 대한 공포는 증가하고 타인의 죽음에 대한 공포는 줄어든다는 결과가 얻어졌다(Linn et al., 1983). 또한 Hart (1978, 1979)는 안락사에 관한 훈련 과정을 수료한 사람들이 죽음 공포가 줄고 안락사에 대한 태도를 변화시켰다고 보고하였다.

Fry(2001)는 죽음 공포를 줄이는 예방적 프로그램을 설계하는 데 있어서 자기 효능감이 유용할 것이라고 제안하였는데, Bandura(2000)나 Meichenbaum(1994)과 같은 연구자들은 그러한 영역 특정적(domain-specific)인 자기 효능감이 수정 가능하다고 주장한 바 있다.

죽음 대처 유능감은 자기 효능감(self-efficacy)의 개념으로부터 발전된 것이기는 하지만 자기 자신에 대해 가지고 있는 일반적인 신념인 자기 효능감과는 구분되는 영역 특정적 개념이라는 점에 주목할 필요가 있으며, 이는 죽음 교육과 관련된 맥락에서 파악하여야 하는 개념이다. 죽음이 가까워지고 있다고 느끼고 죽음을 현실적인 문제로 생각하는 노년기에는 죽음에 대처하는 자기 효능감인 죽음 대처 유능감이 노년기 안녕감의 유지와 증진을 위하여 매우 중요할 수 있는데, 이러한 신념이 죽음 교육을 통해 향상될 수 있는 가능성이 있기 때문이다.

여러 연구자는 죽음에 대한 준비 과정이 모든 연령대의 사람들에게 죽음에 보다 효과적으로 대처할 수 있도록 도와줄 수 있다고 주장하였다. 서구의 많은 국가에서 죽음에 관한 강좌들이 대학에 개설되어 있지만 의사, 간호사, 심리학자들을 비롯한 많은 전문가가 참가하여 초등학교부터 평생교육원에 이르기까지 다양한 연령대의 사람들에게 통합적인 죽음 교육 프로그램을 제공하여야 할 필요성이 커지고 있다(김지현, 2008).

Berk(2006)는 전 연령대의 사람들에게 적용 가능한 죽음 교육의 목표를 다음과 같이 제시하였다.

- 죽음과 관련된 신체적 · 심리적 변화에 대한 이해의 증진
- 사랑하는 사람의 죽음에 대처하는 것을 돕는 것
- 의료 서비스와 관련된 문제 혹은 장례 절차에 대한 정보의 제공
- 죽음과 관련된 사회적, 윤리적 문제들에 대한 이해의 증진

4. 성공적 노화와 웰다잉

1) 회상과 회상 기능

성공적 노화 및 웰다잉이라는 주제와 관련된 개념 중 하나는 노년기에 지나간 자신의 삶을 돌이켜 보는 회상(reminiscence)이라고 할 수 있을 것이다. Butler(1963)는 과거를 돌이켜 생각하는 행위나 과정을 회상이라고 정의하고, 죽음을 직면할 때 경험되는 인생 회고(life review)의 일부이며 죽음을 준비하는 것을 돕는 기제라고 정의하였다.

Lin 등(2003)이 관련 연구 결과들을 종합하여 제시한 회상의 이론적 틀(framework of reminiscence)에 의하면 회상은 집단적이며 자발적인 대화 과정을 통하여 인생의 한순간을 기억하는 것으로서 개인의 인지적인 자아통합 과정이다. 이들 연구자는 회상의 단기적 효과로 자아 통합감의 달성, 주관적 안녕감과 자존감의 향상, 우울 감소 등을 들었으며, 장기적으로 심리적 적응, 인생 만족감 및 삶의 질 향상이라는 효과를 얻을 수 있다고 주장하였다.

여러 연구자는 개인의 회상 목적, 즉 왜 회상을 하는가에 따라서 회상의 내용이 달라지므로 회상 기능(reminiscence functions)을 연구해야 한다고 주장하였다. Webster(1998)는 10대에서 70대까지 포괄하는 700명의 사람을 대상으로 회상의 목적을 분석한 결과 ① 자아 정체감 형성, ② 문제 해결, ③ 교육, ④ 대화, ⑤ 상처 되새김, ⑥ 지루함 감소, ⑦ 죽음 대비, ⑧ 친밀감 유지의 여덟 가지 회상 기능의 요인을 추출하였다.

일부 연구에서는 의사, 심리학자, 사회복지사 등의 전문가들에 의해 성공적인 노년기를 보내는 것으로 판단된 노인들이 통합적이고 도구적인 회상을 자주 하는 데 비해서 성공적이지 못한 노년기를 보낸다고 판단된 노인들은 강박적이고 회피적인 회상을 자주 하는 것을 발견하였다(김지현, 2008).

회상과 관련된 연구 결과들에 의하면 노년 집단의 회상 빈도는 중년보다 높았다. 또한 홍주연(2000)의 연구에서는 우리나라의 여성 노인들이 남성 노인들에 비해서 상대적으로 회상 빈도가 높은 것으로 나타났는데, 여성 노인들은 주로 무료함을 감소시키기 위해서, 지난날의 회한을 이야기하기 위해서, 고인이 된 사람들에 대한 그리움을 표현하기 위해서, 현실로부터 회피하기 위해서, 죽음을 준비하기 위해서, 문제를 해결하기 위해서 회상을 하는 것으로 나타났다. 한편, 남성 노인들은 자아를 탐색하거나 자손에게 삶의 지혜를 전수하기 위해서, 혹은 단순히 다른 사람과 대화를 나누기 위한 목적으로 지난날을 돌이켜 보는 회상을 하였다.

노년기 성격은 회상 빈도와 회상 기능에 영향을 주는 것으로 나타났으며 성격의 영향을 통제한 후에도 회상은 노년기의 주관적 안녕감에 영향을 주는 중요한 요인인 것으로 나타났다. 노인들의 회상은 과거 및 현재의 수용에 영향을 주었고 과거에 불만족하는 노인에게 심리적 도움을 주고 자아통합을 촉진시키는 효과를 갖는다. 또한 회상은 자아 정체감의 형성과 친밀감 유지를 도우며(Neimeyer & Metzler, 1994), 부정적인 경험을 자아 발전의 기회로 삼도록 삶을 재구성하는 역할을 할 수 있다. 죽음 준비를 위한 회상은 노년기 인생 만족감을 예언하는 변인으로 밝혀졌으며 인생 회고와 죽음에 대한 긍정적 태도 간에 유의미한 상관이 있는 것으로 나타났다(Georgemiller & Maloney, 1984).

노년기 회상은 자아 통합감과 정적 상관을 보이는 변인으로 확인되었는데(Boylin et al., 1976), 우리나라 노인들을 대상으로 한 연구에서도 회상이 자아 통합감과 생활 만족감 향상에 영향을 주는 것으로 나타났다.

또한 노년기 자아통합의 정도에 따라 노인들의 회상 기능에서 차이가 나타났다(홍주연, 2000). 회상치료는 노년기의 우울증을 감소 · 예방하고 자존감과 안녕감을 향상하며, 치매 노인의 인지, 정서적 기능의 향상에도 도움이 된다는 연구 결과가 존재한다(김지현, 2008).

2) 인생 회고 기법

Lewis와 Butler(1974)는 인생 회고 과정을 더욱 효과적으로 하기 위해 숨겨진 기억을 밝혀내기 위한 기억 상기 기법을 인생 회고 치료에서 사용한다. 이러한 방법은 치료 상황에서 유용할 뿐 아니라 세대와 세대를 연결시켜 주고, 노인들이 자신의 인생을 정리하고 평가하는 것을 도우며, 후손에게 지혜와 통찰을 제공하는 기회가 될 수 있다. 이러한 인생 회고 기법 중 대표적인 것들은 다음과 같다.

- 자서전의 저술이나 녹음 자서전적 기록에 포함되는 사건이나 경험 및 사람들은 개인의 삶에 중요한 의미를 가진다. 또한 이러한 기록에서 누락된 부분에 대해서도 주의를 기울일 필요가 있다. 예를 들어, 어떤 노인이 자신의 자녀들에 대한 내용을 전혀 언급하지 않고 자서전적인 인생 기록을 작성했다면 치료자가 이 문제에 대하여 질문하여 자녀들과의 사이가 소원했다는 것을 고백하게 할 수 있다.
- 순례 여행 자신이 태어나고 아동기나 청소년기 혹은 성년기를 보낸 장소로 여행을 떠남으로써 자신의 삶에 대한 생각을 정리하고 사진을 찍으며 기록을 남길 수 있도록 하는 것이다. 현실적으로 이것이 용이하지 않다면 그러한 장소에 대한 기억을 상기하도록 한다.
- 재회 동창회나 가족 모임, 종교 단체 등의 모임을 통해서 노인들은

자신의 인생에서 중요한 사람들과 함께 자신의 삶을 돌아볼 수 있는 기회를 가질 수 있다.

- 족보 자신의 족보를 확인하는 일은 자신의 뿌리를 찾고 삶의 연속성을 느끼게 해 준다. 또한 이미 고인이 된 친척들에 대한 생각은 죽음에 대한 두려움을 완화시키는 데 도움이 될 수 있다.
- 스크랩북, 사진첩, 오래된 편지 및 기억할 만한 중요 기사 사람들이 오랜 시간 동안 소중히 보관해 온 물품들은 대부분 자신의 인생에 특별하고 즐거움을 주는 의미를 갖는 것들이다. 그러한 것들에 대하여 기억하거나 이야기하는 것은 오랫동안 잊고 있었던 사람들, 사건들 및 즐거운 정서적 경험들을 회상하게 해 준다.
- 일생의 사업 정리 본인이 생각하기에 이 세상에 자신이 공헌하고 기여하였다고 여겨지는 일들을 정리함으로써 노인들은 세상에서 의미 있는 존재였다는 느낌을 갖게 된다. 어떤 노인들의 경우에는 이러한 일생 사업의 정리 결과로 책이나 시집의 저술, 음악이나 미술 작품을 발표하게 할 수도 있다.
- 민족적 정체감 전수 노인들은 자신의 과거 경험에 대한 회상을 통해서 자신이 속한 민족적 정체감을 확인하고 귀중한 민족적 전통과 문화유산의 진가를 후세에 전수할 수 있게 된다.

3) 죽음 준비 학교

고령화 사회가 급속히 진행됨에 따라서 성공적인 노화와 노년기의 주관적 안녕감에 대한 관심이 증폭되고 있다. 노년기의 심리적 적응과 안녕을 유지하고 증진시키기 위해서는 행복하고 건강하게 잘 사는 것뿐 아니라, 건강하고 평화로운 죽음을 맞이하는 것 또한 중요하다는 사실에 대하여 대다수의 사람이 인식을 같이한다.

최근에는 이러한 사회적 관심과 필요성에 입각하여 건강한 죽음을 준비하기 위한 죽음 준비 학교가 개설되고 있다. 이러한 죽음 준비 교육은 입관 체험, 자신의 사망 기사와 유언장 작성, 인생 회고 등을 비롯한 다양한 프로그램을 통해 죽음에 대처하는 유능감을 증진시키고자 노력한다. 성공적인 노년의 삶을 위하여 그 필요성이 더욱 절실한 이러한 프로그램들의 개발과 실천을 위해서는 심리학자들을 비롯한 여러 전문가의 부단한 노력과 협력이 필요하다고 할 것이다.

참고문헌

김지현(2008). 죽음에 대한 공포와 수용 및 죽음 대처. 유능감에 영향을 주는 변인. 서울대학교 대학원 박사학위 청구논문.

윤진(1985). **노인심리학**. 서울: 중앙적성출판사.

이가옥, 이현승(2004). 노년기 자아통합 프로그램 개발: "나의 살아온 이야기". **한국노년학**, 24(1), 37-52.

한성열(1990). 노년기 회상에 관한 성차 연구: 시간적 투자와 회상의 기능 및 내용을 중심으로. **고려대 교육논총**, 20, 57-76.

홍주연(2000). 성격과 자아통합감이 노인 회상 기능에 미치는 영향. 이화여자대학교 대학원 박사학위 청구논문.

Atkins, G., Martin, P., & Poon, L. W. (1996). Personality traits and states as predictors of subjective well-being in centenarians, octogenarians, and sexagenarians. *Psychology and aging, 11*(3), 408-416.

Bandura, A. (1982). Self-efficacy mechanism in human agency. *American Psychologist, 37*, 122-147.

Bandura, A. (2000). Exercise of human functioning through collective efficacy.

Current Directions in Psychological Science, 9(3), 75-78.

Berk, L. E. (2006). *Development through the lifespan*. Boston, MA: Allyn & Bacon.

Berman, A., & Hays, J. E. (1975). Relation between death anxiety, belief in afterlife, and locus of control. *Journal of Consulting and Clinical Psychology, 41*, 318-321.

Bugen, L. A. (1980, 1981). Coping: Effects of death education. *Omega, 11*, 175-183.

Butler, R. N. (1961). The life review: An interpretation of reminiscence in the aged. In B. L. Neugarten (Ed.), *Middle age and aging* (pp. 486-496). Chicago: University of Chicago Press.

Butler, R. N. (1963). The life review: An interpretation of reminiscence in old age. *Psychiatry, 26*, 65-76.

Carstensen, L. L. (1992). Social and emotional patterns in adulthood: Support for socioemotional selectivity theory. *Psychology and Aging, 7*, 331-338.

Carstensen, L. L. (1993). Evidence for a life span theory of socioemotional selectivity. *Current Directions in Psychological Science, 4*, 151-156.

Cicirelli, V. G. (1997). Relationship of psychosocial and background variables to elders' end-of-life decisions. *Psychology and aging, 12*, 77-83.

Cicirelli, V. G. (1999). Personality and demographic factors in older adults' fear of death. *The Gerontologist, 39*, 569-579.

Cicirelli, V. G. (2002). *Older adults' views on death*. New York: Springer Publishing Company.

Collett, L. J., & Lester, D. (1969). The fear of death and the fear of dying. *Journal of Psychology, 72*, 179-181.

Cully, J. A., LaVoie, D., & Gfeller, J. D. (2001). Reminiscence, personality, and psychological functioning in older adults. *The Gerontologist, 41*(1), 89-95.

DePaola, S. J., Neimeyer, R. A., Lupfer, M, B., & Fiedler, J. (1994). Death concern and attitudes toward the elderly in nursing home personnel. In R.

A. Neimeyer (Ed.), *Death anxiety handbook* (pp. 201-216). Washington, DC: Francis & Taylor.

Drolet, J. L. (1990). Transcending death during early adulthood: Symbolic immortality, death anxiety, and purpose of life. *Journal of Clinical Psychology, 46*, 148-160.

Durlak, J. A. (1972). Measurements of the fear of death. *Journal of Clinical Psychology, 28*, 545-547.

Durlak, J. A. (1994). Changing death attitudes through death education. In R. A. Neimeyer (Ed.), *Death anxiety handbook* (pp. 243-260). Washington, DC: Francis & Taylor.

Erikson, E. H. (1982). *The life cycle completed*, New York: Norton.

Fry, P. S. (2001). Predictors of health-related quality of life perspectives, self-esteem, and life satisfactions of older adults following spousal loss: An 18-month follow-up study of widows and widowers. *The Gerontologist, 41*, 787-798.

Fry, P. S. (2003). Perceived self-efficacy domains as predictors of fear of the unknown and fear of dying among older adults. *Psychology and Aging, 18*, 474-486.

Fung, H., Carstensen, L. L., & Lang, F. R. (2001). Age-related patterns in social relationships among European Americans and African Americans: Implications for socioemotional selectivity across the life span. *International Journal of Aging and Human Development, 55*, 233-269.

Georgemiller, R., & Maloney, H. N. (1984). Group life review and denial of death. *Clinical Gerontologist, 2*(4), 37-49.

Hamachek, D. (1990, July/August). Evaluationg self-concept and ego status in Erikson's last three psychosocial stages. *Journal of Counseling & Development, 68*, 677-683.

Johansson, C. (2002). Integrity and despair: An Eriksonian framework for geriatric rehabilitation. *Topics in Geriatric Rehabilitation, 17*(3), 1-12.

Kübler-Ross, E. (1969). *On death and dying.* New York: Macmillan.

Kübler-Ross, E. (1981). *Living with death and dying.* New York: Macmillan.

Kübler-Ross, E., & Kessler, D. (2000). *Life Lessons.* New York: Scribner.

Kunzman, U., Little, T. D., & Smith, J. (2000). Is age-related stability of subjective well-being a paradox? Cross-sectional and longitudinal evidence from the Berlin aging study. *Psychology and Aging, 15*(3), 511-526.

Lin, Y. C., Dai, Y. T., & Hwang, S. L. (2003). The effect of reminiscence on the elderly population: A systematic review. *Public Health Nursing, 20*(4), 297-306.

McGuire, W. J. (1985). Attitudes and attitude change. In G. Lindzey & E. Aronson (Eds.), *The handbook of social psychology, II: Special fields and applications* (3rd ed., pp. 233-346). Hillsdale, NJ: L. Erlbaum Assoc.

Meichenbaum, D. (1994). *A clinical handbook: Practical therapist manual for assessing and treating adults with PTSD.* Waterloo, Ontario, Canada: Institute press.

Neimeyer, R. A., & Moore, M. K. (1989). Assessing personal meanings of death: Empirical refinements in the threat index. *Death Studies, 13*, 227-245.

Robbins, R. A. (1990). Signing an organ donor card: Psychological factors. *Death Studies, 14*, 219-229.

Robbins, R. A. (1994). Death competency: Bugen's coping with death scale and death self-efficacy. In R. A. Neimeyer (Ed.), *Death Anxiety Handbook* (pp. 149-179). Washington, DC: Taylor & Francis.

Wong, P. T. P. (1989). Successful aging and personal meaning. *Canadian Psychology, 30*, 516-525.

Wong, P. T. P., & Watt, L. (1991). What types of reminiscence are associated with successful aging? *Psychology and Aging, 6*, 272-279.

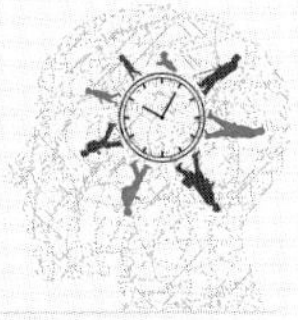

찾아보기

인 명

내 용

저자 소개

유경(Kyung Ryu)

서울대학교 대학원 심리학과 박사

현 한림대학교 고령사회연구소 연구원

유경호(Kyung-Ho Yu)

고려대학교 대학원 신경과 박사

현 한림대학교 성심병원 의과대학 신경과 교수

강연욱(Yeonwook Kang)

미시간 주립대학교 심리학과 박사

현 한림대학교 심리학과 교수

　한림대학교 성심병원 신경과 겸직 교수

이주일(Juil Rie)

서울대학교 대학원 심리학과 박사

현 한림대학교 심리학과 교수

김지현(Jihyun Kim)

서울대학교 대학원 심리학과 박사

전 한림대학교 고령사회연구소 연구 교수

노화와 심리

Aging and Psychology

2014년 6월 30일 1판 1쇄 발행
2019년 6월 20일 1판 2쇄 발행

지은이 • 유경 · 유경호 · 강연욱 · 이주일 · 김지현

펴낸이 • 김 진 환

펴낸곳 • (주) 학지사

04031 서울특별시 마포구 양화로 15길 20 마인드월드빌딩 5층

대표전화 • 02) 330-5114 팩스 • 02) 324-2345

등록번호 • 제313-2006-000265호

홈페이지 • http://www.hakjisa.co.kr
페이스북 • https://www.facebook.com/hakjisabook

ISBN 978-89-997-0424-6 93180

정가 18,000원

이 도서의 국립중앙도서관 출판시도서목록(CIP)은 서지정보유통지원시스템 홈페이지(http://seoji.nl.go.kr)와 국가자료공동목록시스템(http://www.nl.go.kr/kolisnet)에서 이용하실 수 있습니다.
(CIP제어번호: CIP2014019291)